M. Schumann / H. Schumann /
G. Sante

Leben statt Überleben
Reflexionen
über sexuellen Mißbrauch

Marlen Schumann
Horst Schumann
Gottfried Sante

Leben statt Überleben

Reflexionen über sexuellen Mißbrauch

Kleine Verlag

Die Deutsche Bibliothek – CIP-Einheitsaufnahme

Schumann, Marlen:
Leben statt Überleben : Reflexionen über sexuellen Mißbrauch /
Marlen Schumann ; Horst Schumann ; Gottfried Sante. –
Bielefeld : Kleine, 1995
ISBN 3-89370-205-9
NE: Schumann, Horst:; Sante, Gottfried

Umschlaggestaltung: Marlen Schumann
Horst Schumann
Antje Gonska

Postfach 10 16 68
33516 Bielefeld

Herstellung: Kleine Verlag GmbH
Printed in Germany

Inhalt

Einleitende Gedanken

Jede Erscheinung auf Erden ist ein Gleichnis, und jedes Gleichnis ist ein offenes Tor, durch welches die Seele, wenn sie bereit ist, in das Innere der Welt zu gehen vermag, wo du und ich, Tag und Nacht alle eines sind. Jedem Menschen tritt hier und dort in seinem Leben das geöffnete Tor in den Weg, jeden fliegt irgendeinmal der Gedanke an, daß alles Sichtbare ein Gleichnis sei, und daß hinter dem Gleichnis der Geist und das ewige Leben wohne. Wenige freilich gehen durch das Tor und geben den schönen Schein dahin für die geahnte Wirklichkeit des Innern.

(aus: IRIS, HERMANN HESSE)

Danksagung

Mein herzlichster Dank gilt in gleicher Weise und ohne Unterschied meinem Mann Horst und meinem Therapeuten Gottfried.
Beide halten mit unerschütterlichem Glauben zu mir und geben mir immer wieder durch ihr Mit-Sein und Da-Sein Zuversicht und Kraft und ermuntern und ermutigen mich, durchzuhalten auf meiner Reise ins Ungewisse. Dieser ungebrochenen Zuversicht meiner engsten Verbündeten verdanke ich die Befreiung meiner Seele von den Fesseln der sexuellen Ausbeutung. Ohne ihre Bereitschaft und ohne ihre emotionale Bejahung wäre ich mit Sicherheit dem Tode mitten im Leben weiterhin so nahe geblieben wie in den vergangenen fünfundvierzig Jahren, und eine Initiation in ein befreite(re)s Leben wäre unmöglich gewesen.
Horst danke ich ganz herzlich dafür, das er all die vielen Jahre, die oft nicht einfach - gerade in bezug auf unsere sexuelle Beziehung - waren, zu mir hielt. Mit enorm viel Geduld und Einfühlungsgabe unterstützt er meinen Heilungsprozeß. Ich danke ihm auch für seine Liebe und das tiefe Verständnis und Vertrauen, daß er mir während der zum Teil sehr schwierigen Therapiephasen entgegenbrachte.
Meine tiefste Dankbarkeit empfinde ich aber vor allem für seine Bereitschaft, sich dem Thema zuzuwenden und durch seine eigene Auseinandersetzung mit den Folgen der sexuellen Ausbeutung sich zu einem wissenden, einfühlsamen und gefühlvollen Zeugen entwickelt zu haben.
In Liebe danke ich Horst dafür, daß er mit mir auf die Reise geht, obwohl wir beide nicht wissen, wohin sie uns führen wird.
Die gleiche sehr tiefe Dankbarkeit empfinde ich ebenfalls für Gottfried's Bereitschaft und Entschluß, sich zu öffnen und mit meinen defizitären Gefühlen zu arbeiten und dadurch in einen wirklichen Dialog eingetreten zu sein und sich nicht nur einzulassen, sondern hineinzulassen in das äußerst schwierige und sensible Thema der sexuellen Ausbeutung, um mich in meiner schmerzhaften Auseinandersetzung - auch mit mir selbst - ohne Furcht zu begleiten und mir damit die Chance der Aufarbeitung und Integration dieser furchtbaren Erfahrungen gibt.
Gottfried begleitet mich mit sehr viel Liebe, Aufmerksamkeit und mit tiefem Respekt vor meinen Gefühlen und Erlebnissen und ermöglicht mir dadurch die für Inzestüberlebende wichtigste Erfahrung überhaupt, die der eigenen Wertschätzung, zu machen.
Als einfühlsamer, sensibler und gefühlvoller Zeuge ermöglicht und fördert er unermüdlich durch seine sanfte Führung und durch seine Fähigkeit, vor

allem aber durch seine Bereitschaft, in eine tiefe Beziehung zu treten, meinen Heilungsprozeß und führt mich unverdrossen aus meiner Einsamkeit in die Freiheit.

Maria Sante danke ich von ganzem Herzen für ihre emotionale Unterstützung und für ihre unerschütterliche Zuversicht in meinen Heilungsprozeß. Ich empfinde es als großes Glück zu wissen, daß Maria als meine dritte Verbündete mich auf meinem Weg in die Freiheit auch weiterhin begleiten wird, daß sie mich mit ihrer Freundschaft und Empathie unterstützt und nicht müde wird, mir zuzuhören. Sie macht mir immer wieder Mut, meine Grenzen zu überwinden, um meine Spiritualität entwickeln zu können.

Allen Freundinnen, Freunden und Bekannten, mit denen ich vorbehaltlos und offen immer wieder über meine schlimmen Erfahrungen sprechen konnte, die auch in meinen schwierigsten Therapiephasen zu mir hielten, meine Erfahrungen nicht bagatellisierten oder abwerteten, sondern Trost spendeten, danke ich recht herzlich.
Anne-Kristin, Brigitte, Elke, Hannelore, Horst, Margite, Monika, Ursula und Utz (alphabetisch) danke ich besonders für die mühevolle Arbeit des Korrekturlesens, für ihre Anregungen und ihre Kritik, aber auch für ihre Bestärkungen, das Buch zu veröffentlichen.

Noch eine Therapie?

Seit mehreren Jahrzehnten litt ich an mehr oder weniger stark ausgeprägten Ekzemen. In den Jahren 1989/90 hatte ich im Alter von 47 Jahren den ersten sehr schweren Neurodermitisschub. 1991 folgte dann ein zweiter Schub. Beide verliefen über mehrere Monate mit schwersten entzündlichen Hauterscheinungen, welche von einem unerträglichen Juckreiz begleitet wurden, so daß ich dann nach vielen Monaten entnervt Cortisonsalben einsetzte. Da ich eine Weizen- und Roggenmehlallergie habe, dachte ich zuerst an starke allergische Hautreaktionen, welche durch Nahrungsmittel ausgelöst sein könnten. Daher habe ich während dieser Zeit viele diätetische Maßnahmen ausprobiert. Dazu gehörte das Eliminieren von Fabrikzuckern ebenso wie ein völliger Verzicht auf tierisches Eiweiß. Auch sogenannte Ausschlußdiäten, d.h. ein selektives Austesten von verschiedenen Nahrungsmitteln, um ev. allergische Reaktionen auszuschließen, brachte keinen Erfolg, nicht einmal eine Linderung der hochentzündlichen Prozesse. Auch eine fast zweijährige homöopatische Behandlung blieb völlig erfolglos.

Die auslösenden Ursachen für neurodermitische Reaktionen sind sehr vielfältig. Neben der bestehenden genetischen Veranlagung müssen aber weitere Faktoren, wie z. B. allergische Reaktionen auf Nahrungsmittel oder Umweltgifte als auslösende Reize hinzu kommen. Nach meiner Einschätzung spielen wahrscheinlich psychische Faktoren bei der Entstehung der Neurodermitis eine wesentliche, wenn nicht überhaupt die wesentlichste Rolle.

Der psychische Zusammenhang bei Hauterkrankungen wird auch umgangssprachlich deutlich: Da juckt mir das Fell; das kratzt mich nicht; das geht mir unter die Haut; jemand ist dick/dünnhäutig; ich kann nicht aus meiner Haut heraus. Psychische Reaktionen, die sich auf der Haut äußern, sind z.B. rot vor Scham oder blaß vor Schreck zu werden oder eine Gänsehaut zu bekommen.

Die Haut ist die größte erogene Zone. Über die Haut treten wir in Kontakt miteinander und berühren uns. Sie fungiert somit als Grenze nach innen, wie nach außen.

Der körperliche Juckreiz zeigt, daß etwas auf der psychischen Ebene juckt, daß etwas die Grenze durchbrechen will. Während all der Jahre, insbesondere aber während der Neurodermitisschübe, hatte ich immer das Gefühl, daß nicht nur die Haut weint, sondern die "ganze Marlen". Irgendetwas wollte auf diese Art und Weise aus mir herausbrechen. Ich wollte

mich von etwas befreien, so vermutete ich, was ich seit meiner Kindheit mit mir herumschleppe, ohne es je aufgearbeitet zu haben.
Meine seelische Verfassung bis zum Beginn der Therapie kann ich nur so beschreiben, daß ich mich irgendwie nicht richtig lebendig fühlte, wie tot und emotional gebremst in allen Lebensbereichen.
Die Neurodermitisschübe veranlaßten mich, erste Sondierungen für eine Psychotherapie einzuleiten. Zuerst dachte ich an die Aufarbeitung meiner relativ schwierigen Kindheit als behindertes Kind. Ich hatte einen angeborenen Herzfehler, wodurch ich viele körperliche Einschränkungen hinnehmen mußte. 1956 wurde ich im Alter von fast 14 Jahren operiert. Auch diese Operation war sicher ein Trauma, weil es ein lebensgefährlicher Eingriff und ich mir dessen voll bewußt war.
Das weitaus schwerere Trauma - so weiß ich heute - war die Tatsache, daß ich bis zu meinem 15. Lebensjahr sexuell mißbraucht wurde. Ich mußte aber, wie alle anderen sexuell mißbrauchten Kinder, als erwachsene Überlebende die Erfahrung machen, daß das Ausmaß und die Schwere der physischen und psychischen Folgeerscheinungen überhaupt nicht erkannt, sondern auch noch bagatellisiert werden; ja schlimmer noch, daß bis vor kurzer Zeit überhaupt kein Interesse an dieser Thematik in der Öffentlichkeit bestand. So habe auch ich des öfteren zu hören bekommen "was hast Du denn schon erlebt". Diese Fehleinschätzungen und Ignoranz sind für Inzest-Überlebende kaum zu ertragen und führen in die totale Isolation. Im Grunde gibt es keinen Lebensbereich, wie es durch diese Tagebuchaufzeichnungen deutlich werden wird, der nicht durch die Folgen der sexuellen Ausbeutung tangiert wird.
Im Februar 1991 entschloß ich mich, Kontaktgespräche mit einigen Psychotherapeuten aufzunehmen, um eine Psychotherapie einzuleiten. Dieser Entschluß ist mir nach einer sehr leidvollen therapeutischen Erfahrung, nach einer vollkommen mißglückten Psychoanalyse in den Jahren 1965 bis 1967, nicht leicht gefallen. Mein Leben war aber durch die ausgebrochene Neurodermitis unerträglich geworden. Ich wußte zu diesem Zeitpunkt nicht, welche z.T. sehr schmerzvollen Prozesse, die aber zu keinem Zeitpunkt abschreckend waren, mir bei der Aufarbeitung meiner Traumen bevorstanden. Meine Gefühle sagten mir aber, daß ein Zusammenhang mit dem erlebten sexuellen Mißbrauch bestehen mußte. Meine Vorstellung war allerdings, daß durch das Nacherleben der ersten Mißbrauchssituation, die, so vermutete ich, in der frühen Kindheit lag, sich das Trauma auflösen würde.

Des weiteren wollte ich in der Therapie aber vor allem die durch meine angeborene Herzerkrankung ausgelösten traumatisierenden Entwertungserlebnisse aufarbeiten.
Während der Therapie entstanden dann auf Vorschlag und in der Diskussion mit meinem Therapeuten Gottfried Behler erste Überlegungen zu einer Veröffentlichung des Therapieverlaufs (Heilungsprozeß) in Tagebuchform.
Unsere Intention, meine Tagebuchaufzeichnungen zu veröffentlichen, ist, andere Überlebende zu ermutigen, sich dieser Aufarbeitung zu stellen und endlich - meist erst nach mehreren Jahrzehnten - den Mut aufzubringen, von einer Überlebenden zu einer Lebenden zu heilen. Es lohnt sich!
Wir werden diese Texte unter unseren Namen veröffentlichen. Die Eltern warnten mich immer und forderten mich auf, nie über Familienangelegenheiten zu sprechen. Was mir angetan wurde, so denke ich, geht alle Menschen an. Diese Problematik hat sehr wohl eine große gesellschaftliche Dimension.
Ich als Inzest-Überlebende habe nichts zu verbergen, zu verschleiern, zu verdrängen oder zu leugnen. Meine Aufgabe ist es auch nicht, Inzest-Täter zu schonen oder zu schützen - im Gegenteil. Deshalb werde und will ich die Anonymität durchbrechen und mich nach fast fünfzig Jahren nicht mehr verstecken und den Mund halten. Nur Offenheit kann hier helfen und heilen, und nicht nur mich.

Tagebuchaufzeichnungen

1. 9. 1991
Ich habe mich entschlossen, nun doch über meine Verhaltenstherapie Tagebuch zu führen. Die wichtigsten Ereignisse werde ich jetzt ohne genaue Datumsangabe zusammenfassen.

Februar/März 1991
Der zweite seit Monaten anhaltende Neurodermitisschub veranlaßt mich, Kontaktgespräche mit Therapeutinnen und Therapeuten aufzunehmen. Ich möchte unbedingt zu einem Therapeuten, der Erfahrungen mit Hypnosetherapie hat. Ich hoffe, in hypnotischer Trance meine Gefühle besser loslassen zu können und mich besser und schneller an die erste Mißbrauchsituation zu erinnern. Ich habe den Verdacht, daß meine Schwierigkeiten auch mit dem sexuellen Mißbrauch zusammenhängen könnten.
Ich muß täglich mehrmals an den erlittenen sexuellen Mißbrauch denken, und ich habe trotzdem seit Jahren Hemmungen zu sagen, daß ich sexuell mißbraucht wurde. Was ist mir denn schon passiert? Und soviele Jahre danach soll es noch psychische Auswirkungen haben? Jedenfalls kann sich das niemand vorstellen, und ich weiß eigentlich auch nicht, was ich so recht glauben soll. Trotzdem denke ich, daß ich darüber endlich mal mit Gefühlsäußerungen sprechen muß und nicht nur so, als wenn ich über eine dritte Person reden würde. Ich sehe immer wieder einzelne Bilder - insbesondere von einer Mißbrauchsituation - vor meinem geistigen Auge, aber die Gefühle dazu fehlen mir.
Na ja, ich habe viele Zweifel, aber ich möchte jedenfalls wissen, was mir so unter die Haut geht. Wenn ich stark entzündete Hauterscheinungen habe, dann könnte ich die Haut "aufklappen", weil es im wahrsten Sinne des Wortes unter der Haut juckt, um im Fleisch zu kratzen.
Ich habe mir eine Liste mit Hypnotherapeuten von der MILTON ERICKSON GESELLSCHAFT schicken lassen und mehrere Kontaktgespräche vereinbart. Die von der MILTON ERICKSON GESELLSCHAFT ausgebildeten Hypnotherapeuten arbeiten mit den Patientinnen und Patienten im Dialog, analysieren die unter der Hypnose freigesetzten Erinnerungen und decken die darunter liegenden Probleme auf. Sie setzen Hypnose nicht (nur) als Suggestionsverstärker ein.
Ich bin mir nicht sicher, ob ich eine Therapie bei einer Frau oder einem Mann machen möchte. Mit der Problematik des sexuellen Mißbrauchs im Hintergrund wäre ich vielleicht bei einer Frau besser aufgehoben, weil ich

vermute, daß sie einfühlsamer sein könnte. Andererseits kann ich mir nicht vorstellen, von einer Frau soviel Zuwendung und Aufmerksamkeit zu erhalten, um meine Erfahrungsdefizite ausgleichen zu können. Ich entscheide mich also doch für einen Mann, für GOTTFRIED BEHLER. Er ist mir sympatisch. Er hat sehr lebendige und gefühlvolle Augen und hält Blickkontakt. Das Kontaktgespräch verlief in einer warmen, herzlichen und verständnisvollen Atmosphäre, und ich hatte ein gutes Gefühl und positive Übertragungsreaktionen. Ich glaube und vor allem hoffe ich, daß ich trotz des vielfach erfahrenen Vertrauensbruches in meiner Kindheit ein Vertrauensverhältnis zu einem Mann aufbauen kann. Herr Behler sagte mir gleich nach dem Kontaktgespräch, daß er mit mir arbeiten möchte. Auch ich entscheide mich sofort und sage definitiv zu. Herr Behler ermunterte mich noch, meine Entscheidung zu überdenken und nicht übereilt zu treffen. Ich solle ihn dann in den nächsten Tagen anrufen. Ich bleibe bei meiner Entscheidung und sage ihm, daß ich ein weiteres schon vereinbartes Kontaktgespräch mit einer Therapeutin absagen werde.

Juni/Juli 1991
Nachdem ich mich entschlossen habe die Therapie zu beginnen, gingen nach und nach die Hauterscheinungen zurück. Ich bin zur Zeit bis auf eine kleine Stelle im Nacken erscheinungsfrei.

Beginn der Therapie im Juni 1991.
Ich habe einen Fragebogen ausgefüllt und zurückgeschickt. In der ersten Stunde sprechen wir über meine jetzige berufliche Situation und meine Berufsausbildungen:
Nach unserer Flucht aus Ost-Berlin (1961) hatte ich in der Industrie als Chemielaborantin gearbeitet. Anfang der siebziger Jahre begann ich die Ausbildung zur medizinisch-technischen Assistentin (MTA). Ich arbeitete halbtags als MTA und machte das Begabtenabitur nach. Ich studierte dann 5 Semester Sonderpädagogik. In unserem Bekanntenkreis gab es einen Alkoholiker, den wir vorübergehend etwas betreuten. Mir wurde klar, daß ich mit diesen belastenden Situationen nicht umgehen konnte und Abgrenzungsschwierigkeiten hatte. Ich las von SCHMIDBAUER "DIE HILFLOSEN HELFER" und erkannte, daß ich durch das Studium und später im Beruf auf diese Weise Anerkennung erhalten wollte. Die erlittenen Demütigungen durch den sexuellen Mißbrauch und meinen angeborenen Herzfehler führten zu einer gestörten Ich-Entwicklung. So wollte ich mein Selbstwertgefühl durch die Arbeit mit Behinderten aufwerten und mich selbst bestätigen. Das begonnene Studium der Sonderpädagogik - und in gewisser Weise gilt dies auch für das Biologiestudium - sind als

Bewältigungsversuche meiner traumatischen Erlebnisse zu werten. Ich war auf der Suche nach meinem Selbstwert. Dies schien mir der falsche Weg zu sein und ich wechselte den Studiengang nach dem Vordiplom.
Ich studierte Biologie und habe mit dem Diplom abgeschlossen. Danach arbeitete ich zwei Jahre für die Berlin-Forschung. Seit drei Jahren bin ich arbeitslos. In Auseinandersetzungen mit anderen Wissenschaftlern fühle ich mich ausgesprochen hilflos und bin auf Vorträgen oder auf Kolloquien dem z. T. sehr aggressiven Diskussionsstil nicht gewachsen.
Gottfried Behler fragt mich, ob ich bereit bin, etwas Näheres über den sexuellen Mißbrauch zu erzählen, ohne mich verletzt zu fühlen.
Ich erwidere, daß ich darüber ohne Hemmungen sprechen kann. Ich bin ungefähr von meinem 6. bis zum 14. Lebensjahr von einem Onkel sexuell mißbraucht worden. Ich kann mich an acht Situationen erinnern, wo es zu Manipulationen im Genitalbereich kam. Ich bin aber nicht sicher, ob der Mißbrauch während meiner Masernerkrankung im 6. Lebensjahr der erste war. An den Wochenenden besuchten der Onkel und seine Frau uns sehr regelmäßig. So kam es auch häufig zu sexuellen Berührungen im Vorbeigehen. Auch wurde ich ständig von seinen lüsternen Blicken verfolgt. Meine Eltern hatten nie etwas bemerkt und ließen mich auch mehrmals mit ihm allein in der Wohnung, obwohl ich dies nie wollte.
Ich sage zu Gottfried Behler noch, daß es mir Schwierigkeiten bereitete, die Frage nach dem sexuellen Mißbrauch im Fragebogen mit "ja" zu beantworten. Was war mir schon passiert, schließlich war ich nicht körperlich mißhandelt worden.
(In Gedanken: Ich habe diese Vorfälle wieder ohne jegliche Gefühlsbeteiligung, in gleichgültiger Form schildern können. Ich bin auch nicht fähig, mit Gottfried Behler über die Schuldfrage zu sprechen, denn ich fühle mich auch heute noch schuldig, daß ich den Mißbrauch über so viele Jahre geduldet und sicher auch häufig den Onkel zum Mißbrauch ermuntert hatte. Ich hätte mich als Kind anders verhalten *müssen* und den sexuellen Mißbrauch sicherlich verhindern können.)
Gottfried Behler erwidert, auch wenn es zu keinen zusätzlichen sadistischen Handlungen kam, sei dies dennoch eindeutig sexueller Mißbrauch. Die Schuld liege ausschließlich beim Täter. Das Kind sei nie schuldig und nie verantwortlich für die begangenen Taten.
(In Gedanken: Ich bin über diese Reaktion erstaunt, und so deutliche Worte habe ich noch nie in meinem Leben gehört. Ich kann es trotzdem nicht glauben und bin von meiner Mitschuld überzeugt.)

Traum: (Juni 1991)
Ich erlebe im Traum das langsame Sterben meines Großvaters an Dickdarmkrebs. Ich sehe ihn im Lokal (die Großeltern hatten eine Gastwirtschaft) auf einem Stuhl sitzen. Er hat graue und eingefallene Gesichtszüge. Sein Aussehen beunruhigt mich und macht mich unsicher. Bei einer Familienzusammenkunft essen wir Abendbrot. Der Opa hat keinen Appetit und will nichts essen. Er wird aufgefordert, doch wenigstens eine Kleinigkeit zu essen. Er ißt dann drei Scheiben trockenes Knäckebrot. Ich besuche ihn im Krankenhaus und bin sehr erschüttert über sein Aussehen.
Ich erwache und spüre den typischen Neurodermitisschmerz am gesamten Körper. Nach dem Aufwachen konnte ich mich erinnern, daß die geträumte Szene mit dem Knäckebrot sich so wirklich zu getragen hatte.
Schon seit einiger Zeit erwache ich regelmäßig nachts mit Neurodermitisschmerzen, ohne jedoch Hauterscheinungen zu haben. Nach diesem Traum ist mir klar geworden, daß ich mit hoher Wahrscheinlichkeit jedesmal geträumt habe.

In einer weiteren Therapiestunde sprechen wir über meine Schwierigkeiten, mit Aggressionen umzugehen. Gottfried Behler fragt mich, wie sich meine Schwierigkeiten äußern und welche Situationen für mich besonders problematisch seien.
Meine Schwierigkeiten treten z.B. nach einem Vortrag bei der sich anschließenden Diskussion auf, wenn in einer aggressiven und polemischen Art und Weise die Kritik verbalisiert wird. Ich erlebe dann Ohnmachtsgefühle und bin nicht mehr fähig zu antworten. Ich bin im wahrsten Sinne des Wortes sprachlos, oder anders ausgedrückt, eigentlich fühle ich mich sprachlos gemacht. Solche Situationen erlebe ich als sehr machtvolle Demonstrationen, die oft einen wirklichen sachlichen Erfahrungsaustausch vereiteln. Mein Kopf ist dann immer ganz leer, ich glaube, ich könnte dann nicht einmal mehr eins und eins zusammenzählen.
(In Gedanken: Ich habe Hemmungen zu erzählen, daß ich bei einer sehr aggressiv vorgetragenen Kritik über meine Untersuchungsergebnisse - das wurde so auch von den anderen Teilnehmern empfunden, die mir dann beistanden - plötzlich einen Erinnerungsblitz an eine sexuelle Mißbrauchsituation hatte, wo ich genauso sprach- und hilflos stand und mich total ohnmächtig fühlte. Ich kann diese Erinnerung immer noch nicht einordnen und in keinen Zusammenhang stellen.)

Vom 20.7.-10.8.91 verbringen wir unseren Urlaub in Dänemark. Für 10 Tage besucht uns unsere Freundin Iris aus Hannover mit ihrem 7 Monate alten Sohn. Schon nach einigen Tagen treten zwischen Iris und mir Spannungen auf. Ich habe ständig "einen Stein im Magen" und "einen Kloß im Hals". Ich möchte jedenfalls mal ein paar Stunden allein sein, so daß ich an einem Samstag nicht mitfahre zum Einkaufen. Schon im vorigen Jahr, bei unserem gemeinsamen Urlaub mit Iris und Jack, waren unterschwellig bestehende Spannungen fühlbar, ohne daß ich sagen konnte, wodurch diese ausgelöst wurden.

Am 8.8. ist ein gemeinsamer Ausflug nach Skagen geplant. Ich habe keine Lust mitzufahren. Ich fühle mich außerstande, meine Gefühle und Wünsche zu äußern. Es geht einfach nicht, meine Kehle ist wie zugeschnürt, ich könnte eigentlich dauernd weinen. Also muß ich mitfahren. Ich bin unleidlich, mißgelaunt und muffig. Iris fordert mich auf, nicht so zu maulen. In Skagen gibt es eine Fischfabrik und die Luft hier stinkt so, wie mir auch alles stinkt.

Ich erlebe Iris als subtil machtvoll und aggressiv. Ich fühle mich ihr gegenüber ausgesprochen klein, hilflos und habe massive Ohnmachtsgefühle. Ich bin aber nicht fähig dies anzusprechen. Auch Horst gegenüber kann ich nichts sagen und kann auch meine psychosomatischen Beschwerden nicht mitteilen. Ich nehme mir vor, nach dem Urlaub mit Gottfried Behler darüber zu sprechen. Vielleicht kommen wir gemeinsam zu einer Erkenntnis.

Ich spüre im Urlaub häufig darüber nach, ob ich schon genügend Vertrauen zu Gottfried Behler aufgebaut habe, um in Kürze über den sexuellen Mißbrauch ausführlicher sprechen zu können. Beeindruckt hat mich seine eindeutige Stellungnahme in der ersten Therapiestunde. Die Sitzungen verlaufen in einer recht entspannten Atmosphäre. Aber ich habe nach wie vor starke Befürchtungen, daß das doch wieder alles bagatellisiert wird, und ich habe sehr große Angst, mich der Schuld wirklich zu stellen. Ich habe jedenfalls recht ambivalente Gefühle, denn manchmal denke ich auch, daß ich vielleicht doch keine Schuld habe. Ach, dies ist alles so verflixt schwierig.

3.9.

Ich berichte Gottfried Behler von unserem Urlaub und von meinen Schwierigkeiten, meinen Wunsch zu äußern, an dem Ausflug nach Skagen nicht teilzunehmen, und daß ich starke Ohnmachtsgefühle hatte. Überhaupt habe ich häufig Schwierigkeiten, meine Wünsche und Bedürfnisse wahrzunehmen. Wenn ich sie wahrnehme, kann ich sie meistens nicht artikulieren und schon gar nicht durchsetzen. Dies sind eigentlich drei Schritte: wahrnehmen, aussprechen und durchsetzen. Zumindest mit den letzten beiden Schritten habe ich erhebliche Schwierigkeiten.

Gottfried Behler erwidert, wenn ich meine Bedürfnisse nicht durchsetzen könne, bedeute dies, daß ich diese auch nicht ernst nehme. Voraussetzung zur Akzeptierung von Bedürfnissen sei, daß diese wahrgenommen und anschließend verbalisiert würden. Erst wenn ich meine Wünsche und Bedürfnisse akzeptierte, könne ich diese auch durchsetzen. Dies nicht zu tun, würde bedeuten, sich selbst zu verleugnen. Das Eintreten für die eigenen Wünsche und Bedürfnisse sei eine Eigenmachterfahrung und würde das Selbstwertgefühl wachsen lassen.
Die Ursache für meine Ohnmachtsgefühle meiner Freundin gegenüber lassen sich zur Zeit nicht klären.
Nach der Sitzung kaufe ich "SEXUELLER MIßBRAUCH AN MÄDCHEN" (ROSEMARIE STEINHAGE 1991). Ich finde endlich den Mut dazu, nachdem ich dieses Buch schon mehrmals in der Hand hatte und aus zwei Gründen immer wieder weglegte. Zum einen "war mir ja so etwas nicht passiert" und zum anderen hatte ich Angst vor der Auseinandersetzung mit dem Inhalt, insbesondere aber vor der Übernahme der Schuld, denn es ist mir immer noch peinlich, daß ich den sexuellen Mißbrauch nicht verhindert hatte. Dies scheint ein Widerspruch zu sein, spiegelt aber in Wirklichkeit nur meine ambivalente Haltung wieder. Den Ausschlag für den Kauf des Buches gab das konkrete Benennen der sexuellen Handlungen des Onkels als sexuellen Mißbrauch durch Gottfried Behler. So beginne ich wohl langsam zu akzeptieren, daß ich sexuell mißbraucht wurde.

10.9.
Ich erzähle Gottfried Behler, daß ich nach unserer letzten Stunde das Buch von ROSEMARIE STEINHAGE "SEXUELLER MIßBRAUCH AN MÄDCHEN" gekauft und im Laufe der Woche ausgelesen habe. Ich bin total irritiert, verwirrt, verunsichert, und ich habe viel Angst und bin in weinerlicher Stimmung.
Gottfried Behler stutzt und sagt, "Sie haben ja vielleicht so etwas erlebt."
Ich bin sprachlos und denke im ersten Moment, daß ich mich verhört habe, daß hier ein Mißverständnis vorliegt, ja vorliegen muß. Ich kann diese Worte einfach nicht fassen. Es ist, als wenn mir der Boden unter den Füßen weggerissen wird.
Ich antworte, daß ich schon im Fragebogen darauf hingewiesen habe und wir bereits in der ersten Stunde darüber gesprochen hätten, daß ich sexuell mißbraucht wurde.
Gottfried Behler entschuldigt sich und sagt, es tue ihm sehr leid, aber es sei ihm im Moment nicht mehr gegenwärtig gewesen.
(In Gedanken: Mein Gott, es war also doch kein Mißverständnis.)

Ich frage Gottfried Behler, ob sexueller Mißbrauch wirklich Machtmißbrauch sei.
Gottfried Behler erwidert, daß sexueller Mißbrauch Machtausübung durch sexuelle Handlungen sei. Der Täter nutze seine Autoritätsstellung aus.
Das bedeutet, erwidere ich, daß ich über viele Jahre dem Machtmißbrauch durch den Onkel ausgesetzt war und somit ein gestörtes Verhältnis zur Macht haben muß. Dies erklärt dann auch meine vielen Schwierigkeiten im Beruf und mit Iris im Urlaub. Ich habe ein Machtproblem.
Gottfried Behler bestätigt dies.
Ich fühle mich hundsmiserabel und sage es auch.
Gottfried Behler sagt mir, daß ich aber immer strahlend aussehe.
(In Gedanken: Warum zeige ich es nicht deutlich, wenn es mir schlecht geht? Außerdem, kann er sich nicht vorstellen, daß es mir nach dieser Stunde schlecht geht? Warum muß ich anderen immer was vorspielen?)
Meine psychische Verfassung nach dieser Stunde kann ich nur mit chaotisch beschreiben. Ich bin total fertig, setze mich in der Nähe in einen kleinen Park auf eine Bank und weine erst einmal. Ich spüre, daß durch dieses Buch eine Lawine ins Rollen gekommen ist, die - so glaube ich - nicht mehr zu stoppen ist. Was soll ich nur machen? Ich muß wissen, ob mein Gefühl, daß sexueller Mißbrauch - und daß ich sexuell mißbraucht wurde, davon bin ich jetzt überzeugt - ein schweres Trauma ist, oder ob alle anderen einschließlich Gottfried Behler recht haben, daß ich das alles übertreibe oder mir wo möglich nur einbilde. So beschließe ich, bei MONTANUS ein weiteres Buch zu kaufen: KAREN LISON, CAROL POSTON (1991): "WEITERLEBEN NACH DEM INZEST". Ich fahre nach Hause und mache dann einen Spaziergang am Tegeler See. Meine Gedanken überschlagen sich. Ich will versuchen, sie etwas zu ordnen und überlegen, wie es weitergehen soll.
Ich bin zutiefst verletzt und konnte dies nicht einmal ausdrücken, es war mir unmöglich Gottfried Behler dies zu sagen. Meine Kehle ist immer noch wie zugeschnürt, ich habe Magenschmerzen und Bauchschmerzen. Ich erzähle ihm meine schlimmsten Erfahrungen und Erlebnisse, und er vergißt dies einfach. Es war schließlich nicht irgendeine lapidare Mitteilung, sondern, so beginne ich nach dieser ersten Lektüre langsam zu begreifen, so ziemlich das Schlimmste, was einem Kind angetan werden kann. Er hat es verdrängt! Warum??? Angst vor der Thematik? Was meint er mit vielleicht? Also auch wieder das Bagatellisieren, das Leugnen, das Wegdrücken. Genau dies habe ich seit Jahrzehnten erlebt. Keiner hat je meine gespürten Traumen ernst genommen. Ich teile mich mit, und er ignoriert bzw. verdrängt es. Oder denkt er, ich spinne? Ich fühle mich in meine Kindheit zurückversetzt, auch damals prallte ich wie von einer

Gummiwand immer wieder ab. Auch die Eltern nahmen meine Hinweise nie ernst. Vielleicht übertreibe ich ja auch und es war alles gar nicht so schlimm!? Aber STEINHAGE spricht dagegen. Wäre ich doch nur zu einer Therapeutin gegangen. Ich glaube, es wird besser sein, wenn ich doch noch wechsele. Wie bringe ich das Horst bei? Als so schweres Trauma hat er es auch nie gesehen und die ganze Tragweite solcher Erlebnisse vollkommen verkannt, besser nicht erkannt. Ich könnte ihm den Wechsel natürlich erst einmal verheimlichen. Nach der ersten schlimmen Therapieerfahrung, wo der Mißbrauch nicht einmal als Mißbrauch angesprochen wurde, sondern nur mit Belästigungen umschrieben wurde und jetzt ein zweiter Therapeut, der dies vergißt und damit zum Ausdruck bringt, daß sexueller Mißbrauch doch keine so schlimme Erfahrung ist, die einer Aufarbeitung bedarf, fühlt sich Horst sicher bestätigt. Verdammter Mist, ich glaube ich überstehe das alles nicht. Ich weine und weine und weine. Was meint er nur mit vielleicht? Dieses Wort geht mir nicht mehr aus dem Kopf. Nach längerem Überlegen komme ich zu der Erkenntnis, daß sich das Wort darauf beziehen könnte - ich kann es nur hoffen - , daß ich vielleicht so etwas erlebt habe und ich es selbst verdrängt und vergessen habe, daß *ich* mich eben nicht mehr genau erinnere. Ach verflixt, wer hat hier eigentlich was verdrängt. Ich bin vollkommen konfus. Es soll wohl hoffentlich nicht bedeuten, daß alles Phantasien sind und ich es mir nur einbilde. Diese Erklärung beruhigt mich etwas. Sein Verhalten steht auch im Gegensatz zu der eindeutigen Stellungnahme in der ersten Therapiestunde. Ein Widerspruch?

Ich beschließe, Horst heute das Buch von STEINHAGE zu geben. Das bedeutet, daß ich ihm klar machen muß, daß die Erlebnisse mit dem Onkel sexueller Mißbrauch waren. Ich bitte ihn, das Buch zu lesen und dann erst zu dieser Problematik Stellung zu nehmen und vorher auf eine Diskussion zu verzichten. Horst willigt ein.

Ich fühle mich verdammt mies, sehr sehr einsam und eigentlich zwei Männern ausgeliefert: Gottfried Behler, indem ich nicht weiß, ob er nach einer Reflexion dieser Therapiestunde - daß er dies tut, davon gehe ich einmal aus - doch noch die Tragweite seiner eigenen Verdrängung erkennt und korrigieren kann und Horst, indem ich fürchte, daß er auch nach diesem Buch immer noch nicht begreift, wie furchtbar das alles für mich war. Ich fühle mich von allen verlassen und unverstanden. Ich glaube, die Verletzung ist verdammt tief gegangen. Wie soll es bloß weitergehen? Ich beginne zu ahnen, daß ohne verständnisvolle Unterstützung die Aufarbeitung nicht möglich sein wird.

11.9.91
Horst kommt nach Hause und erzählt mir, daß er in der U-Bahn in STEINHAGE gelesen hat. Er ist betroffen, sehr lieb und zärtlich und sagt, daß er nie die ganze Tragweite erkannt und die Problematik nicht gesehen habe. Er findet den Text sehr überzeugend. Er hätte auch nicht gesehen, daß das Machtmißbrauch sei. Das würde viele meiner beruflichen und privaten Schwierigkeiten erklären. Ich fühle mich verstanden und spüre, daß die erste Hürde genommen ist. Wenn Gottfried Behler seine Einstellung nicht ändert, dann kann ich Horst vielleicht überzeugen, daß ein Wechsel angebracht ist, weil ich den Mißbrauch wirklich aufarbeiten muß und will. (Wieviel Unsicherheit und Abhängigkeit sich hierin ausdrückt, ist mir erst viel später klar geworden und aus den schlimmen Mißbrauchserfahrungen zu erklären.) Horst sagt mir noch, daß er Schwierigkeiten mit der Kollektivschuld hätte. Ich kann dies zu diesem Zeitpunkt nicht nachvollziehen, da ich von dem bisher Gelesenen so tief beeindruckt bin und mich unfähig fühle, mich auch noch damit auseinanderzusetzen.

12.9.91
Seit zwei Tagen lese ich in LISON/POSTON. Ich weine sehr viel und kann kaum noch essen. Ich merke, daß alle Lebensbereiche durch den erfahrenen sexuellen Mißbrauch tangiert sind. Nein, es ist viel schlimmer, nicht tangiert, sondern es kristallisiert sich heraus, daß mein gesamtes bisheriges Leben durch den sexuellen Mißbrauch geprägt und im Prinzip alle Verhaltensweisen von mir im Sinne von Überlebensstrategien entwickelt wurden. Der sexuelle Mißbrauch ist *das* zentrale Trauma meiner Kindheit und stellt meine angeborene Herzerkrankung und die damit verbundenen Versagungen weit in den Schatten.

13.9.91
Ich bin sehr verzweifelt. Mit aller Deutlichleit sehe ich, daß ich diese ganze Problematik *gefühlsmäßig* aufarbeiten muß. Meine naive Vorstellung, daß das Nacherleben der ersten Mißbrauchssituation die Erlösung bringen würde, ist wie eine Seifenblase zerplatzt. Ich sehe deutlich, daß mir wahrscheinlich anstrengende Wochen, wenn nicht sogar Monate bevorstehen. Hinzu kommt noch die Ungewißheit, ob Gottfried Behler sein Verhalten reflektiert hat und wir eine neue vertrauensvolle Basis für eine weitere gemeinsame Arbeit finden können. Ich halte diese Ungewißheit und die Erkenntnis, daß der sexuelle Mißbrauch nur dann bei ihm aufgearbeitet werden kann, wenn er ebenfalls bereit ist, sich mit diesem Thema auseinanderzusetzen, nicht mehr aus. Ich rufe Gottfried Behler an und bitte ihn um einen Termin am heutigen Tage. Er gibt mir einen Termin am Nachmittag.

Ich komme weinend an, und die Begrüßung ist sehr freundlich und warmherzig. Gottfried Behler erscheint wie umgewandelt. Zugleich bin ich aber auch unsicher, ob ich mir dies nicht nur einbilde, weil ich es mir so sehr wünsche. Ich kann mich eigentlich überhaupt nicht artikulieren. Gottfried Behler ermuntert mich zu weinen und meine Gefühle nicht zu unterdrücken.
Ich frage Gottfried Behler, was er mit "vielleicht haben Sie so etwas erlebt"? meinte. Ich möchte ihm eigentlich meine Verletztheit mitteilen, ich kann es aber nicht und frage, warum er es verdrängt hat.
Gottfried Behler antwortet, daß das Wort "vielleicht" ausdrücken sollte, daß *ich* mich ev. nicht mehr genau an den sexuellen Mißbrauch erinnern könne. Er wollte keinen Zweifel - und er hätte auch keinen Zweifel - an der Richtigkeit und Wahrheit meiner Aussagen über den stattgefundenen sexuellen Mißbrauch ausdrücken. "Frau Schumann, entschuldigen Sie bitte, es tut mir sehr leid und ich wollte Sie wirklich nicht verletzen". Ich spüre seine eigene Betroffenheit über seine Verdrängung. Weitere Erinnerungen an diese Stunde habe ich nicht mehr. Gottfried Behler schlägt vor, ab nächste Woche Doppelstunden zu machen, weil jetzt eine Stunde nicht mehr ausreicht.
Ich gehe mit einem ganz guten Gefühl nach Hause. Ich hoffe, daß wir doch noch zusammen eine Grundlage finden werden. Auch das Angebot, ab jetzt Doppelstunden zu machen, zeigt die Bereitschaft zur ernsthaften Bearbeitung und gemeinsamer Aufarbeitung dieser wirklich schmerzlichen und traumatischen Erfahrungen. Ich beschließe für mich, meine Verletztheit erst einmal zurückzustellen und dies zu einem späteren Zeitpunkt noch einmal anzusprechen. Auch ich möchte einen Neuanfang und werde mich bemühen, wieder Vertrauen wachsen zu lassen. Ich glaube, es war gut, Gottfried Behler um einen zusätzlichen Termin zu bitten.

14.-16.9. 91
Ich lese weiter in LISON/POSTON (1991). Ich bin sehr erschöpft. Ich muß viel weinen, esse kaum und habe massive Schlafstörungen. Es tauchen viele Erinnerungen an Mißbrauchssituationen auf. Ich durchlebe alle diese Szenen mit dem Onkel mit den Gefühlen von Angst, Trauer, Schmerz, Scham, Ekel und Verletztheit. Es ist dies das erste Mal, daß ich diese Gefühle zulassen kann. Ich habe aber immer noch massive Schuldgefühle und kann es nicht glauben, wirklich an dem sexuellen Mißbrauch unschuldig zu sein. Ich werde z.Z. von den Erinnerungen total absorbiert. Ich spüre aber, daß dieses jetzt absolut notwendig ist.

In manchen Stunden
meines Lebens
ahne ich was Leben
eigentlich alles
sein könnte

Und dann
weine ich
um jede Sekunde
die ich nicht gelebt habe
(SCHWARZ 1992)

17.9.91
Ich weine wieder viel und bin kaum in der Lage, mich verbal mitzuteilen. Ich möchte soviel Einzelheiten von dem erlebten Mißbrauch erzählen und bringe trotzdem kaum ein Wort heraus.
Wir haben über Ängste und Schuldgefühle gesprochen. Ich habe aber nach der Stunde keine konkreten Erinnerungen mehr.
Gottfried Behler geht mit dem Thema jetzt sehr viel souveräner um. (Wie ich dann im November von Gottfried erfuhr, war er am 14./15.9. auf einem Workshop über sexuellen Mißbrauch.) Ich spüre seine intensive Anteilnahme an meinem Schicksal und auch seine tiefe Betroffenheit über die erlittenen physischen und psychischen Verletzungen. Gottfried Behler spricht noch einmal diese verunglückte Bemerkung an und versichert mir, daß er aus diesem Fehler viel gelernt hätte und daß ihm so etwas bestimmt kein zweites Mal mehr passieren würde.
Gottfried Behler schlägt vor, eine Geschichte vorzulesen, damit wir uns gemeinsam ein wenig um die "kleine Marlen" kümmern. Ich habe damals die Bedeutung, daß man sich um das kleine Kind, das man einmal war, kümmern muß, wenn man heil werden will, überhaupt nicht verstanden.
"SELINA, PUMPERNICKEL UND DIE KATZE FLORA" (BOHDAL 1981) ist die Geschichte einer Angstbewältigung. Selina und der Mäuserich Pumpernickel sind Freunde. Eines Tages taucht die Katze Flora auf und will Pumpernickel fangen. Der Mäuserich springt in Selinas Schürzentasche und Selina flieht vor der Katze. Sie wird von Flora verfolgt, die immer größer und damit bedrohlicher wird. Pumpernickel empfiehlt Selina, nicht zu fliehen, sondern auf Flora zuzugehen. Zum Anfang ist Selina sehr ängstlich, dann wird sie aber immer mutiger, und die Katze Flora schrumpft wieder auf ihre normale Größe.

Ängste kann man nur bewältigen und abbauen, wenn man sich der Situation stellt. Dies gilt natürlich auch für alle auftauchenden Ängste im Zusammenhang mit der Aufarbeitung des sexuellen Mißbrauchs.
Kinderbücher sind für Kinder geschrieben und sprechen somit das kleine Kind in uns an, das wir einmal waren. Sie bieten durch die Möglichkeiten der Projektion, Verhaltensweisen zu erkennen und zu ändern.

20.9.91
Gottfried Behler hat ein kleines Geschenk, einen Stoff-Mäuserich, für mich. Er sagt, daß ich dieses Mäuschen in gefährlichen Situationen bei mir tragen könne. Es solle mich dann immer an Selina erinnern.
Ich freue mich sehr darüber und schlage vor, das Mäuschen Pumpernickel zu nennen.
(In Gedanken: Diese nette und einfühlsame Geste löst Rührung in mir aus, nur kann ich es leider nicht zeigen. Ich fühle mich in meiner Verzweiflung verstanden und angenommen.)
Ich berichte Gottfried Behler, daß durch das Lesen in LISON/ POSTON (1991) verschiedene Mißbrauchserlebnisse mit dem Onkel sehr gegenwärtig sind. Ich möchte versuchen, über einige zu berichten:
Das erste Mal mißbraucht mich der Onkel sexuell während meiner Masernerkrankung als Sechsjährige. Die Mutter verläßt die Wohnung und er nimmt mich auf den Arm, damit ich aus dem Fenster gucken kann. Er zieht meine Schlafanzughose herunter, um sich den Masernausschlag anzusehen. Ich friere und fordere ihn auf, mich wieder ins Bett zu legen. Am Abend erzähle ich dann meiner Mutter, daß der Onkel mich aus dem Bett geholt und sich den Masernausschlag auf dem Po angesehen hätte, und daß er mich solange auf dem Arm behielt, bis mir kalt wurde. Meine Mutter erwidert, daß ich mich das nächste Mal eben nicht mehr auf den Arm nehmen lassen sollte.
Ich kann mich noch gut an die dabei empfundene Angst erinnern, als er mich auf dem Arm hält, aber ich habe keine Erinnerung an das, was er mit mir machte.
Ein weiteres Mal werde ich während einer Silvesterfeier im Alter von etwa acht Jahren von ihm sexuell mißbraucht. Ich muß noch vor dem Jahreswechsel ins Bett und nach einer Weile kommt der Onkel zu mir ins Zimmer und greift in meinen Slip und manipuliert an meinen Geschlechtsteilen. Als er ins Zimmer kommt weiß ich sofort, was jetzt wieder passiert. Ich habe Todesangst und nach meiner Erinnerung dissoziiere ich das erste Mal. Ich werde ein kleiner Spatz und trete aus meinem Körper aus und beobachte das Geschehen vom Ofen aus. Er droht mir, wenn ich mich nicht still verhalte, würde er mich umbringen. Als er das Zimmer verläßt,

kehre ich in meinen Körper zurück. Ich kann mich sehr gut an meine furchtbare Angst erinnern, daß meine Eltern ins Zimmer kommen und etwas bemerken könnten. Sie würden mir dann die Schuld dafür geben, daß ich so etwas dulde.

Wir haben uns entschlossen, die Rückblenden in der Zeitform "Gegenwart" zu schreiben, weil ich während der Rückblenden regrediere und die Erinnerungen so plastisch und intensiv sind, daß ich sie im Hier und Jetzt noch einmal erlebe. Ich verliere während der Rückblenden jegliches Gefühl für die Zeit und auch für den Ort und sehe und erlebe mich als kleines Kind in dem Alter, wo der Mißbrauch stattfand.
Rückblenden sind plötzlich auftauchende Erinnerungen an sexuelle Mißbrauchssituationen, die bis zu dem Moment, wo sie auftreten, verdrängt gewesen sein können. Es ist aber auch häufig so, daß schon erinnerte Vorkommnisse im Zusammenhang mit bestimmten Situationen immer wieder neu vor dem geistigen Auge entstehen. Häufig geschieht dies bei sexuellen Kontakten.

Ich kann mich an weitere vier Vorkommnisse erinnern, weil meine Mutter entweder nicht zu Hause ist oder weggeht, wenn der Onkel uns besucht, weil ich dann unter Aufsicht bin. Ich möchte nicht mit ihm allein bleiben und flehe meine Mutter an, mich mitzunehmen. Sie versteht mich aber nicht (oder will sie nicht verstehen?) und verläßt dann ohne mich die Wohnung. Es kommt jedesmal zum sexuellen Mißbrauch. In diesen Situationen habe ich große Angst, ja oft sogar Todesangst, daß er mich dabei umbringen oder daß meine Eltern etwas merken könnten. Sie wären sehr böse geworden, weil ich so etwas dulde oder ihn sogar verführt habe. Ich fühle mich ohnmächtig und machtlos. Was hätte ich auch tun können? Oft hört er erst auf, mich zu mißbrauchen, wenn meine Mutter/Eltern die Wohnungstür aufschließen.
Regelmäßig dissoziiere ich und werde jedesmal zum kleinen Vögelchen, das davonfliegt - auf den Ofen und im Sommer auf einen Baum - und somit kann ich das Geschehen von draußen beobachten. Oft habe ich dabei noch das Empfinden, daß mein Körper als "Elefant" zurückbleibt. Ich spüre, daß meine Gliedmaßen ganz dick werden, eben so stämmig wie bei einem Elefanten.
Gottfried Behler weist sehr nachdrücklich darauf hin, daß ich selbstverständlich keine Schuld hätte. Verantwortlich dafür sei immer und ausschließlich der Täter. Kein Kind der Welt sei schuldig, wenn es sexuell mißbraucht würde. Der Onkel sei dafür verantwortlich gewesen, daß es zu sexuellen Handlungen mit mir gekommen sei. Gottfried Behler sagt mir,

ich solle einmal kleine Kinder in dem Alter, als ich sexuell mißbraucht wurde, beobachten. Welche Chancen und Möglichkeiten hätte ein kleines Kind, sich zu wehren? Was könne es unternehmen, um den Mißbrauch zu verhindern? Nichts. Jedes Kind sei in solchen Situationen macht- und hilflos dem Täter ausgeliefert und fühle sich nicht nur ohnmächtig, sondern sei es wirklich.

Die einzige Möglichkeit, solche massiven Traumen zu überleben sei die von mir erlebte Dissoziation. Dabei komme es zur Spaltung von Körper und Gefühl. Das Selbst ziehe sich sozusagen zurück, um die Illusionen zu vermitteln, daß der sexuelle Mißbrauch keine Verletzungen verursache und daß ich die Kontrolle über mich behalte. Dies sei eine Bewältigungstrategie zum Überleben. Sonst hätte ich diesen Mißbrauch nicht überlebt.

In diesem Sinne seien auch die Körpersensationen zu verstehen. Das Gefühl des Dickwerdens täuschte eine körperliche Distanz zum Onkel vor, die mir das Überleben ebenfalls ermöglicht habe.

Ich erzähle Gottfried Behler, daß dieses "Elefantengefühl" - so erinnere ich jetzt - , schon häufig auftrat, als ich ein kleines Kind war. Es trat immer auf, wenn ich im Bett lag. Auch heute noch kommt es häufiger vor, daß ich abends vor dem Einschlafen dieses "Elefantengefühl" habe. Ich habe bis zu diesem Moment noch nie darüber gesprochen, weil ich befürchtete, ausgelacht zu werden. Die lebensrettende Funktion dieses Gefühls habe ich ja erst jetzt erkannt. In Zukunft wird mir das keine Angst mehr machen.

Es war eine sehr anstrengende Sitzung, aber Gottfried Behler war sehr aufmerksam und einfühlsam und zeigte wieder seine tiefe Betroffenheit über den erfahrenen sexuellen Mißbrauch. (Gottfried Behlers Betroffenheit führte anfänglich bei mir zu einer leichten Verwirrung: Wie konnten meine Erlebnisse Betroffenheit bei einem anderen Menschen auslösen? Mir wurde bewußt, daß es wohl ganz schreckliche Erfahrungen sein mußten, wenn sogar Außenstehende darüber Betroffenheit zeigen können. Es war aber für mich gleichzeitig auch eine Erlaubnis, meine eigenen Schmerzen leben zu dürfen).

Als ich am Abend dieses Tagebuch schreibe, bemerke ich, daß Gottfried Behler mir folgt. Ich habe ein "komisches" Gefühl mit diesem Gedanken "er folgt mir". Das bedeutet ja, daß ich voran gehe und heißt gleichzeitig auch, daß ich das Tempo bestimme. Er führt durch Folgen?! Ob das so in Ordnung ist? Na ja, es liest ja niemand mein Tagebuch.

Ich denke, Gottfried Behler ist jetzt wirklich bereit, mein Leben mit mir zusammen kennenzulernen. Vermutlich kenne ich vieles aus meinem Leben selbst noch nicht. Ich bin in Bezug auf unsere therapeutische Beziehung jetzt recht optimistisch. Meine Entscheidung, einen "Neuanfang" mit Gottfried Behler zu wagen und somit auf einen Therapeutenwechsel zu verzichten, war richtig. Endlich jemand, der hinhört, der mich in meinen Wahrnehmungen und Gefühlen bestätigt, daß diese richtig waren und daß der sexuelle Mißbrauch ein äußerst schweres Trauma war, an deren Auswirkungen ich noch heute zu leiden habe. Es ist wie eine Erlösung und manchmal für mich immer noch unfaßbar - nach vierzig Jahren -, endlich darüber sprechen, weinen, meinen ganzen Schmerz zeigen zu dürfen und endlich ernst genommen zu werden. Ich überlege, ob ich Gottfried Behler in der nächsten Stunde frage, ob wir uns duzen können.

22.9.91
Ich lese in LISON/POSTON (1991), daß viele Überlebende berichten, daß sie während des sexuellen Mißbrauchs auch angenehme Gefühle hatten. Der Onkel berührte während des Mißbrauchs auch immer und längere Zeit meine Klitoris, wodurch ich sexuell erregt wurde. Das dies auch anderen Opfern so ergangen ist, ist wie eine Erlösung für mich. Ich weine darüber aus Erleichterung stundenlang und kann es überhaupt nicht fassen, daß dies häufiger vorkommt. Dies war der schmachvollste Aspekt des sexuellen Mißbrauchs überhaupt und hatte meine Schuldgefühle erheblich verstärkt, da ich annahm, wenn sich dabei schöne Gefühle einstellen, dann muß ich schuldig sein und den Mißbrauch auch gewollt haben.

24.9.91
Heute ist die letzte Stunde vor Gottfried Behlers Urlaub.
Ich erzähle Gottfried Behler, daß ich immer noch viel weinen muß und über viele Erkenntnisse sehr verwirrt bin. Ich sehe immer klarer, daß dieser sexuelle Mißbrauch mein gesamtes Leben bestimmt hat. Ich habe fünf Pfund abgenommen und habe große Schwierigkeiten, überhaupt noch etwas zu essen. Auch die Schlafstörungen sind sehr massiv. Ich schlafe meistens nur drei bis vier Stunden.
Gottfried Behler erwidert, daß ich den sexuellen Mißbrauch emotional aufarbeiten müßte, wenn ich heil werden wolle. Dies würde eine anstrengende Phase sein, aber sie gehe irgendwann vorüber, und dann würde sich mein Leben verändert haben. "Wir werden das ganz bestimmt gemeinsam schaffen, Frau Schumann."
(In Gedanken: Nach diesen verbindlichen und einfühlsamen Worten würde ich Gottfried Behler jetzt gerne fragen, ob wir uns duzen können. Ich bringe aber nicht den Mut auf. Vielleicht empfindet er es als Zumutung?)

Ich sage zu Gottfried Behler, daß ich gerne noch von einem weiteren sexuellen Mißbrauch berichten möchte, der für mich besonders beängstigend und schmachvoll war, und es fällt mir sehr schwer, darüber zu reden.
Meine Eltern haben einen Schrebergarten. An einem Sonntag - ich bin vierzehn Jahre alt - muß ich mit dem Onkel auf dem Fahrrad zur elterlichen Wohnung radeln. Die Oma (Mutters Mutter) fährt mit der Straßenbahn und soll in der Wohnung mit mir zusammen übernachten. Ich fahre sehr langsam, weil ich sicher bin, daß er mich in dem Lokal meiner Großeltern, wo wir unsere Räder immer im Vereinszimmer abstellen, mißbrauchen wird. Die Oma väterlicherseits ist in ihrem eigenen Garten. Ich will verhindern, daß wir vor dem Eintreffen meiner Oma (Mutters Mutter) zu Hause ankommen. Aber so langsam kann ich gar nicht fahren, weil es mit der Straßenbahn viel länger dauert. Ich will dann auf der Straße auf meine Oma warten. Der Onkel schubst mich in den Hausflur. Ich laufe die Treppe hinauf und er folgt mir. Er hält mich fest und zieht mich die Treppe hinunter und sagt, daß ich nicht so laut sein soll. "Ich tue Dir doch nichts", sagt er zu mir, aber sein "Blick" spricht Bände. Er zieht mich dann mit Gewalt in die Räume des Lokals. Im Vereinszimmer mißbraucht er mich sexuell und manipuliert vor allem meine Klitoris. Er droht mir wieder mich umzubringen, wenn ich etwas erzählen würde. Ich bin sexuell erregt und werde feucht und er sagt, "Dir macht es doch auch Spaß". Ich habe Todesangst und befürchte, daß er mich auch sofort umbringen könnte. Ich dissoziiere wieder und fliege als Spatz aus meinem Körper - der mich nun auch noch verraten hat - und lande in dem Innenhof des Nebenhauses auf einer Kastanie. Mein Körper bleibt als "Elefant" zurück. Nach einiger Zeit klingelt die Oma und somit habe ich wieder einmal einen sexuellen Mißbrauch überlebt.
Ich bin vollkommen aufgelöst und weine den ganzen Abend und auch noch nachts. Die sexuelle Erregung empfinde ich wesentlich schlimmer als den Mißbrauch. Ich ekele mich vor mir selbst, vor dem Onkel und ich verstehe buchstäblich die Welt nicht mehr. Da werde ich mit Gewalt in ein Zimmer gezerrt, unter Morddrohungen sexuell mißbraucht und habe unter solchen Bedingungen schöne Gefühle.
Nach diesem Vorfall habe ich durch die sexuelle Erregung noch mehr Schuld- und Schamgefühle. Ich glaube wirklich, daß es einzig und allein mein Verschulden ist, daß es dazu gekommen ist.
Ich habe an diesem Wochenende versucht, meine Eltern zu überzeugen, daß ich viel lieber zusammen mit der Oma in der Straßenbahn zurückfahren würde. Ich weiß doch, was mich erwartet. Sie lassen sich aber auf keine Diskussionen ein. Ich muß gehorchen. Am nächsten Tag erzählt dann die Oma den Eltern, daß ich so verzweifelt geweint hätte. Ich hoffe und

fürchte zugleich, daß meine Eltern jetzt eine Verbindung zwischen meiner Weigerung, mit dem Onkel zurückzuradeln und dem vielen Weinen herstellen würden. Aber sie merken wieder einmal nichts.
Der Onkel starb dann - Gott sei Dank - einge Monate später an Lungenkrebs. Er versucht, mich auch noch auf dem Sterbebett zu mißbrauchen. Ich bin aber in dieser Situation die Stärkere und kann weglaufen. Er ist bereits zu schwach, um mich festzuhalten. Ich habe große Angst, daß er auf dem Sterbebett erzählt, daß *ich* ihn häufig verführt habe und er mir die Schuld zuweist. Ich bin der Überzeugung, daß meine Eltern dies auch so sehen. Ich habe mir so sehr gewünscht, andererseits aber auch wegen der zu erwartenden Schuldzuweisungen befürchtet, daß meine Eltern von sich aus mal die Frage nach sexuellem Mißbrauch ansprechen.
Ich sage zu Gottfried Behler, daß mir schlecht ist und daß ich mich heute noch dafür schäme und ich würde jetzt hier auf der Couch am liebsten umfallen und in einen tiefen Schlaf sinken.
Gottfried Behler reagiert sehr einfühlsam und sagt, wenn Geschlechtsteile berührt würden, dann sei es eine ganz normale und gesunde Reaktion, wenn eine sexuelle Erregung auftreten würde. Im Gegenteil, es wäre schlimm, wenn dies nicht so wäre. Es sei erst einmal eine Reiz-Reaktionskette, die nicht willentlich gesteuert werden könne. Das würde nicht bedeuten, daß ich den Mißbrauch schön fand. Und seine nächsten Worte seien auch nicht respektlos oder verletzend gemeint, sondern ganz im Gegenteil: Ich solle zufrieden sein, daß ich überhaupt etwas empfunden hätte. Dafür bräuchte ich wirklich keine Scham- und Schuldgefühle zu haben.
Ich erwidere, daß ich dies auch manchmal dachte, nachdem ich vor längerer Zeit darüber gelesen hatte, daß es Foltermethoden gibt, wo Menschen durch Reizung der Genitalien über multiple Orgasmen bis zum körperlichen Zusammenbruch sexuell stimuliert werden. Auch hier reagieren die sensiblen und nervenreichen Geschlechtsteile auf Reize. Aber diese pragmatische Betrachtung hat mir nicht viel weitergeholfen und nichts von meinen Schuld- und Schamgefühlen genommen.
Gottfried Behler sagt mir, daß er es sehr mutig fände, dies zuzugeben, und er würde es als sehr großen Vertrauensbeweis empfinden.
(In Gedanken: Ich empfinde seine Reaktion als wohltuend und ehrlich. Ob ich Ihn doch noch frage, ob wir uns duzen können?)
Gottfried Behler fragt nach, ob er mich richtig verstanden habe, daß ich Angst hatte, der Onkel könnte von dem sexuellen Mißbrauch erzählen?
Ja, diese Befürchtungen waren für mich ganz real. Erst einmal fühlte ich mich ja wirklich schuldig und dann glaubte ich, daß er vielleicht sein Gewissen erleichtern wollte, daß ihm so was mit mir passiert ist. Diese Ängste begleiteten mich während meiner gesamten Kindheit. Bei jedem Besuch

befürchtete ich, daß er "es" erzählen könnte. (Daß ich so "verquer" denken konnte, ist für Nicht- Überlebende sicher unvorstellbar. Dieses Empfinden war aber wirklich Realität für mich und auch heute noch nachfühlbar. Dies zeigt doch aber vor allem, in welchen ungeheuren Zwiespalt und Verwirrung Kinder gestoßen werden.)

25.9.91
Horst sagt mir, daß ich mich immer noch nicht richtig öffne und er bei unseren sexuellen Kontakten regelmäßig regrediere. Seine Bemerkung löst Angst in mir aus und ich kämpfe mit den Tränen. Mir ist dies natürlich auch bewußt. Ich habe die Frage von Gottfried Behler, wie ich Sexualität heute erlebe, in gleicher Weise beantwortet, nämlich daß es mir immer noch nicht möglich sei, eine wirklich tiefe Intimität aufzubauen.
Horst`s Bemerkung treibt mich wieder einmal in eine Verteidigungsstellung. Ich sage ihm, daß auch er seit Jahren den sexuellen Mißbrauch bagatellisierte und meine Empfindungen, daß dies ein Trauma hervorgerufen hat, negierte. Er weist den Vorwurf zurück und gesteht aber ein, daß er die Tragweite wirklich nicht erkannt habe. Woher auch? Außerdem hätte ich kein Recht, ihm das vorzuwerfen, weil ich selbst nichts unternommen hätte, um es aufzuarbeiten. Wie und wo sollte ich das denn tun? Alle meinten, mir sei doch nichts weiter passiert. Verdammt, ich habe damals sehr wohl in der Psychoanalyse einen wirklich sehr ernsthaften Versuch unternommen und bin total aufgelaufen. Für einen zweiten Anlauf fehlte mir der Mut und auch die Unterstützung.

Ich merke, wie sich massive Ohnmachtsgefühle während dieser Diskussion einstellen. Ich fühle mich wieder einmal sehr hilflos und klein. Horst ist mir intellektuell weit überlegen und auch in seiner Ausdruckweise nicht nur sehr assoziativ, sondern auch viel versierter. Bedeutet dies für mich Macht? Habe ich ihn vielleicht deswegen gewählt? Dieses verdammte Machtproblem kriege ich wahrscheinlich nie in den Griff.
Ich dissoziiere, und mir wird das erste Mal bewußt, daß ich wahrscheinlich sehr häufig dissoziiere, ohne es zu bemerken.
Auf mein Drängen hin brechen wir die Diskussion ab, und Horst sagt mir wieder einmal, daß ich allen Schwierigkeiten ausweichen würde.
Ich fühle mich unverstanden, und ich habe wahnsinnig viel Angst. Nie wurden meine Ängste anerkannt, immer war alles ja gar nicht so schlimm und völlig in Ordnung. Das treibt mich manchmal schon zur Verzweiflung. In solchen Situationen möchte ich wirklich ein kleines Mäuschen sein und mich irgendwo verkriechen, um mich nie mehr mit Menschen

auseinandersetzen zu müssen. Mir fällt Pumpernickel ein, und ich stecke den Stoffmäuserich in meine Hosentasche.

26.9.91
Iris und Jack mit dem kleinen Philipp aus Hannover werden uns in den nächsten Tagen besuchen. Ich werde mit Iris über unseren gemeinsamen Urlaub sprechen. Jetzt ist ja klar geworden, daß meine Schwierigkeiten mit ihr wirklich ein Machtproblem sind.
Gottfried Behler ist drei Wochen in Urlaub. Dies ist eine furchtbar lange Zeit. Ich glaube, diese drei Wochen werden überhaupt nicht vergehen.
Ich lese immer noch in LISON/POSTON (1991) und denke, daß ich mich ändern muß, wenn ich heil werden will. Aber wie soll das gehen? Und was kommt dann? Der Weg ist das Ziel, sagt ein Buddhistisches Sprichwort. Aber welcher Weg ist gangbar, was ist machbar und sinnvoll? Ich nehme mir erstmal vor, mehr Offenheit zu üben. Ich werde im Freundeskreis über meinen sexuellen Mißbrauch berichten. Ich werde bei Margret anfangen und ihr meine Reaktion auf ihre Umarmung erklären. Sie umarmte mich neulich spontan beim Abschied. Ich reagierte sehr ablehnend. Mit diesem Verhalten habe ich sie sicher verletzt. Jetzt kann ich ihr erklären, daß Überlebende immer Schwierigkeiten haben, Nähe zuzulassen.

29.9.91
Mein Schwager kommt für eine Woche nach Berlin und wird bei uns wohnen. Wir müssen von meinen Eltern ein Klappbett abholen und fahren am Abend zu ihnen. Ich muß schon im Auto weinen und bin in einer sehr gereizten Stimmung. Ich fühle wieder sehr viel Haß gegenüber meiner Mutter, und mein Vater ist mir auch irgendwie unheimlich. Ich kann meine Gefühle eigentlich gar nicht richtig in Worte fassen. Ich mache meinen Eltern innerlich Vorwürfe - sie wissen nichts von meiner Therapie -, daß sie damals den sexuellen Mißbrauch nicht bemerkten. Ich habe ihnen sehr viele Hinweise gegeben. Näheres dazu werde ich später berichten.
Ich bin jedenfalls zufrieden, als wir nach zwei Stunden wieder aufbrechen. Ich möchte sie vorerst nicht wiedersehen.

Nebelwolken
ziehen vorüber
alles ist undurchsichtig.
Jetzt
es scheint -
der Nebel lichtet sich.

Ein Gesicht taucht auf
schemenhaft
verschwindet
im Nebel
die Konturen
unklar
Nebelwolken
ziehen vorüber
nebeln mich ein
schon mein ganzes Leben lang
sehe
nichts
spüre
Angst
Panik
Chaos
in mir
und
was ist
in dem Anderen?

30.9.91
Ich denke über das sich zu Gottfried Behler abzeichnende Vertrauensverhältnis nach. Sein einfühlsamer und respektvoller Umgang mit diesem Thema, die Anerkennung meiner Verletzlichkeiten und das Zeigen seiner Betroffenheit über den erlittenen sexuellen Mißbrauch tragen dazu bei, ein erstes zaghaftes Vertrauensverhältnis aufzubauen. Wenn es mir gelingt, ein wirklich vorbehaltloses und tiefes Vertrauensverhältnis herzustellen, dann ist dies eine Chance für mich, diese äußerst positive Erfahrung auch auf andere Menschen und Beziehungen übertragen zu können.
Gottfried Behlers Bemerkung "Frau Schumann, Sie sind mir sympatisch, ich mag Sie" machte mich im wahrsten Sinne des Wortes sprachlos. Wie soll ich darauf nur reagieren? Ich weiß natürlich, daß ich schlicht und einfach hätte "Danke" sagen können. Ich konnte es aber nicht. Ich mag mich selbst nicht und habe die emotionale Verbindung nicht nur zu mir, sondern auch zu allen anderen Menschen verloren. Mein Hauptgefühl anderen Menschen gegenüber sind sehr intensive Fremdheitsgefühle. Ich hasse mich auch immer noch wegen des sexuellen Mißbrauchs und insbesondere für die empfundene sexuelle Erregung während des Mißbrauchs.

Ein Therapieziel für mich ist, zu lernen, Gefühle zu leben und ohne Angst äußern zu können. Ich hatte immer Angst, und eigentlich war es ja auch eine permanente Erfahrung, daß meine Gefühle mit Füßen getreten, ignoriert und lächerlich gemacht wurden. Ich sehne mich eigentlich immer nach Nähe, gerade in einer nicht sexualisierten Form. Es wird noch viel Arbeit kosten und Mut erfordern, Nähe zuzulassen.

1.10.91
Horst macht heute einen Betriebsausflug nach Schwerin. Er hatte auch eine Buskarte für mich gekauft. Am abend (30.9.) sage ich zu Horst, daß ich mich überfordert fühle, da ich Angst habe vor der Gruppensituation und daß ich nicht mitfahren möchte. Gleichzeitig habe ich auch Angst, meinen Wunsch durchzusetzen. Mir liegt wieder einmal ein großer Stein im Magen und im Hals sitzt ein Kloß. Ich sage unter Tränen zu Horst, daß ich nicht mitfahren möchte, und gleichzeitig habe ich Angst vor einer Auseinandersetzung mit ihm. Horst akzeptiert es aber und nimmt mich in den Arm. Mein Gott, ist das schwierig, Wünsche durchzusetzen.
Als Horst am nächsten Tag allein am Betriebsausflug teilnimmt, habe ich ein schlechtes Gewissen und Angst, daß ich nicht mitgefahren bin und fürchte den ganzen Tag, daß es am Abend doch noch eine Auseinandersetzung darüber gegeben wird. Das heißt, daß ich meinen Wunsch nicht akzeptieren kann.
Mir fällt beim Schreiben auf, daß ich in den letzten 12 Zeilen viermal das Wort "Angst" benutzt habe. Es ist mein Grundgefühl.

"Wenn ich alle die Gefühle und ihren qualvollen Widerstreit auf ein Grundgefühl zurückführen und mit einem einzigen Namen bezeichnen sollte, so wüßte ich kein anderes Wort als: Angst. Angst war es, Angst und Unsicherheit, was ich in allen jenen Stunden des gestörten Kinderglücks empfand: Angst vor Strafe, Angst vor dem eigenen Gewissen, Angst vor Regungen meiner Seele, die ich als verboten und verbrecherisch empfand" (HESSE 1992 :11)

Ich glaube, es wird erst alles besser werden, wenn es mir gelingt, das kleine mißbrauchte Kind in mir in den Arm zu nehmen und anzuerkennen. Dann könnte ich meine Reaktionen akzeptieren und integrieren. Wie soll ich das bloß schaffen? Vor mir liegt ein unendlich hoher Berg.
Meine Angst vor der Gruppensituation ist so groß, daß ich ausweiche. Dieses Verhalten erinnert mich an das von WATZLAWICK (1983:51/52) so treffend beschriebene Verhalten, daß die Vermeidung eines Problems zu seiner Verewigung führt. "... *daß die Abwehr oder Vermeidung einer ge-*

fürchteten Situation oder eines Problems einerseits die scheinbar vernünftigste Lösung darstellt, andererseits aber das Fortbestehen des Problems garantiert."

3.10.91
Meine Eltern rufen an, weil sie uns Gartenäpfel geben wollen. Ich merke, daß ich aggressiv bin und will mich nicht mit ihnen treffen. Mir erscheint es unmöglich, sie jetzt zu küssen und zu umarmen. Ich kann die Verabredung aber nicht verhindern und schlage vor, daß wir uns auf dem U-Bahnhof ZOO treffen. Ich hole die Äpfel und fahre mit dem nächsten U-Bahnzug wieder nach Hause. Meine Gefühle, die ich hatte, als ich vor meinen Eltern stand, kann ich nicht beschreiben. Es ist mir unmöglich. Was ist nur mit mir los? Daß meine Eltern den sexuellen Mißbrauch durch den Onkel nicht merkten oder besser nicht merken wollten, weiß ich doch schon viele Jahre. Dies ist keine neue Erkenntnis.

EINE FREMDE SPUR
Es ist etwas, das ich fühle, etwas, das nicht ins Bewußtsein dringt.
Auf den Steinen steht es geschrieben, ich kann es nicht entziffern.
Der Himmel spiegelt es,
ich bin blind.
Manchmal lacht es, manchmal weint es.
Immer ist es voll Unruhe,
immer sehnt es sich.
Oft durchkreuzt es
schmerzhaft meine Pläne.
nie gradlinig,
nie zielstrebig,
Irrweg an Irrweg,
Bruch an Bruch.
Mitten durch mein Leben
verläuft eine fremde Spur. (POEPLAU 1985)

4.10.91
Ich habe eine Rückblende. Die jetzt beschriebene Szene taucht mit einer fast erschreckenden Klarheit auf:
Der Opa väterlicherseits sitzt im Lokal neben dem Ofen, und ich möchte mit ihm schmusen. Ich zögere, auf seinen Schoß zu klettern und sage ihm, daß es auf dem Schoß immer so hart ist. Er erwidert, daß da nichts hart sei, er habe keine Schlüssel in der Hosentasche. Die Oma steht hinter der

Theke und ermuntert mich ebenfalls zum Schmusen. Hinterher stelle ich fest, daß es wirklich nicht hart war auf dem Schoß und sage, aber bei Onkel Willi (gemeint ist der Onkel, der mich sexuell mißbrauchte) ist es immer so hart. Oma und Opa sagen sofort, daß sie darüber unbedingt mit ihm sprechen müssen.

5.10.91
Wir haben einen wunderschönen warmen Herbst, so daß ich in der Mittagszeit immer einige Stunden am Tegeler See sitzen kann. Ich denke dann viel nach und komme oft in Trance. Dies geht besonders gut, wenn sich auf der Wasseroberfläche die Maste der Seegelboote spiegeln. Durch die immer vorhandenen leichten Wellenbewegungen brechen die sich spiegelnden Maste, und ich stelle mir vor, daß das entstehende Muster Hirnströme sind. Die Zickzacklinien sehen mit etwas Phantasie wirklich wie Hirnströme im EEG aus. Offensichtlich fördert dies die Bereitschaft, weitere Erinnerungen aus der "Versenkung" auftauchen zu lassen.
In solchem Trancezustand gelingt mir die Vervollständigung der oben beschriebenen Szene:
Ich komme ins Lokal und an der Theke stehen der Onkel, meine Mutter, mein Vater und die Oma. Ich spüre, daß sie mit ihm "darüber" gesprochen haben. Sie sagen mir, daß alles in Ordnung sei und daß ich mich irre. Bei dem Onkel auf dem Schoß sei nichts hart.
Ich beginne, fürchterlich zu weinen. Stundenlang, denn ich weiß genau, daß ich mich nicht irre. Warum verstehen die Eltern diese Hinweise nicht??? Es ist einfach unfaßbar. Viel deutlicher kann ich mich als Kind doch nicht ausdrücken.

6.10.91
Kann das sein, daß meine Eltern diese Hinweise deshalb ignorierten, weil Vater auf der Einsegnungsfeier in Niemegk mit mir "was machte"?

7.10.91
Ich sitze mittags wieder am See. Ich weine sehr viel, kann jetzt wirklich kaum noch etwas essen, und die Schlafstörungen sind noch massiver geworden. Ich habe acht Pfund abgenommen und wiege 42 kg bei einer Größe von 160 cm. Mir geht es wirklich hundsmiserabel.
Ich erinnere, als ich am See sitze, daß am Tage nach der Einsegnungsfeier von Peter in Niemegk der Onkel zur Wohnung in die Prenzlauer Allee kommt. Meine Mutter löffelt gerade eine Mehlsuppe, weil ihr immer noch schlecht ist vom Alkoholabusus. Ich öffne die Tür und lasse den Onkel

ein. Sie sprechen über die Feier, und ich bin plötzlich sehr sicher, daß der Onkel auf der Einsegnungsfeier nicht anwesend war.
Am Abend, Horst und ich essen gerade Abendbrot, sehe ich mich in Niemegk im Bett liegen. Ich stehe nach einer Weile auf und suche die Mutter. Sie steht hinter der Terrassentür und übergibt sich. Ich lasse ihr dann ausrichten, daß sie zu mir kommen soll. Nach einiger Zeit kommt sie zu mir ins Bett, der Vater steht auf. Sie sagt zu mir, "hier ist es ja naß im Bett, Du hast ins Bett gepinkelt". Ich versichere ihr, daß nicht ich das war, sondern der Vater. Sie wiederholt ihren Vorwurf und sagt "nein, Vater tut so etwas nicht. Du hast das Bett naßgemacht, Du hättest mir sagen müssen, daß du aufs Klo mußt". Ich sage noch einmal, daß das Vater war.
Mir bleibt der Bissen im Halse stecken. Ich weine die ganze Nacht. Horst ist vollkommen ratlos. Ich kann es ihm aber jetzt unmöglich erzählen.

8.10.91
Was in Niemegk im Einzelnen geschah, weiß ich jetzt nicht. Ich bin wieder dissoziiert. Ich kann mich aber sehr gut erinnern, daß ich mir überlege, wohin ich fliegen könnte. Es ist draußen schon dunkel und kalt (es war im April), aber im Bett kann ich auch nicht bleiben. Vor dem Haus steht eine Laterne. Dorthin fliege ich, weil es dort auf der Laterne warm und hell ist. Nach einer Weile frage ich meinen Vater, ob er fertig ist, dann kann ich ja in meinen Körper zurückfliegen.
Ich muß wieder weinen, weinen und weinen. Ich kann es nicht fassen, nicht glauben, obwohl ich es jetzt weiß. Etwas zu wissen und dieses dann auch noch zu glauben, ist eben ein wesentlicher Unterschied. Ich habe immer wieder Momente, da glaube ich, daß ich mir das alles nur einbilde. Ich wünschte, irgendwann aufzuwachen, um feststellen zu können, daß alles nur ein böser Traum ist.

Die von mir am 6.10.91 notierte Bemerkung ist mir erst im Juni 1992, als ich den Text in den PC schreibe, aufgefallen. Mir ist die Tragweite dieses unbewußten Verdachtes, einen Tag vor der konkreten Erinnerung, überhaupt nicht bewußt geworden.

Meine Bereitschaft, so viele Einzelheiten des sexuellen Mißbrauchs und jetzt auch noch den Inzest zu erinnern, hängt sicherlich mit meiner Einschätzung zusammen, daß sowohl Horst wie auch Gottfried Behler durch Ihr Verhalten signalisiert haben, daß sie mich auffangen können und werden. Horst ist, seit er die Tragik und die Folgen dieser furchtbaren Erlebnisse erkannt hat, sehr zärtlich und lieb und zeigt für meine Schmerzen sehr viel Verständnis.

11.10.91
Die letzten Erinnerungen haben mich total verwirrt. Ich weine täglich mehrere Stunden ununterbrochen. Ich kann es immer noch nicht so recht glauben. Ich habe immer wieder Momente, in denen ich davon überzeugt bin, daß ich mir das alles nur einbilde. Diese Erinnerung ist in der Tat so grausam, daß sie eigentlich gar nicht wahr sein darf. Die Tage bis zur Rückkehr Gottfried Behlers aus dem Urlaub vergehen überhaupt nicht. Ich halte diesen Druck einfach nicht mehr aus. Ich habe erst am 15.10. einen Termin. Ich schreibe Gottfried Behler einen Brief, worin ich den Mißbrauch durch den Vater anspreche, und ich bitte ihn um einen Termin am 14.10. Das ist wenigstens einen Tag früher. Ich zähle sowieso schon seit Tagen die Stunden bis zum Urlaubsende Gottfried Behlers.
Horst habe ich bisher vom sexuellen Mißbrauch durch den Vater noch nichts erzählt. Ich fürchte, daß er sofort zu ihm hinfährt und daß dann etwas Furchtbares passiert.

14.10.91
Heute ruft Gottfried Behler an, und ich bekomme einen Termin am frühen Nachmittag.
Gottfried Behler fordert mich auf, alle Gefühle zuzulassen und nichts zu unterdrücken. Ich solle alle Gefühle, die auftauchen, leben: Trauer, Schmerz, Angst, Wut, Zorn. Ich hätte ein Recht auf meine Gefühle. Diese schlimmen Erlebnisse müßte ich emotional aufarbeiten. Ich solle dabei aber immer an die "kleine Marlen" denken. Gottfried Behler sagt mir wieder, daß ich keine Schuld hätte. Die Verantwortung läge ausschließlich bei meinem Vater.
Endlich kann ich darüber sprechen. Ich erzähle die Erinnerung vom 7.10.91. In den letzten Tagen konnte ich an gar nichts anderes mehr denken und war auch nicht in der Lage, weitere Literatur zu lesen.
Gottfried Behler ist sehr einfühlsam und zeigt seine tiefe Betroffenheit über diesen sexuellen Mißbrauch durch den Vater und hat sehr viel Verständnis für meine psychische Verfassung. Ich habe das Gefühl, aufgefangen zu werden. Ich frage ihn, ob wir uns duzen können. Gottfried stimmt zu.
Gottfried fragt mich, ob ich mit Horst über diesen Vorfall gesprochen habe. Ich befürchte, wenn ich Horst vom Inzest erzähle, daß Horst hinfährt und meinen Vater verprügelt. Gottfried ermuntert mich, es ihm zu erzählen. Das würde mich bestimmt erleichtern. Er glaube nicht, daß Horst zu meinen Eltern fährt und meinen Vater verprügeln würde.

Ich denke, daß der sexuelle Mißbrauch dadurch eine ganz andere Dimension bekommt. Der sexuelle Mißbrauch durch den Vater ist doch ein noch größeres Trauma. Der Onkel hat natürlich auch schon seine Stellung als Autoritätsperson ausgenutzt und mißbraucht, aber dies trifft auf den Vater noch viel mehr zu. Dazu kommt die absolute Abhängigkeit des Kindes vom Vater, auch und gerade in emotionaler Hinsicht. Dies ist ein ganz schlimmer Vertrauensbruch.
Gottfried erwidert, daß für die Persönlichkeitsentwicklung eines Kindes es unabdingbar ist, daß das Kind lernt, Vertrauen zu entwickeln. Wenn dieses Vertrauen mißbraucht wird, auch noch vom Vater, muß das schwerwiegende Folgen haben. Ich bin in meiner engsten Beziehung verraten worden.

15.10.91
Ich sage zu Gottfried, daß mir in der Nacht klar geworden ist, daß mir jetzt auch noch eine Konfrontation mit meinen Eltern bevorsteht. Ich glaube, ich schaffe das alles nicht. Mir ist nur noch schlecht, die Magennerven "kräuseln" sich, die Haut brennt am gesamten Körper so stark, als wenn ich einen Neurodermitisschub hätte. Nachts ist es besonders schlimm auf der Innenseite der Oberschenkel. Es ist ein Gefühl, als wenn sich hochentzündliche Prozesse auf der Haut abspielen. Mir bleibt auch öfters die Luft weg, so daß ich dann ganz tief durchatmen muß, und mein Ruhepuls liegt bei ca 120 Schlägen/Minute.
Gottfried sagt mir, daß die Konfrontation zur Heilung nicht unbedingt nötig wäre. Außerdem könne ich mir dafür ja auch Zeit lassen und diese zu einem viel späteren Zeitpunkt in Erwägung ziehen.
Meine Eltern leben in Berlin, und in zehn Wochen ist Weihnachten, erwidere ich. Wie soll ich denn mit meinen Eltern umgehen? Ich kann doch nicht mit meinem Vater und auch nicht mit meiner Mutter, die alles duldete und wußte und mich nicht beschützte, fröhliche Weihnachten feiern.
Gottfried schlägt vor, eine Reise zu planen.
Ja, aber dann kommt das Neue Jahr, und am 7.1.92 wird mein Vater 80 Jahre, gebe ich zu bedenken. Es ist doch unmöglich, wenn man in der gleichen Stadt wohnt, über Monate nur telefonischen Kontakt zu haben. Selbst dies erscheint mir ja im Moment unmöglich. Ich denke schon, daß die Konfrontation noch vor Weihnachten stattfinden muß. Ich weine und weine und weine.
Gottfried fordert mich auf, mir für diese Entscheidung Zeit zu lassen. Es müßte doch nicht wirklich sofort stattfinden.
Ich frage Gottfried, ob er die Konfrontation begleiten würde.
"Ja, natürlich Marlen".

Wir vereinbaren einen Termin zum 20.10.91. Horst wird an diesem Gespräch teilnehmen.
Bis dahin muß ich dann mit Horst "darüber" gesprochen haben. Ich habe wahnsinnige Angst vor diesem Gespräch.

16.10.91
Ich habe heute am vormittag drei Stunden ununterbrochen geweint. Häufig denke ich jetzt, daß ich nie wieder mit dem Weinen aufhören kann. Vor meinem geistigen Auge taucht immer wieder die erinnerte Szene aus Niemegk auf. Ich rufe völlig verzweifelt Gottfried an. Er tröstet mich und macht mir wieder Mut - diese Phase gehe bestimmt vorüber, und dann könne ich auch wieder mit dem Weinen aufhören - und er ermuntert mich, auf jeden Fall Horst von dem Mißbrauch durch den Vater zu erzählen. Das Verheimlichen würde es nur noch schlimmer machen. Ich verspreche ihm, heute abend mit Horst zu reden.
Am frühen Nachmittag kommt meine Freundin Monika und holt ihre Sperlingspapageien, die wir in Pflege hatten, ab. Wir gehen spazieren, und ich erzähle ihr von dem sexuellen Mißbrauch durch den Vater. Es tut gut, noch einmal darüber reden zu können. Auch sie redet mir immer wieder gut zu, am Abend Horst diesen Vorfall zu erzählen. Ich bitte Monika, so lange bei mir zu bleiben, bis Horst kommt.
Als Horst kommt, bitte ich ihn, mich in den Arm zu nehmen und mir zu versprechen, daß er nichts unternimmt, ohne mich zu fragen oder mit mir abzusprechen. Das mußte er mir ganz fest versprechen. Dann sage ich ihm, daß ich erinnerte, vom Vater sexuell mißbraucht worden zu sein und berichte ihm vom Vorfall in Niemegk.
Ich lasse mir noch einmal versprechen, daß Horst nicht zu den Eltern fährt und sie zur Rede stellt, sondern daß wir jetzt alle Vorgehensweisen sorgfältig zusammen mit Gottfried planen und vorbereiten müssen.
Es wird sicher in absehbarer Zeit zu einer Konfrontation kommen, und bis dahin möchte ich gerne, daß die Eltern von meinen Erinnerungen nichts erfahren. Horst stimmt mir zu und gibt mir das Versprechen. Mir ist hundeelend, aber in gewisser Weise auch leichter als vorher.
Horst ist erschüttert und kann es kaum fassen. Er hat es aber erst einmal relativ gefaßt aufgenommen. Ich sage Horst, daß ich für den 20.10. einen Termin zu dritt bei Gottfried vereinbart habe.

18.10.91
"Gottfried, ich kann es immer noch nicht fassen, nicht glauben. Ich weiß aber, daß er es wirklich war und kein anderer. Ich wußte eigentlich auch schon immer, daß ich in Niemegk sexuell mißbraucht wurde und daß es

nicht der Onkel war. Vor meinem geistigen Auge tauchte öfter die Szene auf, wie ich dort im Bett liege und sich jemand zu mir legt. Ich konnte diese Erinnerung aber bisher nicht zulassen, weil sie so grausam ist. Ich habe immer wieder Momente, da kann ich dies nicht akzeptieren und denke, daß ich mir das doch alles nur einbilde."

Gottfried sagt, solche grausamen Sachen würde sich kein Mensch ausdenken und schon gar nicht wäre es möglich, so viel Trauer und Schmerz über Phantasien zu empfinden. "Würdest Du freiwillig so viel leiden und weinen, seit Wochen nichts richtig essen und nicht richtig schlafen? Nein, Marlen, dies ist leider Realität".

Ich erzähle Gottfried, daß ich erinnere, als mein Vater vor ca. zwei Jahren bei uns im Badezimmer eine Wand neu verflieste, daß ich während seiner Anwesenheit - wir waren allein in unserer Wohnung - , Angst vor sexueller Belästigung hatte. Im Selbstgespräch machte ich mir Mut, daß er mir bestimmt "nichts tun" würde. Ich war erleichtert, als er wieder ging. Diese Ängste und meine Befürchtungen konnte ich nicht verstehen, und ich schalt mich selbst eine blöde hysterische Ziege, die Angst vorm Vater hat. Heute sind diese Ängste erklärbar. Gottfried meint, daß mein Unbewußtes mich vor meinem Vater warnen wollte und daß diese Hinweise leider ihre Berechtigung hatten. Ich erinnere auch, daß ich mich - solange ich zurückdenken kann - immer Ekelgefühle hatte, wenn ich die Eltern küßte. Ich kam mir schlecht vor und verurteilte mich dafür. Auch meine Haßgefühle gegenüber meiner Mutter sind jetzt erklärbar.

Mein Lieblingsmärchen als Kind war "Schneewittchen". Ich freute mich, daß sich die Stiefmutter in ihren goldenen Schuhen zu Tode tanzte und wünschte mir, daß es meine Mutter wäre.

Ich konnte mich mit Schneewittchen identifizieren, denn sie mußte - in meiner kindlichen Phantasie - die sieben Zwerge einen nach dem anderen in ihrem Bett aufnehmen und so komische ekelige Sachen mit denen machen. Und sie hatte dies sogar überlebt. Offensichtlich hatte mir diese kindliche Erkenntnis ebenfalls das Überleben ermöglicht. Ich hatte nicht den geringsten Zweifel, daß alle sieben Zwerge abwechselnd im Bett bei Schneewittschen liegen würden. Ich rechnete aus, daß dann jeder Zwerg eine Stunde bei Schneewittchen bleiben würde.

20.10.91

Wir, Gottfried, Horst und ich, haben ein gemeinsames Gespräch.

Zusammen wird uns klar, daß die Konfrontation wohl doch noch vor Weihnachten stattfinden wird. Es ist mein Wunsch, nein eigentlich bin ich fest entschlossen, bis dahin so intensiv zu arbeiten, daß diese für mich (uns) ein voller Erfolg werden wird. Mit der Gewißheit, daß ich von bei-

den unterstützt, verstanden und auch aufgefangen werde, muß und werde ich es schaffen. Das muß auch positiv verlaufen, sonst würde für mich alles nur noch viel schlimmer werden; d. h. meine Eltern würden dann immer noch und vielleicht sogar noch mehr Macht auf mich ausüben. Es dürfen bei mir keinerlei Zweifel an dem stattgefundenen sexuellen Mißbrauch mehr bestehen zu diesem Zeitpunkt.
Ich kann mich nicht mehr mit meinen Eltern treffen und werde alles tun, um bis zur Konfrontation ein Zusammentreffen zu vermeiden. Ich schlage vor, einen Termin etwa Ende November ins Auge zu fassen. Bis dahin ist noch genügend Zeit, daran zu arbeiten, daß alle Zweifel bei mir behoben sind und ich den Mißbrauch durch den Vater akzeptiert habe.
Wir vereinbaren, Rollenspiele zu machen und Szenarien über einen etwaigen Geprächsverlauf zu entwickeln.
Gottfried schlägt zwei Mutproben vor: Springen vom 3m Brett im Schwimmbad und eine Therapiesitzung mit seinen Kollegen und Kolleginnen der Supervisionsgruppe, um die Konfrontationssituation zu simulieren. Ich bin einverstanden.
Dies war ein sehr harmonisch verlaufendes Gespräch in einer entspannten Atmosphäre. Gottfried und Horst finden sich sympatisch. Dies war für mich eine sehr positive Erfahrung. Ich habe jetzt zwei Verbündete, die mich gemeinsam unterstützen und auch schützen werden. Dies zu wissen tut gut und ist ein sehr schönes Gefühl. Das wird sicher nicht nur die Therapiearbeit erleichtern, sondern auch die gemeinsame Vorbereitung auf die Konfrontation.

25.10.91
Horst hat einige Szenarien für die Konfrontation entworfen. Ich habe sie ergänzt und nehme sie zu Gottfried mit.
Für heute haben wir uns eine Trance vorgenommen. Ich möchte auf diesem Wege versuchen, noch Einzelheiten von dem sexuellen Mißbrauch in Niemegk zu erinnern. Ich war dissoziiert und möchte gerne genauer wissen, was Vater "mit mir machte".
Gottfried leitet mich über eine Altersregression aus dem Hier und Jetzt zu meinen 10. Lebensjahr zurück. Ich erinnere, daß ich beim Spielen mit Peter einmal in einen Graben gefallen bin und daß wir gemeinsam mit dem Airdaleterrier spielen. Plötzlich erinnere ich, daß wir einmal in Niemegk Urlaub machten. Ich schlafe während dieser Zeit auf der Mittelritze zwischen meinen Eltern. Auch das noch. Konkrete Erinnerungen an einen sexuellen Mißbrauch tauchen nicht auf, aber ich "habe so ein atmosphärisches Gefühl". Die Wahrscheinlichkeit, daß es dazu gekommen ist, ist groß.

So langsam wird die Mißbrauchssituation deutlich. Ich erlebe die Dissoziation und sehe mich dann sofort in der Tür zum Wohnzimmer stehen und rufe nach der Mutter. Ich sehe, daß sie hinter der Terrassentür steht und sich übergeben muß. Ich sage jemandem Bescheid, daß sie zu mir kommen soll. Ich werde ins Bett geschickt. Dabei werfe ich noch einen Blick auf die Wohnzimmeruhr. Es ist eine dunkelbraune Wanduhr. Sie steht auf 0 Uhr 30 Minuten. Dann kommt meine Mutter und der Vater steht auf. Es folgt der nun schon bekannte Dialog, den ich oben beschrieben habe. Ich erinnere noch, daß ich angezogen werde und wir in der Nacht mit dem Auto nach Hause fahren.
Wir beenden die Trance.
Eine sehr wichtige Entdeckung ist die Uhrzeit. Seit vielen, vielen Jahren werde ich öfters des nachts zwischen Mitternacht und 2 Uhr wach. Mir ist meistens speiübel, und ich muß dann immer mit dem Erbrechen kämpfen. Dieses Phänomen scheint nun geklärt und trat auch nie zu einer anderen Uhrzeit auf. In den letzten Monaten, aber noch in der Zeit vor Therapiebeginn häuften sich diese Zwischenfälle nachts. Allein in unserem Urlaub in Dänemark trat dies dreimal auf. Seitdem ich den sexuellen Mißbrauch in Niemegk erinnerte, werde ich jede Nacht zu dieser Zeit, und zwar fast immer zwischen 0 Uhr 15 Minuten und 0 Uhr 30 Minuten wach. Ich habe dann diese starken brennenden Neurodermitischmerzen auf der Innenseite der Oberschenkel.

28.10. 91
Meine Mutter ruft an und will uns wieder Gartenäpfel abgeben. Ich kann mein Weinen kaum unterdrücken. Es ist sehr schwierig, sie zu überzeugen, daß ich z.Zt. keine Äpfel haben möchte. Ich lüge und behaupte, daß unsere Nachbarin uns mehrere Pfunde Gartenäpfel gegeben hat. Sie fragt nach, wann wir uns wieder einmal sehen werden. Auch das noch. Ich merke, daß ich aggressiv reagiere und sage ihr, daß ich in den nächsten Tagen anrufen werde, dann können wir uns verabreden. Nach Beendigung des Gespräches muß ich fürchterlich weinen.
Ich habe seit meiner Kindheit starke Haßgefühle meiner Mutter gegenüber. Jetzt weiß ich endlich, warum. Sie hat nichts getan, um mich zu beschützen oder um den sexuellen Mißbrauch zu verhindern. Ich habe bis jetzt nur eine Erinnerung, aber ich habe das Gefühl, daß dieser Mißbrauch in Niemegk nicht der erste sexuelle Mißbrauch durch Vater war.

30.10.91
Meine Mutter ruft schon wieder an. Sie ist krank und hat einen eingeklemmten Ischiasnerv. Sie jammert und will von mir getröstet werden. Ich

würde gerne mit ihr tauschen. Was ist schon ein eingeklemmter Ischiasnerv gegen die Aufarbeitung des Traumas sexueller Mißbrauch und Inzest? Ich platze fast und möchte ihr meine ganzen Verletzungen, die Vater mir zugefügt hat, entgegenschreien.
Wir beschließen, alle Anrufer erst auf den Anrufbeantworter sprechen zu lassen und dann zurückzurufen. So können wir uns wenigstens auf das Gespräch vorbereiten. Außerdem kann dann auch Horst am Abend zurückrufen.

4.11.91
Gottfried und ich besprechen meinen Vorschlag, die Konfrontation vielleicht schon am Bußtag zu machen. Die dauernden Telefongespräche nerven mich. Es ist für uns beide fast unmöglich, in einer einigermaßen unverfänglichen Form mit meinen Eltern zu sprechen. Die Verletzungen sind einfach zu groß. Dauernd muß ich die freundliche Tochter spielen. Mir hängt diese Heuchelei einfach zum Halse heraus. Es muß was geschehen, diese demütigenden Gespräche müssen aufhören.
Es ist in den letzten zwei Wochen für mich klar geworden, unterstützt durch die Trance, daß der sexuelle Mißbrauch wirklich durch meinen Vater stattgefunden hat. Ich habe keinerlei Zweifel mehr und beginne so langsam, diese Tatsache zu akzeptieren. Das Wesentlichste ist, daß ich es glaube. Ich bin davon überzeugt, daß ich diese Konfrontation mit "meinen" beiden Verbündeten meistern werde. Ich will es und ich werde es schaffen!!! Gottfried ist mit diesem Termin auch einverstanden. Wir vereinbaren noch ein zweites Gespräch zu dritt.

7.11.91
Gottfried, Horst und ich treffen uns zum zweiten Gespräch.
Ich bin 30 Minuten früher bei Gottfried als Horst und erzähle Gottfried, daß ich in der vergangenen Nacht mit starken Unterleibs- und Vaginalschmerzen aufgewacht bin. Auch waren die Neurodermitisschmerzen auf der Innenseite der Oberschenkel wieder sehr heftig. Diese Schmerzen sind nachts zu einem Dauerzustand geworden. Vermutlich wollte Vater eindringen oder hat sich zumindestens zwischen meinen Oberschenkeln befriedigt. Ich habe am Vormittag darüber wieder stundenlang geweint. Verdammt, ich will diese Konfrontation so schnell wie möglich, und dann will ich die Eltern nie mehr in meinem Leben wiedersehen.
Wir besprechen noch einmal verschiedene Möglichkeiten des Gesprächsverlaufs und kommen alle drei zu der Überzeugung, daß ich auch schon in zwei Wochen in der Lage sein werde, mich dieser Konfrontation zu stellen.

Ich habe über meine Psychoanalyse, die ich in den Jahren 1965 bis 1967 machte, Tagebuch geführt. Diese Bücher habe ich noch. Gottfried und Horst ermuntern mich, diese Texte zu lesen. Vielleicht gibt es ja einige Hinweise, die für die Vorbereitung auf die Konfrontation nützlich sind.
Ich war jedenfalls ziemlich erledigt von der letzten Nacht und hatte keine Kraft mehr für eine engagierte Mitarbeit. Ich dissoziierte auch laufend. Ich frage, ob Horst und Gottfried dies als Konsumhaltung empfinden. Beide verneinen und zeigen Verständnis für meine psychische Verfassung.
Als wir nach Hause kamen, hatte meine Mutter schon wieder angerufen. Wir sollen die Äpfel abholen. Ich fing an zu weinen. Ich halte dies alles nicht mehr aus. In einer Woche ruft diese Frau so oft an, wie sonst nicht einmal in einem Monat. Horst tobt rum und ruft dann zurück. Er ist sehr aggressiv im Ton und auch ungeduldig. Auf einem Zettel notiert er während des Gespräches, "ich fahre hin und bringe Deinen Vater um". Ich nikke ihm zu, und jetzt müssen wir beide lächeln. Horst erklärt meinen Eltern noch einmal, daß wir genügend Äpfel haben, und sie sollen diese auf dem Balkon lagern. Ich würde nicht einen Bissen von diesen Äpfeln herunterwürgen können. Ich würde denken, daß dies vergiftete Äpfel sind.
Horst lädt die Eltern zum Bußtag zum Kaffee ein. Dieser Termin wird abgelehnt, weil im Garten der Dachdecker am Bußtag noch nicht fertig sein wird. Dafür bin ich aber jetzt fix und fertig. Mein Gott, seit einer Woche versuchen wir, einen Termin zu vereinbaren für die Konfrontation. Es klappt einfach nicht.
Horst reagiert sich nach diesem Gespräch lautstark ab. Er ist furchtbar aggressiv. Damit kann ich überhaupt nicht umgehen. Horst schimpft, daß er alle seine Prinzipien über den Haufen werfen müsse. Er sei jetzt auch nicht besser als die Eltern. Diese Heuchelei und Heile Welt spielen kotze ihn an. Recht hat er!
Horst fragt mich, warum ich alles, was mit dem Mißbrauch zusammenhängt, ihm zuletzt erzähle. Ich erkläre Horst, daß es für mich einfacher ist, meine Gefühle erst einmal bei einer "neutralen" Person herauszulassen. Mit jeder Wiederholung wird es auch für mich einfacher, weil ich jedesmal etwas von diesem Schmutz loslassen kann. Dadurch werden dann auch die Reaktionen schwächer. Ich verspreche ihm, daß auch er alles erfährt, was ich Gottfried erzähle. Ich habe nicht die Absicht, etwas zu verheimlichen. Horst erwidert, daß es ihm nicht darum gehe, sondern er würde sich fragen, welche Stelle er in meinem Leben einnimmt. Ob ich ihn als Freund, Vater, Bruder oder Ehemann sehe. Ich bin verblüfft und weiß darauf keine spontane Antwort.

Einerseits ist Horst für mich so etwas wie eine Autoritätsperson. Er ist auf jeden Fall der durchsetzungsfähigere, andererseits ist er ein guter Freund. Am wenigsten aber wohl Ehemann. Darüber muß ich noch nachdenken. Wir überlegen gemeinsam, was uns zusammenhält. Im Vergleich mit anderen Partnerschaften funktioniert unsere Beziehung gar nicht so schlecht. Wenn Horst bloß etwas sanfter wäre, vor allem in Diskussionen.

8.11.91
Am frühen Vormittag spüre ich plötzlich ganz deutlich, wie "jemand" seinen Penis zwischen meinen Oberschenkeln vorzieht. Dieses Gefühl bringt mich völlig außer Fassung. Ich beginne zu weinen und habe wieder einmal das Gefühl, nie mehr mit dem Weinen aufhören zu können. Ich kriege Panik und rufe Gottfried an. Leider ist nur der Anrufbeantworter eingeschaltet. Ich bitte ihn, zurückzurufen. Fast vier Stunden weine ich ohne Pause und muß dabei immer wieder sagen: "er war es wirklich, er war es wirklich (der Vater). Ich habe es jetzt endlich akzeptiert, daß er mich sexuell mißbrauchte, vielleicht hat er sogar versucht, mich zu vergewaltigen. Gottfried ruft gegen Mittag zurück. Er tröstet mich und macht mir Mut, weiter durchzuhalten und er empfinde es als großen Fortschritt, daß ich jetzt den Mißbrauch akzeptiert habe.

Kann ich etwas lieben
das stark genug ist
mich umzubringen
kann ich etwas lieben
das ich bezwingen kann
kann ich etwas lieben
das ich kaum verstehe
kann ich etwas lieben
das ich nie besitzen werde
kann ich etwas lieben
dem ich gehorchen muß
kann ich es lieben -
das Leben?

Jemand rief mich beim Namen
und sagte: werde
(BICKEL/MEILINGER 1984)

Mir geht es jetzt psychisch nach dem vielen Weinen und Gottfrieds Anruf viel besser, ich bin in ausgesprochen guter Stimmung.
Ich finde es jedesmal wieder von Neuem verblüffend, welche ungemein positiven und reinigenden Wirkungen das Lebenlassen der Gefühle hat. Es ist schon anstrengend, so viele Stunden zu weinen, und ich fühle mich danach jedesmal körperlich erschöpft, aber nicht mehr psychisch, sondern ganz im Gegenteil. Ich habe mit jeder Trauerphase, in der ich meine Schmerzen so intensiv endlich leben darf und auch muß, wenn ich heil werden will (und das will ich!), wie es eigentlich schon vor 45 Jahren nötig gewesen wäre, sozusagen wieder einen wesentlichen Teil dieses ganzen Dramas abgearbeitet.
Der Bauch und der Hals tut vom vielen Weinen weh.
Am Nachmittag gehe ich zur Konditorei und kaufe Pfefferkuchen. Dies ist für mich etwas Besonderes, weil ich wegen der bestehenden Weizenmehlallergie nicht regelmäßig Weizenmehlprodukte essen darf.

10.11.91
Ich habe am 8.11. das Buch "MEINES VATERS TOCHTER" (BETSY PETERSEN 1991) gekauft. Die Autorin analysiert in ihrer Autobiographie den sexuellen Mißbrauch in Romanform. Beim Lesen bekomme ich am ganzen Körper starkes Hautjucken. Dieses intensive Hautjucken habe ich seit ca. 25 Jahren. Häufig war es so stark, insbesondere abends im Bett, daß ich mich blutig kratzen mußte. Ich hatte aber in früherer Zeit keine Neurodermitiserscheinungen. Nach einiger Zeit intensiven Kratzens wirkte dies beruhigend auf mich, und ich schlief dann ein. Seit einigen Wochen hat das Hautjucken deutlich nachgelassen.

12.11.91
Mein Vater ruft an. Ich halte das langsam nicht mehr aus. Er ist am Telefon verbindlich und freundlich; und er soll mich sexuell mißbraucht haben? Für Momente ist es mir unvorstellbar. Dann fallen mir aber alle Erinnerungen ein und ich weiß, daß es wirklich geschehen ist. Nur mit Mühe kann ich meine Tränen zurückhalten. Mein Vater erzählt, daß meine Mutter mit einem schlimmen grippalen Infekt im Bett liegt. Sie hoffen, daß ich sie besuche, und ich erfinde vielerlei Ausreden. Ich versuche, einen neuen Termin zu vereinbaren. Ich lade sie zum 23.11. ein. Wahrscheinlich ist aber der Dachdecker immer noch nicht mit seinen Arbeiten im Garten fertig. Es ist zum Verzweifeln. Dies bedeutet, noch mindestens einmal miteinander zu telefonieren, um sie endlich zu uns zu "locken". Sie wissen natürlich nichts von der geplanten Konfrontation. Wir lassen sie sozusagen ins offene Messer laufen. Dies ist vielleicht nicht ganz fair, aber

wenn wir vorher etwas sagen, kommen sie ganz bestimmt nicht zu uns. Und ich lege Wert darauf, daß die Konfrontation bei uns stattfindet, weil ich sie dann auch rauswerfen kann, und nicht sie mich.
Nach dem Gespräch muß ich wieder viel weinen.
Ich habe auch Angst, verlassen zu werden, von Horst und von Gottfried. Ein Teil von mir sagt, daß das sicher ganz irrelevant ist und der andere Teil fürchtet es. Meine Eltern haben mich auch verlassen, als sie mein Vertrauen mißbrauchten. Jetzt fürchte ich Ähnliches. Ich habe zu Gottfried in den letzten Wochen sehr viel Vertrauen aufgebaut und Nähe hergestellt, und auch Horst fühle ich mich viel näher, so daß ich Angst habe, dies alles wieder zu verlieren. Wenn ich kein Vertrauen herstelle und keine Nähe zulasse, dann kann ich auch nicht viel verlieren, und ich kann auch nicht verraten werden.

14.11.91
Gottfried, Horst und ich waren heute im Schwimmbad zum Dreimeter-Springen. Nach einigen Minuten des Zögerns bin ich schreiend gesprungen. Ich bin schließlich zweimal gesprungen. Es war ein sehr gutes Gefühl, meine Angst zu überwinden und diese Sprünge zu wagen. Dies ist auch eine Methode, mit Ängsten umzugehen und das Selbstvertrauen zu stärken. Ich stellte mir vor, daß ich beim Eintauchen ins Wasser in einen Strudel gerate, und beim Auftauchen schaufelte ich mich frei. Dies war eine sehr symbolische Vorstellung. Das Springen hat außerdem auch noch mit Vertrauen zu tun, mit Vertrauen zu mir selbst. Wenn ich wieder auftauche, kann und werde ich schwimmen und nicht untergehen.
Da das Vertrauen bei allen Inzestüberlebenden in der Kindheit permanent mißbraucht wurde, wird das Vertrauenlernen zum Zentralproblem. Das Vertrauen, daß in der Kindheit so massiv zerstört wurde, muß in der Therapie mühsam wieder erlernt werden. Der Vertrauensbruch erfolgte nicht nur durch den Vater und den Onkel, sondern auch durch die Mutter. Ihr 'nicht merken wollen' ist aus meiner Sicht ebenfalls ein eklatanter Vertrauensbruch. Ich denke, daß die Situation in Niemegk eindeutig war. Sie wollte nichts merken und strafte mich Lügen, indem sie alles leugnete und mir die Schuld am nassen Bett gab. Auch mein Hinweis, daß "es bei dem Onkel auf dem Schoß immer so hart ist" wurde ignoriert. Wie sollte ich unter diesen Umständen fähig sein, meinen Gefühlen zu trauen und Vertrauen entwickeln?
Außerdem gibt es beim Springen auch noch einen Zusammenhang zur Kontrolle und Kontrollverlust. Beim Springen verliere ich - solange ich in der Luft bin - jegliche Kontrolle über mich. Während des Fallens kann ich

nichts mehr kontrollieren. Die Kontrolle über mich setzt erst wieder mit dem Eintauchen ein.
Ich war anschließend in ausgesprochen euphorischer Stimmung. Diese positive Stimmung hielt den ganzen Tag über an.
Kontrolle, Kontrollverlust und Macht sind für Inzestüberlebende Problemfelder. Ich glaubte selbst als Kind - bzw. wurde es mir nahegelegt - , daß ich den Mißbrauch hätte beenden müssen. Es ist geradezu irrwitzig, aber das wird häufig von Kindern verlangt und erwartet. Dieses Gefühl, daß es meine Pflicht gewesen wäre, den Mißbrauch zu beenden, hatte ich während meiner gesamten Kindheit. Ich wußte nur nicht, wie ich das durchsetzen sollte. Während des sexuellen Mißbrauchs mußte ich auch alle Gefühle kontrollieren, weil sonst Angst, Wut, Schmerz, Ekel, Trauer, Haß mit solch einer Intensität aufgetreten wären, daß ich dies als Kind nicht hätte überleben können. Dies hat zur Folge, daß ich als Überlebende meine Gefühle auch weiterhin kontrolliere.

17.11.91
Es ist kaum zu fassen, aber wahr: Meine Mutter ruft an. Ich glaube, sie wollen mich absichtlich traktieren. Wir haben sonst in den Zeitabständen von 10 - 14 Tagen einmal telefoniert. Ihr geht es nach wie vor schlecht, und sie hofft, daß ich sie einmal besuche. Ich muß schon wieder Ausreden erfinden. Ich werde unfreundlich und gereizt am Telefon. Sie fordert mich auf, nicht so unfreundlich zu sein. Verdammter Mist, ich muß mich besser beherrschen, sie dürfen nichts merken. Ich schlage vor, uns am 30.11.91 zum "Adventskaffee" zu besuchen. Wenn sie bis dahin gesund ist, wollen sie kommen.

19.11.91
Ich berichte Gottfried, daß ich in den letzten Tagen begonnen habe, in den Tagebuchaufzeichnungen über die Psychoanalyse (1965-1967) zu lesen. Die Psychoanalyse war über lange Zeitabschnitte eine Traumanalyse. Ich hatte in der damaligen Zeit sehr viel geträumt und ich konnte mir die Träume auch merken. In sehr vielen Träumen wurde ich vergewaltigt und gewürgt. Alle Träume weisen auf unverarbeitete - eben in den Träumen ausgedrückte - Kindheitserlebnisse hin. Häufig traten in den Träumen auch Unterleibsverletzungen und Blutungen auf. Sehr aggressive Träume hatte ich gegen meine Mutter.
Ich stelle fest, daß es richtig war, diese Tagebücher so lange Zeit aufzubewahren. Ich war schon mehrmals in Versuchung, sie wegzuwerfen. Ich habe das Gefühl, wenn ich weiterlese, werde ich für die Konfrontation noch wertvolle Hinweise bekommen.

20.11.91
Ich habe in den letzten Wochen sehr viel Vertrauen zu Gottfried aufgebaut und unsere Beziehung wird - für beide Seiten spürbar - von großer Sympathie und Zuneigung getragen. Ich bin erstaunt und manchmal auch erschrocken, daß ich Gottfried so viel Vertrauen entgegenbringe und habe die letzten Wochen in bezug auf diese Entwicklung reflektiert:
Gottfried machte gleich zu Beginn der Therapie unmißverständlich und parteilich klar, daß die Schuld allein der Täter hätte. Es war dies das erste Mal, daß ich dies so deutlich hörte. Das war die Grundvoraussetzung für die Entwicklung des Vertrauensverhältnisses. Nach Überwindung seiner eigenen Verdrängung wurde ich vorbehaltlos angenommen, d.h. ich kann jetzt meine Kindheitsgeschichte emotional mit seiner Hilfe finden und aufarbeiten.
Gottfried lebt seine Gefühle und hat dadurch Kontakt zu seinen Gefühlen. Seine offene Gefühlspräsenz und seine Aufgeschlossenheit müssen für mich zum Beziehungsmodell werden, wenn ich heil werden will. Dieses Vorleben erleichtert das Einlassen auf die eigenen Gefühle, da er die Gefühle anderer respektiert und nicht verachtet.
Für mich ist es immer noch schwierig, mit meinen Gefühlen umzugehen. Ich fühle mich nach wie vor von meinen aufgestauten Gefühlen überwältigt. Sie treten mit einer Intensität auf, die eine Kontrolle unmöglich machen. Aber ich lerne langsam, dies zuzulassen. Ich denke, ich fange langsam an zu leben!
Mein Vertrauen zu Gottfried ist sehr wohl auch (noch) angstbesetzt. Ich fürchte manchmal, daß ich mich letztlich doch täuschen könnte und meine Gefühle irgendwann nicht mehr ernst genommen werden. Es ist so verdammt schwierig, den eigenen Gefühlen zu trauen.
Meine Verzweiflung, aber auch meine Entschlossenheit, endlich die Probleme anzugehen, lassen eigentlich nur eine Schlußfolgerung zu: Ich muß mich der Aufarbeitung des sexuellen Mißbrauchs stellen und lernen, eine konstruktive zwischenmenschliche Beziehung aufzubauen, die Nähe aufkommen läßt, sozusagen als Basiserfahrung. Nur so kann ich meine Einsamkeit überwinden. Ich empfinde keine Fremdheitsgefühle mehr gegenüber Gottfried.
Ich hoffe, nein, eigentlich fühle und glaube ich es, daß mein Vertrauen von Gottfried nie mißbraucht werden wird.

Letzten Endes ist es dies,
worum es in der Frage um Leben,
Tod und Übergang geht:

Das Leben anderer zu berühren
und damit auch sein
eigenes zu bereichern.
(KÜBLER-ROSS, E. 1992)

23.11.91
Mein Vater ruft an. Ich beginne, die vielen Anrufe mit Humor zu tragen, anders ist es wirklich nicht mehr auszuhalten. Es geschehen aber auch noch Wunder: Der Dachdecker ist im Garten mit seinen Arbeiten fertig, der Ischiasnerv tut nicht mehr weh, und die Grippe ist auch überwunden. Sie sagen definitiv zu und wollen tatsächlich am 30.11. zu uns kommen. Es sieht so aus, als wenn die Konfrontation doch noch stattfindet. Es klingt paradox, ist aber dennoch so: Ich freue mich, daß es endlich klappt, hoffentlich, denn ich habe starke Ängste, daß mein Vater vorher sterben könnte. Er hatte einen Herzinfarkt vor einiger Zeit, und ich befürchte, daß er einen zweiten Infarkt kriegen könnte. Dies darf nicht passieren, bevor ich "es" losgeworden bin.

25.11.91
Wir sprechen über die geplante Konfrontation. Gottfried sagt mir, daß meine Eltern dadurch, daß dieses Geheimnis - der sexuelle Mißbrauch - immer noch zwischen uns steht, nach wie vor Macht über mich ausüben würden. Das würde ohne Konfrontation auch immer so bleiben. Sie würden versuchen, mich so lange wie sie leben, weiterhin zu manipulieren.
Wenn sie am 30.11. unsere Wohnung verlassen, sind sie für mich gestorben, entgegne ich. Mit Recht, denke ich, denn ich war durch den Mißbrauch vierzig Jahre tot, weil sie meine Gefühle, meine Seele und meinen Körper mißachtet und mißbraucht haben. Ihre Zeit ist endlich abgelaufen!
Ich fühle mich auch heute noch - als fast fünfzigjährige Frau - häufig in ihrer Gegenwart wie ein kleines Kind, das sich laufend rechtfertigen muß. Sic haben mich immer klein gehalten und unterdrückt und mein Selbstwertgefühl sich nicht entwickeln lassen. Woraus beziehe ich eigentlich mein Gefühl des Wertes? Mir fällt keine Antwort ein. Durch die rücksichtslosen Übergriffe mußte ich mich schon als Kind als wertlos empfimden. Nur gut zum sexuellen Mißbrauch.
Wenn ich die Eltern nicht zur Rede stelle, ihnen das nicht ins Gesicht sage, dann könnte ich eines Tages nicht mehr in den Spiegel sehen. Für mich ist die Konfrontation zur Heilung wirklich nötig.
Gottfried sagt mir noch einmal, dadurch, daß ich das alles solange verstecken mußte, vertieften sich meine Scham und meine Schuldgefühle. Scham- und Schuldgefühle sowie Verschlossenheit könnten nur in einer

Atmosphäre der Verschwiegenheit gedeihen. Wenn ich jetzt die Wahrheit erzähle und das Schweigen breche, würde dieser Kreislauf von mir durchbrochen werden. Wenn ich anderen Menschen gestatten würde, mich zu erkennen und zu entdecken, wie ich wirklich bin, dann würde ich lernen, mich zu akzeptieren und zu lieben.

27.11.91
Ich lese in den Tagebuchaufzeichnungen über die Psychoanalyse. Zu Beginn der Psychoanalyse wurde ich in meinen Träumen von einem gesichtslosen Mann vergewaltigt und gleichzeitig fast immer gewürgt. Nach einiger Zeit konnte ich in den Träumen einen mittelgroßen Mann erkennen, der später schwarzhaarig wurde. Diese Erkenntnis war für mich sehr schokkierend, denn diese Beschreibung paßt zu meinem Vater. Die Vergewaltigungsträume traten während der gesamten Dauer (fast zwei Jahre) der Psychoanalyse immer wieder auf. Heute ist es für mich unfaßbar, daß diesen Träumen nicht die richtige Bedeutung beigemessen wurde. Der Analytiker deutete diese als verdrängten und abgewehrten Wunsch, in der ödipalen Phase meinen Vater sexuell begehrt zu haben. So sagte er mir "Sie wollten nur den Penis Ihres Vaters besitzen". Als Anhänger der Triebtheorie Sigmund Freuds war er unfähig, die in meinen Träumen ausgedrückten Traumata zu sehen. So war es mir damals unmöglich, meine Kindheitsgeschichte aufzuarbeiten. Seine Haltung zementierte meine Hilflosigkeit und Ohnmacht. Auch schon damals mußte ich dies richtig empfunden haben; jedenfalls habe ich die Analyse mit den Worten, daß ich "alles gesagt" habe, beendet.
Ich hatte mein Schweigen durch die Traumarbeit damals aufgegeben und wurde mit Triebdeutungen konfrontiert. Dies führte zu einer erneuten Traumatisierung. So mußte ich mit meinem Wissen weiterhin allein bleiben, wodurch sich im Laufe der Jahre meine psychosomatischen Beschwerden verstärkten und die Neurodermitis ausbrechen konnte.
Gottfried sagt mir, daß mein Entschluß, in den Tagebüchern zu lesen, richtig sei. Dadurch würden meine Erinnerungen an den sexuellen Mißbrauch durch meinen Vater bestätigt werden. Diese Erkenntnis sei für mich außerordentlich wichtig, da dadurch meine Wahrnehmungen bestätigt würden und ich mit einem absolut sicheren Gefühl in die Konfrontation gehen könnte.
Mit diesem Wissen im Hintergrund und der Gewißheit, von "meinen" beiden Verbündeten jede Unterstützung bei der Konfrontation zu haben, werde ich diese wohl hoffentlich trotz "gekräuselter" Magennerven und einem immer noch enorm hohen Ruhepuls (seit Wochen liegt er zwischen 100 bis

120 Schlägen/Minute) überstehen. Ich zähle nicht mehr die Tage, sondern die Stunden, noch 72 Stunden bis Buffalo.

29.11.91
Noch 24 Stunden bis zur Konfrontation. Gottfried richtet mich noch einmal auf und macht mir Mut.
Wir besprechen noch einmal ausführlich, wie ich damit umgehe, wenn mein Vater bei der Konfrontation einen Herzinfarkt bekommt und daran stirbt. Dies war für mich längere Zeit ein so unerträglicher Gedanke, daß ich erwog, die Konfrontation zu verschieben. Aber nach vielen Überlegungen bin ich zu der Einsicht gelangt, daß es seine Entscheidung ist, zu sterben oder auch nicht und daß dies nicht in meinem Einflußbereich liegt. Dann hat er eben Pech gehabt. Ich würde den Tod des Vaters sicher mit Gottfrieds Hilfe aufarbeiten können. Ich bin fest entschlossen, mich aus meiner Opferrolle zu befreien. Dazu gehört für mich auch die Konfrontation. Mir reicht es, 40 Jahre stand ich unter dem Bann der Eltern, jetzt ist ihre Zeit abgelaufen. Ich will endlich leben und nicht nur weiterhin überleben!
Gottfried gibt mir "DIE MONDSTEIN MÄRCHEN" (ROLAND KÜBLER) mit und empfiehlt mir, die Geschichte "DIE BLÜTE DES LEBENS" zu lesen. Da wir in der Therapie auch häufig mit Metaphern arbeiten, ist dieses Märchen hervorragend geeignet, mich auf diesem gleichzeitig auch noch entspannenden Wege auf die Konfrontation vorzubereiten. Horst liest es mir einmal vor, und ich lese es anschließend selbst noch einmal. Es ist so spannend und steckt so voller Metaphern, daß ich bis 2 Uhr nachts lese.
Es ist die Geschichte des Abenteurers Dalan, der unter den Einfluß des Magiers Lutrowa gerät und sich von ihm nur befreien kann, wenn er dem Magier die Blüte aus dem See des Lebens bringt. Ihm gelingt es letztlich nur dadurch, weil er seine Seele von den Fesseln des Magiers befreien kann. Dadurch wird er mächtiger als der Magier. Er schafft es, weil er an sich selbst glaubt.
Ich werde mich morgen auch von den Fesseln meiner Eltern befreien und dann nicht mehr in ihrem Bann stehen. Ohne diese Aktion würde ich jegliche Selbstachtung verlieren und mich selbst belügen. Nur das Erkennen der Wahrheit und das Aussprechen kann die Verwirrungen lösen und von Illusionen befreien.
Der Countdown läuft: noch vierzehn Stunden.

Konfrontation und Folgen

30.11.91
Ich gehe am Vormittag wie jeden Samstag zum Aerobic. So vergeht die Zeit schneller. Meine Kondition ist zur Zeit jedenfalls nicht die beste.
Horst hat am Vormittag die Schlösser vom Bad und Toilette ausgebaut, damit sich die Eltern dort nicht einriegeln können. Die Telefonnummern von der Feuerwehr und vom Notarzt liegen auch bereit. Ich habe immer noch starke Befürchtungen, daß mein Vater einen Herzanfall bekommen könnte.
Gottfried kommt um 15 Uhr und die Eltern haben wir zu 16 Uhr "bestellt". Sie glauben immer noch an eine gemütliche Kaffeestunde. Wir haben verabredet, daß sich Horst aus diesem Gespräch möglichst vollkommen heraushalten und seine Wut und Aggression beherrschen soll. Wenn es nötig wird, d.h. wenn ich in die Unsicherheit meiner Kindheit zurückfalle, greift Gottfried ein. Ich möchte dieses Gespräch möglichst "allein" bestreiten. Ich muß und will mich befreien. (Da diese Aufzeichnungen authentisch sind, lasse ich das Wort "allein" auch mit Anführungszeichen im Text stehen. Heute - im November 1992 - würde ich es ohne Zeichen schreiben. Auch hier zeigt sich eine Entwicklung. Vor einem Jahr war mir die Bedeutung von all-ein nicht bewußt und ich hätte es auch nicht verstanden, wenn mich Gottfried oder Horst darauf hingewiesen hätten, daß ich die Konfrontation tatsächlich allein bestreiten muß, trotz aller Hilfe und Unterstützung meiner Verbündeten. *Ich* mußte bereit sein, diese durchzustehen. Diese Erkenntnis hätte mir vermutlich so viel Angst gemacht, daß ich vielleicht zu diesem Zeitpunkt auf die Konfrontation verzichtet hätte.)

Ich sitze zwischen "meinen" beiden Verbündeten, und in meiner Hosentasche habe ich Pumpernickel, den Stoff-Mäuserich.
Gottfried eröffnet das Gespräch. Er teilt meinen Eltern mit, daß dies ein sehr unangenehmes Gespräch werden wird und daß ich seit einigen Monaten bei ihm in therapeutischer Behandlung bin. Die Neurodermitis sei auf den sexuellen Mißbrauch zurückzuführen.
Dann sage ich meinem Vater, daß ich in der Therapie bei Gottfried erinnert habe, daß ich noch von einem zweiten Mann sexuell mißbraucht wurde. Mir kommen die Worten "von Dir Vater" nicht von den Lippen. Meine Kehle ist wie zugeschnürt, und die Tränen sitzen sehr locker. Ich sehe meinen Vater nur ganz fest an und schweige. Nach einem Moment sagt er, "Du meinst doch wohl nicht mich?". "Doch Vater", erwidere ich.

Ich erzähle ihnen meine Erinnerung aus Niemegk und sage, daß ich erwarte, daß er die Tat gesteht, Reue zeigt und sich entschuldigt.
Er streitet alles ab und sagt, daß er sich nicht für etwas entschuldigen könne, was er nie getan hätte. Dieses Thema sei jetzt "in Mode" gekommen, und es würde so häufig darüber berichtet, und von daher würde ich solche Gedanken haben.
Ich erwidere, daß das keine Gedanken seien, sondern brutale Realität für mich war.
Vater streitet immer wieder ab, Mutter ebenfalls. Sie geben allerdings zu, daß ich in Niemegk im Bett gelegen hätte, und daß meine Mutter mich damals beschuldigte, ins Bett gepinkelt zu haben. Er hätte mich nie im Leben mißbraucht, auch nicht in Niemegk. Er hätte mich nicht einmal berührt, schon gar nicht sexuell mißbraucht, und mit einem herzkranken Kind würde er so was erst recht nie tun. Er sagte wörtlich: "Wir hatten mit Dir und Deinem Herzfehler genügend Ärger, ... äh, ich meine natürlich Sorgen".
Jetzt hatte ich endlich die Bestätigung dafür, daß mein Gefühl richtig war. Ich sage ihnen, daß dieser Versprecher meine Annahme und meine Gefühle bestätigt, daß sie meinen angeborenen Herzfehler nur als Ärgernis empfanden und mir dafür die Schuld gaben. Diese Erkenntnis ist für mich eigentlich so ungeheuerlich, daß sie gar nicht wahr sein dürfte. Ich habe dies immer gefühlt, konnte es aber, wie so viele andere Dinge, die mir in meinem Leben widerfahren sind und die ich erinnerte, nicht glauben. Ich war wirklich ungeliebt. Dies so unverblümt präsentiert zu bekommen, ist schon verdammt bitter.
Ich sage meinem Vater immer wieder, daß er mich sexuell mißbraucht hat und er solle es zugeben. Mit 80 Jahren könnte er endlich seine Feigheit aufgeben und wenigstens einmal in seinem Leben mutig sein. Kein Mensch würde sich solche Ungeheuerlichkeiten einbilden oder phantasieren. Ich frage ihn, ob er sich vorstellen könne, daß ich wochenlang nicht richtig essen und schlafen kann und stundenlang darüber weinen muß, und das alles ohne Grund und nur weil ich mir etwas einbilde? Er streitet wieder und wieder und behauptet auch noch, daß Gottfried mir das alles eingeredet hätte.
Gottfried, Horst und ich müssen über so viel Quatsch lachen. Genau dies haben wir erwartet. Bei der Vorbereitung zur Konfrontation hatten wir darüber gesprochen, daß die Eltern diesen Vorwurf an Gottfried richten werden, so daß wir über diese Bemerkung gar nicht erstaunt waren.
Mein Vater sagt noch einmal, er hätte es nicht getan, und überhaupt würde hier Aussage gegen Aussage stehen.

Das können wir nur als Schuldbekenntnis werten. Ein derartiges Schuldbekenntnis hatten wir allerdings nicht erwartet. Horst brüllt los: "Ich kriege keine Luft mehr, ich muß raus, ich halte dies alles nicht mehr aus" und rennt ins Schlafzimmer.
Ich sitze für einen Moment fassungslos da. Das kann doch wohl nicht wahr sein. Ich weiß im Moment wirklich nicht, was ich sagen soll. In mir steigt über so viel Frechheit und Bosheit Unsicherheit auf. Ich greife zu Pumpernickel in meiner Hosentasche und muß an die Katze denken, die klein wird, weil Selina mutig ist. Gottfried sieht mich beruhigend und bestätigend an, nickt mir zu und fragt meine Eltern, ob sie überhaupt nicht merken, wie sehr ich leiden würde.
Mein Vater steht auf und will gehen. Ich brülle ihn an, daß er solange zu bleiben hätte, bis ich alles gesagt hätte. Und dies wäre noch eine Menge. Er stutzt kurz und setzt sich wieder hin. Ich war in diesem Moment fest entschlossen, mich ihm in den Weg zu stellen. So einfach hätte er sich nicht davonstehlen können.
Horst kommt wieder zurück und hat sich etwas beruhigt. Er hält sich an unsere Absprache und beteiligt sich nicht an dieser Auseinandersetzung.
Sie sprechen den sexuellen Mißbrauch durch den Onkel an und machen mir Vorwürfe, daß ich ihnen nichts erzählt hätte. *Ich* hätte mehr Vertrauen zu ihnen haben müssen und auch können.
Ich sage ihnen, wenn sie aufmerksam gewesen wären, hätten sie alle meine Hilfeschreie bemerkt und verstanden. Dazu gehörten das Nägelkauen und Nagelhaut abreißen. Ich hätte über mehrere Jahre einige Tics entwickelt, und über viele Jahre fügte ich mir immer wieder Schnittwunden mit Küchenmessern zu. Ich wäre in die Küche gegangen, schnitt mich absichtlich mit einem Küchenmesser und zeigte Euch dann die Schnittwunden. Ihr hättet nachfragen müssen, warum ich mich plötzlich geschnitten habe oder wie es passiert sei. Ihr hättet diese Hilfeschreie bemerken müssen, wenn Ihr mich geliebt hättet. Ihre einzige stereotype Antwort: "Du hast kein Vertrauen zu uns gehabt".
Ich erzähle ihnen auch noch die erinnerte Szene, daß "es auf dem Schoß des Onkels immer so hart ist". Sie bestreiten, daß ich ihnen je so etwas mitgeteilt hätte und können sich - schon wieder - an nichts erinnern. Natürlich nicht, wo doch Vater selbst so ein Schwein ist.
Ich sage ihnen, daß sie gar nicht verstehen wollen, daß sie mein Vertrauen systematisch zerstört hätten und daß ich trotzdem noch verzweifelte Versuche unternahm, Hilfe von ihnen zu kriegen. Ein kleines Kind kann nicht sagen "Mutter, der Onkel/Vater mißbraucht mich sexuell". Abgesehen davon, daß mir das Vokabular nicht zur Verfügung gestanden hätte, sei ich mit Morddrohungen zum Schweigen verdonnert worden. "Nicht einmal

das könnt Ihr verstehen. Ihr seid einfach unfähig zur Identifikation und unfähig zu lieben", sage ich den Eltern.
Mein Vater besitzt doch tatsächlich die Frechheit und behauptet, wenn sie das alles gewußt hätten, hätte er den Onkel umgebracht. Dies zu behaupten, sei wahrlich makaber, sage ich ihm. Er mißbraucht mich ebenfalls und behauptet, er hätte einen anderen Vergewaltiger umgebracht. "Logischerweise hättest Du Dich dann auch umbringen müssen", sage ich ihm. Schade, daß er es nicht getan hat. Das hätte mir sicher viele Mißbrauchserfahrungen, denn daß Niemegk ein Einzelfall war, glaube ich kaum, da es sich eigentlich immer um Wiederholungstäter handelt, erspart. Sie fragen nicht einmal nach, ob ich unter dieser Situation gelitten hätte. Meine Mutter will wissen, ob der Onkel eingedrungen sei. Ich verneine und sage, daß ich daran keine Erinnerungen hätte und sie antwortet mir, "dann hat er ja nur rumgefummelt, das ist doch gar nicht so schlimm". Wenn ich mir vorstelle, daß sie mir das auch als Kind geantwortet hätte ... Beide sind eiskalt und fast ohne emotionale Beteiligung, wenn man etwas lauteres Sprechen unberücksichtigt läßt. Und ich machte mir Gedanken, daß er einen Herzinfarkt kriegen könnte! Der ist meilenweit davon entfernt. Im Gegenteil, er weist darauf hin, daß er sich nicht aufregen dürfe, weil er schon einmal einen Infarkt gehabt hätte. Auch meine Mutter fordert ihn wiederholt auf, sich nicht aufzuregen.
Diese eiskalte Reaktion - "kalt wie auf einem Friedhof" - hat mich verwirrt und gleichzeitig tief betroffen gemacht. Wir rechneten mit Tränen, Wutanfällen, gespieltem Herzanfall. Nicht ein Funken von Liebe, Verständnis oder Einfühlungsvermögen kam von ihnen rüber. Die gehen tatsächlich über Leichen. Na ja, wenn wunderts? Mich wundert so langsam gar nichts mehr. Jemand, der Kinder sexuell mißbraucht, ist natürlich herz- und gefühllos, sonst würde so etwas nicht geschehen können.
Ich gebe ihnen das Buch "WEITERLEBEN NACH DEM INZEST" und Kopien aus "TROTZ ALLEM". Sie lehnen die Literatur ab, da Vater das nicht bräuchte und "so was" nicht gemacht hätte.
Gottfried erwidert, daß manche Täter noch auf dem Sterbebett leugnen würden.
Ich mache ihnen trotz allem noch das Angebot, wenn sie mir noch etwas zu sagen hätten, könnten sie schreiben. Für persönliche Gespräche würde ich allerdings nicht zur Verfügung stehen.
Gottfried fragt mehrmals nach, ob sie sich nicht vorstellen könnten, daß ich die Wahrheit sagen würde. Sie verneinen; das sei alles nicht wahr und "das haben Sie ihr alles eingeredet". Sehr einfallsreich, meine Eltern. (Mir fällt es schwer, "meine" zu schreiben. Ich habe nämlich seit heute 16 Uhr

keine Eltern mehr. Sie sind für mich in den letzten zwei Stunden gestorben.)
Gottfried läßt sich von ihnen nach mehrmaliger Aufforderung bestätigen, daß sie von mir ein Geprächsangebot erhalten hätten. Es fällt ihnen sichtlich schwer, darauf zu reagieren.
Sie fragen mich, warum ich diesen "Herrn" eingeladen hätte, das sei eine Familienangelegenheit, und das würde eine dritte Person überhaupt nichts angehen. "Dies können wir doch unter uns regeln". Ihre Empörung darüber, daß ich Gottfried so viel Vertrauen entgegenbringe und einem Dritten gegenüber das Schweigen gebrochen habe und damit aus ihrer Sicht die "heile Familienidylle" zerstört habe, was ja gar nicht so falsch ist, ist deutlich bemerkbar. Ich erwidere, daß das keine Familienangelegenheit sei und daß sie das gar nichts angeht, wen wir für diese Konfrontation eingeladen haben.
Sie gehen und Mutter verabschiedet sich mit den Worten "das war's dann wohl" und zu mir gewandt, "da hast du dir auf deine Seele eine Menge aufgeladen".
Mein Gott, sie lassen mich fallen wie eine heiße Kartoffel.
Ich bin sehr erschöpft und traurig über so viel Gefühlskälte und muß fürchterlich weinen. Ich werde von "meinen" beiden Verbündeten getröstet und gestreichelt. Verbündete sind für solche Prozedur wahrlich dringend nötig, sonst wäre es nicht durchzustehen. Ich bin es jedenfalls losgeworden, bevor er sich von dieser Erde verabschiedet hat.
Wie werden sie jetzt damit umgehen? Jetzt, wo das Schweigen gebrochen ist.

Als die Eltern kamen, hatte ich das Gefühl, daß zwischen uns Welten liegen. Diese Gefühlskälte ist, glaube ich, durch meine Entwicklung in den letzten Monaten - etwas besser fühlen zu können - besonders krass hervorgetreten. Das Gefühl des ganz großen Abstandes, ja der Fremdheit zwischen uns, war bei unseren häufigen Telefongesprächen in den letzten Wochen für mich nicht spürbar geworden. Im Gegenteil, ich hatte Schwierigkeiten in den letzten vier Wochen, mir beim Telefonieren vorzustellen, daß der Vater in so einer brutalen Art und Weise seine Macht mißbraucht hat.
Ich hatte in den letzten Tagen vor der Konfrontation die Hoffnung, daß es den Eltern nicht mehr gelingt, mich zu verletzen. Aber mit dieser "Friedhofskälte" haben sie es doch geschafft; es hat mich tief betroffen gemacht.
Die Bemerkung des Vaters "da steht Aussage gegen Aussage", die er mehrmals wiederholte, sowie das stetige Leugnen führte zum Ende der

Konfrontation bei mir für einen flüchtigen Augenblick zu Unsicherheit. Mir kamen leise Zweifel, ob er mich überhaupt mißbrauchte. Aber der Blickkontakt mit Horst und Gottfried und ihre Reaktionen holten mich in die Wirklichkeit zurück. Sie bestätigten mich mit Blicken und Gesten und verhinderten so, daß ich wieder in die Unsicherheit meiner Kindheit zurückfiel.

Es gab einige Momente während der Auseinandersetzung, die dermaßen makaber waren ("er hat nur gefummelt"; "da steht Aussage gegen Aussage"; "dies ist eine Familienangelegenheit"; "dann hätte ich den Onkel umgebracht"), daß ich manchmal nicht wußte, sollte ich weinen oder lachen. Dies war nur mit Zynismus und Galgenhumor zu überstehen und mutete schon fast gespenstisch an.

Die Eltern haben immer wieder versucht, weiter ihre Macht auf mich dadurch auszuüben, indem sie mich zum einem beschuldigten, daß ich lüge und daß ich mir das alles habe einreden lassen. Zum anderen versuchten sie, mir wie bisher ein schlechtes Gewissen zu machen, indem sie mir fehlendes Vertrauen vorwarfen. Als wenn man Vertrauen zu haben, befehlen könnte.

Sie haben auch jetzt noch versucht, "heile Welt" zu spielen. So war ihnen das Weihnachtsfest sehr wichtig und sie betonten immer wieder, daß sie alles für mich getan hätten und ich eine ideale Erziehung genossen hätte. Mit dieser kompletten Verdrehung und Verdrängung der Tatsachen stehen sie nicht allein. So konnte ich in fast allen Literaturstellen Hinweise dieser Art lesen. Da ist doch wahrlich die Wirklichkeit ver-rückt: Die eigenen Kinder werden sexuell vom Vater mißbraucht, und ein Elternteil, in der Regel ist es die Mutter, die dann behauptet, daß ihre Tochter eine ideale Erziehung hatte und das Familienleben harmonisch war.

Aber dieses Ignorieren der Tatsachen und das Vortäuschen von Harmonie und Zufriedenheit innerhalb der Familie ist nichts weiter als der eigene Machtanspruch, die Herrschaft über andere.

Dalan sagt zu Lutrowa, dem Magier: *"Deine Herrschaft ist zu Ende, alter Mann,...Kein Zauber, keine Magie kann so mächtig sein, wie das Leben selbst."* (KÜBLER,R.1991:86)

Mein vorherrschendes Gefühl in der Kindheit und auch noch als Erwachsene war, daß ich ihnen lästig war und sie mir immer vermittelten, daß ich ihnen das angetan habe (den Herzfehler). Ich war immer unsicher, ob meine Gefühle richtig sind, aber der Versprecher des Vaters bestätigte die Richtigkeit meiner Wahrnehmung. Mein subjektives Empfinden, nie richtig geliebt und angenommen worden zu sein, wurde heute in einer für

mich erschreckenden Form und Deutlichkeit von den Eltern ohne jegliche Verschleierung ausgedrückt, die mir immer wieder kalte Schauer über den Rücken laufen ließen.
Unverhohlen wurde diese Wahrnehmung auch von der Mutter mit folgendem Standardspruch bestätigt, den ich während meiner Kindheit und auch noch als Erwachsene häufig zu hören bekam: "Schaffe dir boß keine Kinder an, nur Ärger und Belastungen hat man damit". Der Vater hat diesem Spruch nie zugestimmt. Kein Wunder, er brauchte mich doch für seine ganz speziellen Bedürfnisse...
Auch meine Ängste, verlassen zu werden, haben einen sehr realen Hintergrund. Aus heutiger Sicht müßten dies eigentlich anachronistische Gefühle sein, denn als Erwachsene habe ich nie erlebt, daß ich von für mich wichtigen Personen verlassen wurde. Es ist eben für Überlebende fast immer unmöglich, den eigenen Gefühlen zu trauen, und so wird das gesamte Leben von sehr viel Mißtrauen und Unsicherheiten begleitet und erschwert. Auch hier liegt noch ein großes Stück Therapiearbeit vor mir.
Ich habe als Kind nie erlebt, daß meine Ängste und Gefühle anerkannt wurden. Auch heute wurde deutlich, daß meine Gefühle vollkommen unwichtig sind. Sie fragten nicht einmal nach, wie es mir mit meiner Neurodermitis zur Zeit geht, oder ob ich damals unter dem sexuellen Mißbrauch durch den Onkel sehr gelitten habe. Im Gegenteil, es war ja alles nicht so schlimm, da er nicht eingedrungen ist...
Mein Mangel an Selbstbehauptung (geringes Selbstwertgefühl und Selbstbewußtsein) ist vor allem auf den sexuellen Mißbrauch zurückzuführen. Dies hat zur Folge, daß ich mich in Diskussionen immer schnell zurückziehe, denn reden ist immer Ausdruck des eigenen Seins. Sprache ist ein Ausdruck der Selbstdarstellung. Durch Worte werden Botschaften übermittelt, und sie sind somit Ausdruck meines Selbst-bewußtseins. Und gerade die Entwicklung meines Seins wurde ja durch den sexuellen Mißbrauch unterdrückt und verhindert, so daß ich sozusagen zwangsläufig Schwierigkeiten haben muß, mich durchzusetzen, meine Wünsche und Vorstellungen zu vertreten, eben mir meiner Selbst-bewußt zu sein. Vielleicht ist es mir heute das erste Mal gelungen, dieses Verhaltensmuster zu durchbrechen. Dies ist und kann natürlich nur ein ganz kleiner und bescheidener Anfang einer Verhaltensänderung sein, aber immerhin, vielleicht ist ein Anfang gemacht, um - langsam - Schritt für Schritt zu meinem Sein zu finden.

Ich bin
auf dem Weg
ich suche

um zu finden
um doch
nie anzukommen
nie zu finden
besser
gehen
suchen
als stillzustehen
abzuwarten
ob ich gefunden werde
(SCHWARZ 1992)

Jedenfalls hat die Konfrontation mir das letzte Fünkchen Illusion genommen, jemals als Kind geliebt worden zu sein. Illusionen führen unter Umständen auch nur dazu, der Wahrheit nicht ins Auge zu sehen, Dinge zu verdrängen oder nachzuhängen, die ganz anders sind. Nur *"der Verzicht auf späte Elternliebe löst den Bann"* (SCHELLENBAUM 1991a: 68).
Vom sexuellen Mißbrauch zu heilen, hat sehr viel mit Sterben zu tun, aber es gibt kein Leben ohne Tod und kein Tod ohne Leben. Dies bezieht sich nicht nur darauf, daß heute die Eltern für mich gestorben sind und ich meine letzten Illusionen "begraben" habe, sondern auch alle Verhaltensweisen, die ursprünglich sinnvoll waren, weil sie mein Überleben garantierten, müssen zumindestens modifiziert werden, und einige andere werde ich sterben lassen müssen, um neue Verhaltensmuster zu entwikkeln, um dann endlich leben zu können.
Die Reflexion über die Konfrontation möchte ich mit einem Zitat beenden:

Der Tod ist der Schlüssel zum Lebenstor.
Nur wenn wir die Begrenztheit
unserer individuellen Existenz akzeptieren,
werden wir die Kraft und den Mut finden,
jene äußerlichen Rollen und Erwartungen zurückzuweisen
und jeden Tag unseres Lebens
- gleichgültig, wie lange es dauert -
darauf verwenden,
so umfassend zu reifen, wie wir können.
(KÜBLER-ROSS 1992)

So hoffe ich, daß ich durch die Konfrontation wenigstens ansatzweise den ersten Schritt getan habe, um aus meiner Hilf- und Hoffnungslosigkeit als Überlebende herauszutreten, um langsam zur Eigenverantwortlichkeit als

Lebende zu heilen und zu reifen, denn *"Jedes Ende ist ein strahlender Beginn"* (KÜBLER-ROSS ebd.)
Ich denke, es ist langsam Zeit, ins Bett zu gehen. Es ist nachts 3 Uhr.

1.12.91
Es ist ein vollkommen verkorkster Sonntag. Wir sind beide total "geschafft". Ich habe kaum geschlafen, und wir sind beide in ziemlich deprimierter Stimmung. Wir kommen auch noch auf die verflixte Idee, in den Keller zu gehen, um Fotoalben heraufzuholen, die seit der Renovierung im Sommer noch dort liegen. Dies ist total verrückt, weil wir uns im Keller immer zanken, ja meist kommt es zu fürchterlichen Auseinandersetzungen. Wie sich später noch herausstellen wird, auch nicht ohne Grund. Gottfried hatte vor einigen Tagen angeregt, demnächst mal Fotografien aus meiner Kindheit anzusehen, um die "kleine Marlen" zu finden.
Erst am Nachmittag gelingt es uns beiden, nachdem Gottfried anrief, und uns aufrichtete, aus dieser negativen "Hypnose" herauszukommen. Horst ist jetzt sehr lieb und zärtlich, und bei ihm wird eine erste Erleichterung über die Trennung von den Eltern spürbar.
Wir haben mit allen Freunden und Bekannten ein telefonisches Klingelzeichen vereinbart bzw. sie gebeten, auf unseren Anrufbeantworter zu sprechen. Ich (wir) bin sind vorerst jedenfalls nach diesem Verlauf der Konfrontation nicht gesprächsbereit.

3.12.91
Gottfried und ich sprechen über die Konfrontation. Nach meiner Einschätzung war die Konfrontation ein Erfolg. Zwar habe ich jetzt wirklich alle Illusionen aufgeben müssen, aber für einen Neuanfang ist es vielleicht auch nur hinderlich, diesen nachzuhängen.
Gottfried sagt mir, daß er es auch so sehen würde. Es gäbe aber liebe und nette Menschen, die dich mögen, Horst, Freunde und Bekannte - und auch er hätte mich gerne -, und Liebe und Aufmerksamkeit müsse ja nicht nur von der elterlichen Seite kommen.
Die gemeinsam durchgestandene Konfrontation hat mein Vertrauen zu Gottfried vertieft, und ich danke ihm sehr für diese Begleitung. Ich sage zu Gottfried, daß ich weiß, daß dies gar nicht selbstverständlich ist. Wir spüren beide, daß unsere gegenseitige Zuneigung gewachsen ist. Dies ist ein schönes Gefühl.
Seit heute spüre ich eine Erleichterung darüber, daß dies endlich geschafft ist. Erste Ansätze eines befreienden Gefühls machen sich bemerkbar.
Wir machen eine Entspannungstrance.

4.12.91 Traum
Meine Oma (Mutter des Vaters) steht hinter der auf einviertel Länge heruntergelassenen Jalousie in der Tür der Kneipe. Sie holt aus dem Jalousiekasten Blut, Sehnen und Fleischstücke heraus. Ich stehe draußen und sehe zu. Eine andere Person sagt ihr, daß sie das Blut nicht ohne Handschuhe anfassen soll. Dann kommt eine Katze, die dort mehrere tote Mäuse herausholt. Es stinkt fürchterlich. Die Katze springt eine Person an und beißt und kratzt. Dann springt diese Katze mich an.
Als ich aufwache, schmerzt die Haut am ganzen Körper.

5.12.91
Ich muß endlich meinem Tagebuch anvertrauen, was mich seit ungefähr sechs Wochen sehr stark belastet. Ich stelle beim Lesen der Inzestliteratur oder bei auftauchenden Erinnerungen an den eigenen Mißbrauch immer wieder fest, daß ich sexuell erregt werde. Im ersten Moment konnte ich meine Reaktion überhaupt nicht deuten, bzw. ich wollte es nicht merken. Ich habe mich vor mir selbst geekelt und empfinde diese Reaktion als so pervers, daß ich meine Abscheu darüber gar nicht in Worte fassen kann. Ich muß dringend mit Gottfried darüber sprechen. Ich glaube schon, daß er mich nicht verurteilen wird, aber mir wird es verdammt schwer fallen. Noch heute, wo ich diese Zeilen schreibe (Juli 1992), empfinde ich immer noch Traurigkeit und auch eine leichte Peinlichkeit über diese körperlichen Reaktionen.

6.12.91
Ich erzähle Gottfried den Traum vom 4.12. und er deutet ihn so, daß meine Oma als mich liebende Person den ganzen Schmutz für mich herausholt.
Wir überlegen gemeinsam, ob es für mich sinnvoll ist, mal auf den Friedhof in den Ostteil der Stadt zu gehen. Dies ist jetzt ja möglich, um auf dem Hügel meiner Großeltern einen Blumenstrauß hinzulegen. Ich hatte zu meinem Opa eine sehr intensive emotionale Beziehung und habe ihn sehr geliebt. Nahe bei dem Hügel der Großeltern ist auch das Grab des Onkels. Vielleicht spüre ich dann endlich meine Wut.
Ich berichte Gottfried von einem Erinnerungsfetzen, den ich heute früh im Bett hatte:
Ich sehe mich als ungefähr Fünf- oder Sechsjährige im Bett der Eltern liegen. Meine Mutter steht auf und ich bitte sie mehrmals, ebenfalls aufstehen zu dürfen. Sie befiehlt mir, neben dem Vater liegenzubleiben, bis sie gewaschen ist. Später kommt sie und holt mich.

Was passierte in der Zwischenzeit? Konkrete Erinnerungen fehlen, es ist nur ein atmosphärisches Gefühl, daß ich in der Zwischenzeit sexuell mißbraucht wurde.
Gottfried bestärkt mich in meinen Wahrnehmungen und meint, daß sie mich prostituiert hätte und erinnert mich an einen Traum, den ich während der Psychoanalyse hatte und damals im Tagebuch notierte:
Meine Mutter schickte mich im Nachthemd auf die Straße zu einer Gruppe von Männern.
Ich mußte über diese Erinnerung wieder sehr viel weinen. Trauer und Schmerz sind bei mir immer noch vorherrschende Gefühle. Mit meiner Wut, meinem Zorn konnte ich immer noch nicht in Kontakt treten. Manchmal denke ich, da ich meine Schmerzen über den sexuellen Mißbrauch sehr intensiv lebe, daß meine Kraft einfach für weitere Gefühle nicht ausreicht.

8.12.91
Ich habe geträumt und erwache mit den typischen Neurodermitisschmerzen am ganzen Körper, besonders intensiv sind diese Schmerzen wieder an der Innenseite der Oberschenkel. Ich zittere und möchte weinen. Es ist ein Gefühl, als wenn ich "tief aus meinem Bauch" weinen könnte. Gleichzeitig merke ich, wie ich wieder das "Elefantengefühl" kriege und spüre eine gleichzeitig einsetzende Unempfindlichkeit meines ganzen Körpers. Ich habe das Gefühl, "aus Holz zu sein". Es ist so furchtbar, total gefühllos zu sein. Mir hilft in diesem Moment auch nicht die Überlegung, daß diese Gefühllosigkeit mir das Leben gerettet hat. Ich beginne zu weinen und zu schluchzen und denke wieder einmal, nie wieder mit dem Weinen aufhören zu können. Horst tröstet mich und weint nach einer Weile mit mir mit. Es tut gut, gemeinsam zu weinen.
Nach einiger Zeit verschwindet dieses Gefühl, und ich schlafe erschöpft noch einmal ein und erwache aber kurze Zeit später wieder vollkommen gefühllos und weine wieder "tief aus meinem Bauch".
Am liebsten würde ich Gottfried anrufen oder hinfahren. Aber es ist Sonntag.

11.12.91
Gottfried macht mich auf die Veränderung aufmerksam: Beim Weinen hätte ich erstmals nicht mehr dieses Zugeschnürt sein im Hals, sondern wie ein Kind weinte ich "aus dem Bauch".
Das Gefühl, aus Holz zu sein, könnte ich in ein positives Gefühl umwandeln, regt Gottfried an, wenn ich dabei an einen Baum als Metapher denke.

Wir haben uns für heute auch noch eine Trance vorgenommen. Wir brechen aber nach kurzer Zeit ab, da ich nicht in eine tiefe Entspannung gehen kann und keine Bilder über Mißbrauchsituationen erinnere.
Da ich bei Erinnerungen an Mißbrauchsituationen immer noch sexuelle Gefühle habe, konnte ich mich auf eine Trance nicht einlassen. Ich fürchtete, bei aufsteigenden Erinnerungen eine stärkere sexuelle Erregung. Dies ist so schon quälend genug, so daß ich dies nun nicht auch noch während der Trance erleben will.
Jetzt wäre eigentlich eine gute Gelegenheit, Gottfried von diesen quälenden und schmachvollen Gefühlen zu erzählen, aber ich bringe keinen Ton heraus.
Ich gehe weinend nach Hause.

12.12.91
Meine Hemmungen, über diesen Aspekt zu reden, veranlassen mich, wieder einmal unsere therapeutische Beziehung zu beleuchten. Mein Verhalten ist sicher nicht im fehlenden Vertrauen begründet, sondern mir ist es schlichtweg ganz furchtbar peinlich.
Aber auch unter diesem Gesichtspunkt wird mir wieder einmal bewußt, daß ich meinen ganzen Mut und alle Energie einsetzen muß, um wirklich heil zu werden. Ich muß immer wieder springen. Jeder Sprung wird hoffentlich weniger riskant werden.
Manchmal spüre ich in unserer Beziehung auch Komponenten von "werben" und sich gegenseitig fordern. Ich habe dabei, als ich dies schreibe, wieder wie damals, wo ich feststellte, daß Gottfried mir folgt, ein etwas komisches Gefühl. Aber ich empfinde es so.
Gottfried mit seiner immer vorhandenen unaufdringlichen Gefühlspräsenz wirbt auch nonverbal um mein Vertrauen, indem er mir mit Blicken und Gesten mitteilt: Hier bin ich Marlen, ich bin für dich da, ich werde dir folgen, ich verstehe dich mit deinen Traumata.
Ich verstehe seine Botschaften, glaube sie und freue mich, angenommen zu werden. Dies zu spüren, *ohne* Angst, - das ist das Wesentliche daran - und annehmen zu können, bedeutet für mich als Inzestüberlebende unendlich viel und ist eigentlich auch schon wieder ein Sprung. Dies kann vermutlich nur von anderen Überlebenden in der ganzen Tragweite verstanden und nachempfunden werden.
Wenn ich mich öffne und Gottfried meine Probleme mitteile und ihn an meinen Ängsten teilnehmen lasse, bedeutet dies für ihn, daß ich ihm vertraue und vielleicht ist es eine Bestätigung für Gottfried, weiterhin auf dieser Basis mit mir zu arbeiten. Das ist aus meiner Sicht auch eine "Werbung" um die Weiterentwicklung unserer therapeutischen Beziehung.

Ich empfinde die Prozesse in der Therapie als sehr dynamisch. Gottfried tritt in Beziehung auch oder gerade auf emotionaler Ebene und zeigt mir so den Weg, alte Einstellungen und Positionen aufzugeben.

Ich wohne
im Land des Habens
im Land der Blindheit
im Land des Egoismus
im Land des Hasses
im Land der Unfreiheit
im Land des Todes
auf dein Wort hin
will ich
den Aufbruch wagen
und in das Land ziehen
das du mir verheißen hast
Land des Lebens
will ich es nennen (SCHWARZ 1991).

Nach diesen Überlegungen rufe ich Gottfried an. Ich spreche auf seinen Anrufbeantworter, daß ich ihm schon seit einiger Zeit etwas erzählen will und es nicht "herausbringe". Ich bitte ihn, mich in der nächsten Sitzung zu ermuntern und nachzufragen. Ich habe mich auf diese Weise selbst überlistet. Der nächste Sprung ist fällig.

13.12.91
Gottfried und ich sprechen über den Therapieverlauf und stellen fest, daß es keine Berichte über Therapieverläufe aus der Sicht von Überlebenden gibt. So entstehen erste Überlegungen zu einer gemeinsamen Veröffentlichung meines Aufarbeitungsprozesses in Buchform.
Heute habe ich mein "Geheimnis" endlich erzählt. So schwierig war es nun auch wieder nicht, aber peinlich. Gottfried erwidert, daß er seine Worte nicht verletzend meine und sagte dann so trocken, "herzlichen Glückwunsch, daß Du noch fühlen kannst. Diese Gefühle werden sich wandeln und eines Tages vorüber sein". Diese sexuellen Reaktionen hätten ihren Ursprung in der Verknüpfung der Gefühle, von Demütigung, Angst und Erregung, die ich damals erlebt hätte. Mit der Aufarbeitung des sexuellen Mißbrauchs würden ganz sicher auch diese Reaktionen verschwinden.
Na ja, das war höchstens ein Sprung von einem Einmeterbrett.
Meine Schwierigkeiten, über diese Aspekte zu reden, obwohl ich ein tiefes Vertrauensverhältnis aufgebaut habe, zeigt, daß der gesamte Komplex der

Sexualität bei Inzest-Überlebenden mit extrem viel Schmach, Verwirrungen, Ängsten, Verzweiflungen und Unsicherheiten behaftet ist. Wir kommen gemeinsam zu der Überzeugung, dieses Problemfeld dann in einem gesonderten Kapitel zu bearbeiten, da auch in der Literatur diesem Komplex viel zu wenig Aufmerksamkeit gewidmet wird und immer nur Teilaspekte beleuchtet werden.

14.12.91
Ich frage mich immer noch: Warum ist mir dies passiert? Warum hat mich meine Mutter nicht beschützt? Wie gehe ich jetzt mit dem Trauma um, wie vor Therapiebeginn? Bin ich wirklich dabei, diese Erlebnisse zu integrieren, d.h. verarbeite ich den Inzest so, daß Körper, Geist und Seele endlich eine Einheit bilden? Manchmal denke ich, ich bin nicht fähig, anders zu werden. Vor mir liegt so unendlich viel Therapiearbeit. Wie soll ich es nur schaffen, alles an mir zu lieben, auch und gerade den erfahrenen sexuellen Mißbrauch *sowie* meine körperlichen Reaktionen darauf. Trotzdem habe ich bis jetzt noch nie daran gezweifelt, ob es sich lohnt zu heilen, wenn es auch ein schwieriger und schmerzvoller Prozeß ist. Ich muß wieder einmal weinen.
Während dieser Überlegungen ruft meine Tante an (die Frau von Vaters Zwillingsbruder) und berichtet, daß sie mit meiner Mutter telefoniert hätte und daß sie sehr wortkarg war. Meine Tante wollte von mir erfahren, ob etwas vorgefallen sei. Ich antwortete ihr, daß wir zu der Verabredung am 3. Advent nicht dabei sein werden und daß ich ihr am Telefon keine Einzelheiten erklären könnte. Sie verspricht, mich in den nächsten Tagen noch einmal anzurufen.
Als meine Tante zu mir sagte, daß die Mutter so wortkarg war, hatte ich plötzlich ein "ganz komisches Gefühl im Bauch". Ich sah die Mutter verzweifelt am Telefon und den Vater gebrochen im Sessel sitzen und bekam tatsächlich für einige Minuten so etwas wie ein schlechtes Gewissen darüber, wie *ich* so etwas den Eltern antun kann. Es vergingen mehrere Minuten, bis ich mich aus dieser Erstarrung befreien konnte und auf den Boden der Tatsachen zurückkehrte.
Ich bin gespannt, wie sich das zukünftige Verhältnis zu meiner Tante und meinem Onkel gestalten wird. Auf welche Seite werden sie sich stellen?
Am Abend im Bett stelle ich fest, als ich einmal tief Luft holen und stöhnen muß, daß ich dies schon seit einigen Tagen nicht mehr mache. Ich habe nicht mehr ständig das Gefühl ersticken zu müssen, und der Ruhepuls ist auf normale Werte gesunken.

15.12.91
Wir, Gottfried und ich, haben heute Fotografien aus meiner Kindheit angesehen. Ich besitze leider nur einige Fotos, die aus der Erbschaft meiner Oma stammen. Wir sind 1961 am Tage des Mauerbaues nach West-Berlin geflüchtet.
Auf den Fotografien (Foto 1-4) bin ich als Kleinkind bis zum Alter von viereinhalb Jahren zu sehen. Bis zu diesem Zeitpunkt wurde ich vermutlich noch nicht sexuell mißbraucht. Auf dem nächsten Foto (Foto 6) zur Einschulung sehe ich sehr ernst, in mich gekehrt, traurig, zornig, vorwurfsvoll, vielleicht auch verwirrt aus. Dieser Gesichtsausdruck bleibt auf weiteren nicht beiliegenden Fotografien vorherrschend. Mit Sicherheit bin ich also zwischen dem fünften und sechsten Lebensjahr sexuell mißbraucht worden. Meine Erinnerung (6.12.91: Mutter prostituiert mich) und Einschätzung, daß ich ungefähr fünf oder sechs Jahre alt bin zu diesem Zeitpunkt, scheint richtig zu sein.
Fotografien sind sehr gut geeignet, den Zugang zu dem kleinen Kind, das ich war, zu finden. Dies erfordert Mut, weil ich die Wahrheit anerkennen muß. Verleugnen und Abwehren wäre vordergründig erst einmal leichter, verhindert aber das Heilwerden. Die psychischen Folgen sind deutlich in meinem Gesicht zu lesen.
Gottfried sagt mir, daß ich das notleidende Kind in mir nur selbst heilen könnte. Ich müßte mich dem kleinen hilfsbedürftigen Kind in mir mit Liebe und Verständnis zuwenden, wenn ich mich weiterentwickeln wolle. Ich müßte mich mit meiner Vergangenheit aussöhnen und den verletzten Teil meiner Seele nicht weiter ignorieren.

17.12.91
Ich stelle fest, daß ich immer noch keine Erinnerung an die Gesichtszüge meines Vaters während meiner Kindheit habe. Wenn ich ihn jetzt vor meinem geistigen Auge sehe, dann sehe ich ihn immer nur so, wie er jetzt aussieht.
Ich trete in den letzten Tagen häufig in einen Dialog mit der kleinen Marlen. Als ich sexuell mißbraucht wurde, so spüre ich jetzt, war ich wirklich ein kleines hilfloses Kind, daß sich nicht wehren konnte und daß meine Verletzlichkeit ausgenutzt wurde. Ich merke die Furcht, die Angst, die Trauer, den Zorn der kleinen Marlen von damals. Ich sage ihr, daß sie nichts dafür konnte, daß sie sexuell erregt wurde, sondern daß das der Onkel brauchte. Daß er die kleine Marlen zu seiner eigenen Befriedigung so manipulierte. "Liebe kleine Marlen, dafür konntest du nichts, dein kleiner zarter Körper hat nur reagiert".

17.12.91 Nachts
Ich erwache weinend gegen ein Uhr. Ich stehe auf und habe wieder das Gefühl, nie mehr mit dem Weinen aufhören zu können. Ich habe massive Verlassenheitsängste. Ich glaube, ich falle in ein großes, tiefes und schwarzes Loch.
Ob ich jetzt Angst kriege, die Opferrolle aufzugeben? Jetzt, wo ich doch gerade die kleine Marlen gefunden habe! Ich will sie nicht wieder verlieren! Ach, ich bin total verzweifelt, und ich weiß nicht einmal so recht worüber, einfach über alles.
Ich habe heute in der Therapie bei Gottfried Nähe vermißt. Ich glaube, ich spinne wirklich, oder vielleicht doch nicht? Ich habe bei WIRTZ (1991:160) gelesen, daß Heilung Ganzwerden ist und wenn zwei Menschen in einen Dialog treten, daß das mehr ist als Projektion und Übertragung und habe am 12.12. festgestellt, daß wir in einen Dialog getreten sind und die Therapie dynamisch verläuft. Und heute am 17.12. bin ich total verzweifelt und vermisse Nähe! Was ist heute bloß abgelaufen in der Therapie? Dieses In- Beziehung- treten fehlte damals in der Psychoanalyse völlig. Manchmal denke ich, hier begegnen sich wirklich zwei Seelen. Aber heute?
Jetzt ist es fast vier Uhr nachts, und ich werde wieder ins Bett gehen. Ich nehme Pumpernickel mit und denke, daß er mir schon Hinweise geben wird, was heute in der Stunde bei Gottfried ablief bzw. was mich störte. Beim Einschlafen fällt mir "Blickkontakt" ein. Ich notiere das Wort noch schnell auf einem Zettel und hoffe nun, noch etwas schlafen zu können.

18.12.91
Am Tage geht es mir immer noch schlecht. Ich bin in sehr weinerlicher Stimmung, und am Vormittag beginne ich dann zu weinen. Ich weine wieder einmal stundenlang und kann überhaupt nicht aufhören. Ich muß über die Therapiestunde nachdenken und habe wieder massive Verlassenheitssängste. Ich befürchte, daß mich Gottfried und Horst doch noch verlassen werden, weil sie diese anstrengenden Zeiten auch nicht mehr ertragen können. Mir fällt ein, daß Krise und Chance mit dem gleichen chinesischen Schriftzeichen ausgedrückt werden. Vielleicht, nein ganz bestimmt, liegt für mich ja nur in dieser krisenhaften Aufarbeitung die einzige Chance, heil zu werden. Trauerarbeit ist unbedingt notwendig, um sich von Vergangenem, dem Toten, zu lösen. Ich habe Angst, das alles nicht zu "packen" und in ein tiefes schwarzes Loch zu fallen.
Nach fünf Stunden beginne ich, mich etwas zu beruhigen und kann wieder einige klare Gedanken fassen. Wie immer bin ich körperlich total erschöpft, psychisch geht es mir aber sehr gut. Mir fällt ein Zitat von ALI-

CE MILLER ein," *(daß) die menschliche Seele praktisch unausrottbar (ist), und ihre Chance, vom Tod aufzuerstehen, bleibt, solange der Körper lebt"* (MILLER, A. 1983:320). Das läßt mich hoffen.
Mir wird wieder einmal klar, daß ich Angst vor dem Sterben und damit Angst vor Veränderungen und vor Wachstum habe. Ich muß die Mauern, die meine Thanatophobie errichtet hat, einreißen, um nach dem Sterben wachsen und reifen zu können. Ich habe bei SCHELLENBAUM (1991) gelesen, daß Wachstum von allein geschieht, wenn man es zuläßt und den vorübergehenden Tod in Kauf nimmt. Also Marlen, habe Mut und nimm Abschied von Thanatos.

Es mag befremdlich klingen,
aber einer der produktivsten Wege,
um zu Reife zu gelangen,
liegt in der Beschäftigung mit der Erfahrung
des Todes.
(KÜBLER-ROSS 1992)

Heute nacht hatte ich das Wort "Blickkontakt" notiert. Ich denke darüber nach und stelle fest, daß Gottfried und ich gestern fast keinen Blickkontakt hatten. Das war es also, was mich so sehr verunsicherte. Wir haben sonst miteinander einen sehr intensiven Blickkontakt. Ich glaube, Gottfried war in Trance.
Was bedeutet Blickkontakt für mich? Warum ist er für mich so wichtig? Wie war das in meiner Kindheit? Wie war das bei meinen Eltern? Und jetzt fällt mir auch gleich der Onkel ein. Er verfolgte mich immer mit seinen lüsternen Blicken, von denen ich mich bedroht fühlte und ich wußte dann, daß er mich wieder mißbrauchen wird.
Ein intensiver Blickkontakt gibt sehr viel Information über emotionale Vorgänge: Aufmerksamkeit, Interesse, Anteilnahme, Zustimmung, Liebe, Wärme, Freude, Gerührtsein, in Frage stellen, Nachdenklichkeit, Ablehnung, Ärger, Wut usw. kann man an den Augen ablesen.
Bei meinen Eltern habe ich die ganze Palette an warmen Blicken - an affektiver Spiegelung - nie erlebt. Eine Atmosphäre von Liebe, Wärme und Anteilnahme gab es nicht. Dieser Mangel an Glanz, diese affektleeren Augen, ließen mich immer spüren, daß ich ungeliebt war. Sich durch die Liebe eines anderen angenommen zu fühlen, ist aber eine Grundbedingung menschlichen Wachsens und spiegelt sich in den Augen.

So dir im Auge wundersam
Sah ich mich selbst entstehen. (FRIEDRICH HEBBEL)

Ich muß gerade an die Mutter während der Konfrontation denken. Wie sah ihr Gesicht aus, was hatte sie für einen Augenausdruck? Ich weiß es nicht, es entstehen keine Bilder vor meinem geistigen Auge!
Am Nachmittag rufe ich "Wildwasser" an. Ich möchte zusätzlich zur Einzeltherapie noch in einer Gruppe mitarbeiten. Es ist aber kein Therapieplatz in einer Gruppe frei und eine neue Gruppe wird erst im Februar oder März eröffnet. Dann dauert es in der Regel bis zu einem Jahr, bevor der sexuelle Mißbrauch von den Überlebenden angesprochen und an der Problematik gearbeitet wird. Somit müssen wir eine andere Lösung für die Gruppenarbeit finden.
Dieses Gespräch hat mich doch sehr nachdenklich gestimmt. Ich bemerke das erste Mal, daß ich eigentlich seit Therapiebeginn im Juni 1991, und nach nur acht Therapiestunden habe ich begonnen, am sexuellen Mißbrauch zu arbeiten, daß das eine Leistung war und ist. Das war mir bisher überhaupt nicht bewußt. Vielleicht bin ich in dieser Zeit schon ganz schön weit gekommen. Diese Entwicklung ist insbesondere der Verdienst auch meiner beiden Verbündeten. Heilwerden bedeutet, *"einen Menschen in die Gesundheit hineinlieben"* (WIRTZ,U. 1991:162). Genau dies machen Gottfried und Horst. Dafür ein ganz ganz liebes Danke.
Gottfried hat mich zwar schon mehrmals darauf hingewiesen, daß ich sehr intensiv arbeiten würde, aber ich habe dies nicht so empfunden.

20.12.91
Wir sprechen über die letzte Stunde und über meine heftigen Gefühlsausbrüche am 18.12. Gottfried bestätigt meine Vermutung, daß er in einem Trancezustand war und wir deshalb weniger Blickkontakt hatten als sonst.
Ich berichte Gottfried, daß mir heute auffiel, daß die Bilder über die Mißbrauchsituationen mit dem Onkel verblassen. Ich denke nicht mehr so häufig und nicht mehr so intensiv an den Mißbrauch durch den Onkel und kann die Bilder manchmal - wenn auch nur für kurze Augenblicke - einfach wegschicken. Das ist wirklich ein Erfolg; sozusagen die ersten Früchte meiner wohl doch intensiven Arbeit. Schön!
Gottfried sagt, daß ich sehr intensiv arbeiten würde und daß das Verblassen der Bilder auf die karthartischen Prozesse zurückzuführen sei.
Gottfried schlägt vor, eventuell eine eigene Gruppe aufzubauen oder eine Kollegin zu fragen, ob sie bereit wäre, Frauenarbeit in einer Gruppe zu betreuen.

Oh je, die nächste Therapiestunde ist erst am 7.1.92. Gottfried macht Urlaub. Es ist mir im Moment unvorstellbar, wie ich diese Zeit überstehen soll.

21.12.91
Es ist für mich enttäuschend, daß sich die Eltern nicht melden, daß sie mich so schnell aufgeben können, ohne auch nur noch einmal einen Versuch zur Kommunikation zu machen. Ich würde ihnen gerne noch einmal meine Wut ins Gesicht "schleudern", aber diesmal sicher mit sehr viel mehr Temperament. Ich will natürlich keinen Kontakt mit ihnen, aber dieses Verhalten ist schon verletzend. Ich empfinde jetzt eine große Erleichterung und Befreiung über den vollzogenen Bruch.
"Solange ich darauf beharre, daß mir der Täter noch etwas schuldig ist, so lange bleibe ich an ihn gebunden. Erst wenn ich meinen Anspruch aufgebe, daß der Täter seine Schuld zu sühnen hat, erst dann wird es mir möglich, mich zu versöhnen" (WIRTZ, U. 1991:214).
Bin ich also doch noch an die Eltern gebunden, weil
- ich sage, ich bedeute und bedeutete ihnen nichts,
- weil ich mich enttäuscht fühle, daß sie keinen Kontakt aufnehmen.

Bin ich also doch noch nicht so weit, daß ich verzichten kann auf:
- Entschuldigung
- Schuldgeständnis

Ich habe also die Trennung doch noch nicht vollkommen vollzogen.
Ich muß mich jetzt daran erinnern, daß ich vor kurzem in SCHELLENBAUM (1991:154-161) gelesen habe, daß der Entwicklungstrieb immer Untreue und Verrat erfordert und man sich dabei ein Stück vom eigenen Leben losreißen muß. Dadurch wird wirklicher Abschied nie leicht. Ich verriet die Eltern und beginne mich gleichzeitig - wenn auch noch zaghaft - von alten erstarrten Beziehungs- und Verhaltensmustern zu lösen. Ich gewinne langsam mein Leben, das tut gut. Ich glaube, daß ich mit mir selbst etwas geduldiger umgehen sollte.
Manchmal denke ich, daß es an ein Wunder grenzt, daß ich überhaupt noch die Fähigkeit zum Fühlen entwickeln kann. Horst antwortete mir: "Minus mal minus ergibt plus".
Horst sagt mir, "daß der Bann zerstört ist, sie wissen genau, daß sie keine Macht mehr über dich haben, und sie wissen beide, daß der Mißbrauch stattgefunden hat. Sie werden es aber beide voreinander nicht zugeben".

24.12.91
Als ich den Briefkasten leere, finde ich eine Weihnachtskarte vom Onkel (Vaters Bruder) und der Tante. Wir waren zum 29.12.91 verabredet. Sie wünschen uns ein schönes Weihnachtsfest und sagen den Termin ab. "Es ist etwas dazwischen gekommen", und sie versprechen, sich in Kürze zu melden. Ich beginne zu weinen und denke, daß sie gegen mich sind. Das verletzt mich, wenn mir als Opfer nicht geglaubt wird. Aber wir müssen natürlich erst einmal abwarten, ob es wirklich so ist. Wir vermuten beide, daß sie erst einmal den achtzigsten Geburstag des Vaters und Onkels (es sind Zwillingsbrüder) am 7.1.92 feiern wollen.
Wir sind heute abend bei unseren Freunden Margret und Horst eingeladen.

25.12.91 Traum
Ich sehe im Traum die Mutter und eine weitere Person. Ich versuche Blickkontakt mit der Mutter aufzunehmen, um festzustellen, ob sie für mich wenigstens ein wenig Liebe empfindet oder ob sie Verständnis für mich signalisiert. Sie weicht meinem Blick aus und sieht die andere Person freundlich an und lächelt.
Ich erwache und empfinde wegen der Trennung Schuldgefühle gegenüber meiner Mutter. Ich kann dieses Schuldgefühl nur schwer zulassen und wollte es verdrängen. Ich muß mich aber damit auseinandersetzen.
Ich erzähle Horst den Traum und er erwidert, daß ich die formale Schuld natürlich hätte, da ohne Konfrontation keine Trennung erfolgt wäre, aber ich hätte natürlich keine moralische Schuld. Diese läge bei den Eltern.
Dieser Traum weist auch auf die Bedeutung des Blickkontaktes für mich hin und macht deutlich, daß es wirklich ein schwieriger Verrat ist und daß ich mich weiterhin mit meinen Schuldgefühlen auseinandersetzen muß.
Eigentlich habe ich den Heiligen Abend ganz gut überstanden. Ich mußte nur einmal etwas weinen. Ich war aber sehr viel dissoziert.

27.12.91
Endlich!!! Erste Mordphantasien gegen den Vater. Die Waschmaschine schleudert die Wäsche und ich stelle mir vor, wie Vater darin mitgeschleudert wird. Ich bin entsetzt, auch darüber, daß ich so feige bin, das einer Maschine zu überlassen, statt "selbst Hand anzulegen".
Ich stelle am Abend fest, daß ich seit "ewigen Zeiten" häufig stechende Schmerzen in der Vagina habe und auch der Afterschließmuskel öfters schmerzt. Dies ist ein wirklich sehr unangenehmer Schmerz. Auch bin ich sehr empfindlich, wenn Horst mich mit den Fingern an der Vagina berührt, das tut dann auch weh, es ist ein stechender Schmerz.

Ob der Vater versuchte, mit den Fingern und/oder dem Penis einzudringen?
Wenn Horst Alkohol getrunken hat und dann zärtlich zu mir wird, reagiere ich immer sehr abweisend. Meistens beginnen wir uns dann zu streiten. Der Onkel wurde auch häufig zudringlich, auch im Beisein anderer, wenn er Alkohol getrunken hatte. Auch der Mißbrauch in Niemegk durch den Vater fand unter Alkoholeinfluß statt.
Oh Gott, das fällt mir immerhin jetzt "schon" auf.

28.12.91
Ich mußte beim Einkaufen über die von mir gestern notierten Beschwerden nachdenken. Diese Beschwerden allein - auch ohne konkrete Erinnerungen - würden schon ausreichen, um den Hinweis auf sexuellen Mißbrauch zu geben. Mit allen diesen Beeinträchtigungen muß ich mich wegen dieser beiden miesen Typen herumquälen. Ich merke, wie ich unheimlich wütend werde.
Als ich nach Hause komme, werfe ich mich auf das Bett, schlage mit einer Nackenrolle um mich und springe, beiße in Kissen und muß weinen. Dann spüre ich auch noch sexuelle Erregung. Mir wird schlecht, ich könnte mich übergeben. Es ist unvorstellbar, aber wahr: ich schlage um mich, weine, werfe mit Kissen und benutze gleichzeitig einen Vibrator. Ich bin fassungslos und total "ausgerastet". Ich beginne im Bett während des "Anfalles" auch noch Tagebuch zu schreiben. Total verrückt. Nimmt denn das alles überhaupt kein Ende? Das ist alles ganz furchtbar. Hoffentlich kommt Gottfried bald wieder. Ich hasse mich!
Eine richtige Erleichterung und Lösung, weder der Wut noch der sexuellen Erregung trotz Orgasmus, gibt es nicht.
Ich entwickle Mordphantasien gegen die Eltern. Die können von Glück sprechen, daß sie in der Prinzregentenstraße - eine Stunde von uns entfernt - wohnen. Ich würde jetzt sehr gerne hinfahren und die Alten windelweich prügeln oder noch besser, an die Wand nageln. Ich schlage um mich.
Ich habe mich Jahrzehnte verurteilt und kontrolliert, und nun dachte ich, daß diese Phase, mich selbst zu hassen, nachdem ich die kleine Marlen endlich gefunden und lieben gelernt habe, endlich überwunden habe. Und nun diese immer noch andauernde sexuelle Erregung bei Erinnerungsfetzen und beim Lesen gleichartiger Erlebnisse anderer Betroffener. Allerdings hatte ich bisher keine sexuellen Phantasien über sexuellen Mißbrauch. Endlich hatte ich die kleine Marlen und ihre Lustempfindungen beim Mißbrauch akzeptiert und angenommen und nun auch noch die sexuelle Erregung beim Wutanfall. Nach jedem Satz fange ich wieder an zu weinen und um mich zu hauen.

Denke ich eigentlich wirklich, ich bin unschuldig oder denke ich, ich *möchte* unschuldig sein. Verdammter Mist, ich dachte das sei endlich klar. Ein Kissen fliegt durch die Luft.
Ich gebe meinem Körper die Schuld. Wenn ich damals die sexuellen Gefühle beim Mißbrauch nicht zugelassen hätte, dann hätte ich heute nicht diese konditionierten Gefühle. So ein verflixter Mist.
Gottfried meldet sich auch nicht. Warum sollte er auch? Ich glaube, ich halte mich fest, ich kralle.
Warum habe ich eigentlich immer noch diese verdammten Schmerzen auf der Innenseite der Oberschenkel, und die Haut schmerzt am ganzen Körper, auch nachts. Ich beginne mich zu kratzen und stelle fest, reichlich destruktiv, wie ich mit mir umgehe.
Ich kann immer noch nicht ausdrücken, was Vater mit mir in Niemegk machte. Was hat er mit mir gemacht? Dieses verdammte Schwein, den sollte ich solange verprügeln, bis er seine Taten gesteht und dann sollte ich ihn anschließend an die Wand nageln.
Nach zwei Stunden ist dieser "Spuk" - so habe ich es jedenfalls empfunden - vorbei, und ich bin völlig fertig. Keine Erlösung oder Erleichterung, sondern nur körperliche Erschöpfung und eine furchtbare Gereiztheit spüre ich.

Ausgelaugt
scheint alles zu glühen
innerlich
die Wunden
die nie geheilt sind
die Fehler
die nur getarnt wurden

Die eigenen Abgründe
locken
aufzugeben
liegenzubleiben

Einer
ruft dich heraus
holt dich heraus -
laß dich berühren
tragen
heilen
(BICKEL/MEILINGER 1984)

Meine Güte, dies war mein erster Kontakt mit meiner Wut. Ob alle weiteren "Anfälle" in einer ähnlichen dramatischen Form verlaufen werden? Unmöglich, unfaßbar, ich will diese Scheiß-Wut nicht!!! Diese Vorstellung wird nicht gerade das Zulassen dieser Gefühle erleichtern. Ich bin erschrocken und verängstigt über diesen Ausbruch, denn ich hatte jegliche Kontrolle verloren, meine Wut war nicht mehr zu bändigen.
Am Nachmittag lese ich *"jeder Mensch, der einmal schwer krank war, weiß um den gefährlichen Hang, im Leiden schon den Tod und nicht mehr das Leben am Werke zu sehen, sich von einem "bösen Organ" abzuspalten, statt mit ihm Freundschaft zu schließen* (SCHELLENBAUM, P. 1991:12).
Meinen Körper zu hassen bedeutet, daß ich mich immer noch von ihm abspalte. Das habe ich Jahrzehnte getan und tun müssen. Als Kind war es für mich lebensrettend, aber jetzt ist es absolut nicht mehr notwendig. Also, Marlen, schließe endlich Freundschaft mit deinem Körper, er hat es wahrlich verdient.

30.12.91
In der Nacht tauchen Erinnerungsfetzen auf:
Am Wochenende bin ich meistens zu den Eltern ins Bett gegangen. Ich sehe plötzlich den Vater, wie er sein Nachthemd nach oben schiebt und mit mir tobt. Mutter liegt rechts neben uns. Er beugt sich über mich und ich soll seinen Penis in den Mund nehmen. Ich erinnere, wie ich dick werde, wie ein Elefant, besonders aber die Arme und der Oberkörper, auch der Kopf wird dick und dicker und mein Mund immer kleiner. Ich werde gefühllos und habe das Gefühl ersticken zu müssen. Diese Gefühle sind sowohl aktuell vorhanden, und gleichzeitig empfinde ich in der Erinnerung genau so wie damals, als ich zwischen vier und fünf Jahre alt war. Ich habe jetzt ganz deutlich wie damals das Gefühl, daß ich, wenn ich so dick wie ein Elefant bin, der erigierte Penis nur noch - im Verhältnis zu meinem Körper - ganz klein und weniger bedrohlich ist. Ich weine und rufe mehrmals nein, nein, nein. Hört das denn überhaupt nicht auf? Gleichzeitig steigt auch etwas Wut in mir hoch, aber ich habe nicht die Kraft, neben der Trauer auch noch die Wut zu leben. Aber endlich eine Erinnerung ohne sexuelle Erregung. Mir ist schlecht.

7.1.92
Ich erzähle Gottfried von meinem Wutanfall am 28.12. Er erwidert, daß Sexualität und Aggressivität dicht beieinander liegen würden. Ihm wäre es erst gelungen, seine Sexualität befriedigend zu erleben, als er sich seine

aggressiven Impulse eingestand und diese in den Sexualakt integrierte. "Sei doch zufrieden, daß du zu solchen Gefühlen fähig bist und versuche sie - auch in der Partnerschaft mit Horst - umzuleiten". Gottfried sagt, daß er es verstehen könne, daß dieser Aspekt für mich in diesem Kontext schwierig sei, aber es sei ganz normal, daß unter Wut auch sexuelle Gefühle auftreten können. "Hasse deswegen nicht deinen Körper, Marlen".
Ich sage zu Gottfried, daß mir in diesem Zusammenhang ein Zitat einfällt: *"Menschen, die vom Körper wegdenken, denken gegen das Leben."* (SCHELLENBAUM 1991a:103)
Die Erinnerung an den erzwungenen Oralverkehr mit dem Vater liefert die Erklärung, so sehen wir es beide, für die damals während der Psychoanalyse auftretenden Schluckkrämpfe. Diese hielten über viele Monate an und waren sehr unangenehm.
Gottfried regt an, mal darüber nachzudenken, ob ich immer noch weiter erinnern will, oder ob es genug ist. Ich solle einen inneren Dialog führen und hinsehen, was mir mein Verstand und mein Gefühl dazu sagt.

8.1.92
Gottfrieds Anregung veranlaßt mich, in SCHELLENBAUM (1991:53-61) über Sisyphos nachzulesen. Ich denke, daß wir uns als Inzestüberlebende in der mythologischen Gestalt des Sisyphos wiederfinden und für unsere Heilung eine Wandlung von Sisyphos, zur zweiten mythologischen Gestalt, zu Christophorus, unumgänglich ist.
Sisyphos will Unsterblichkeit erlangen und zur Strafe, so entscheiden die Richter der Toten, muß er einen Stein zum Gipfel der Unterwelt mit Händen und Füßen hinaufstemmen. Kurz vor dem Gipfel wird der Stein aber immer wieder so schwer, daß er herunterrollt. Sisyphos macht sich immer und immer wieder an die Arbeit, um unsterblich zu werden.
Er unternimmt alles, um sein Leben in den Griff zu bekommen und unter Kontrolle zu halten. Immer verbissener und mutloser macht er sich erneut an die Arbeit und vergeudet so seine Lebensenergie, bekämpft seine Sterblichkeit und damit seine Lebendigkeit. Denn unsterblich sein zu wollen, bedeutet, ein Leben ohne Wandlung, sondern mit Erstarrung, Verzweiflung und Lähmung zu führen. Sisyphos ist selbstzerstörerisch.
Genauso verhalte ich mich als Inzestüberlebende: alles im Griff zu haben und unter Kontrolle zu halten, nicht nur die Gefühle, sondern mein ganzes Leben wird geplant. Spontanität wird einfach klein geschrieben. Mit meiner Erstarrung und Lähmung und in meiner Verzweiflung bin ich dem Tod näher als dem Leben und habe trotzdem Angst vor dem Sterben, Angst, das innere Gefängnis zu öffnen und mich dem Lebensfluß hinzugeben. *"Denn Leben fließt, und wenn dein Leben in dir nicht fließt, dann bist du*

tot" (KÖRNER 1991:101). Das setzt Vertrauen zu mir selbst und in andere voraus, und genau das kann ich wiederum nicht haben.
Christophorus dagegen geleitet die Menschen durch einen Fluß zum anderen Ufer. Dieses archetypische Motiv stellt das Leben als Wandlung und Übergang dar und verbindet die Menschen mit ihren Gegensätzen. Dies ist auch Aufgabe des Therapeuten.
Wandlung und Übergang ist nur durch die Aufarbeitung des sexuellen Mißbrauchs möglich. Dazu gehört auch die Gegensatzvereinigung, d.h. bisher ungelebtes, vor allem meine ungelebten Gefühle und zwar alle, auch Wut und Aggressivität - damit tun sich sicher die meisten Inzestüberlebenden schwer - muß in mein Leben integriert werden, dann ist "der Bann des Sisyphoskomplexes" (SCHELLENBAUM) durchbrochen.
Unter dieser Prämisse mußte mein Pädagogikstudium scheitern und auch das abgeschlossene Biologiestudium "fehlschlagen": Ich wollte ein "anderer Mensch" werden. Mein Ziel war es damals, mehr Selbstbewußtsein und Selbstwertgefühl über eine bessere Berufsausbildung zu entwikkeln. Wie Sisyphos erkannte ich nicht, daß das alles Aktionen waren, die sich gegen meine Lebensenergie wandten. Ich rannte von einer Ausbildung in die nächste, statt in die Therapie zu gehen und den sexuellen Mißbrauch aufzuarbeiten.
Jetzt muß ich mich der Gegensatzvereinigung meiner Gefühle zuwenden: Der sexuelle Mißbrauch war eklig, scheußlich, brutal, abscheulich, verursachte Angst und Schmerzen, verursachte aber eben auch schöne Gefühle. Wenn das kein Gegensatz ist. Wenn ich dies miteinander vereinigt habe, dann bin ich in diesem einen Punkte auf der anderen Flußseite angekommen. Das gilt auch für die Gegenwart. Beim Nacherleben der Mißbrauchsituationen Gefühle wie Aggressionen, Wut *und* sexuelle Erregung zu akzeptieren, dann bin ich wieder auf der anderen Seite angekommen. Gottfried als "Christophorus" wird mich hinüber begleiten, mir helfen, mich so mit meinen Gegensätzen zu verbinden.
Das Einlassen auf Vergangenes - Trauerarbeit zu leisten und die Konfrontation durchzustehen, war sicher ein Sprung "vom Dreimeterbrett", aber noch kein Weitergehen. Dies war die Voraussetzung für weitere Sprünge, wie die Gegensatzvereinigung. Also, einlassen aufs Weitergehen ist angesagt, denn *"ein Mensch der geht, ist unterwegs. Jeder andere bewegt sich nicht. Wer sich aber nicht bewegt, ist tot."* (KÖRNER 1991:102).

9.1.92
So langsam stellt sich wieder etwas Appetit beim Essen ein, und die Magennerven kräuseln sich auch nicht mehr so häufig. Ich habe in den letzten drei Monaten eigentlich am Existenzminimum gelebt. Appetit hatte ich

überhaupt nicht. Mir schmeckten auch Speisen nicht, die ich sonst sehr gerne mag. Selbst Brot, welches ich ja nicht regelmäßig, dafür aber leidenschaftlich gerne esse, schmeckte mir nicht.

10.1.92
Ich treffe mich mit der Freundin Gertrud im Cafe Kranzler. Den letzten Kontakt hatten wir im Oktober. Bei einem Spaziergang sagte ich ihr damals, daß ich jetzt ganz sicher bin, daß ihr Mann Uwe seine Tochter Renate sexuell mißbraucht hat.
Wir kennen uns knapp 20 Jahre. Als wir uns kennenlernten, sagte ich bereits nach dem ersten Treffen, daß sie auf Uwes Verhältnis zu Renate achtgeben muß. Dies war nach meiner Einschätzung kein normales Vater-Tochter Verhältnis. Ich benutzte allerdings nicht die Worte "sexueller Mißbrauch" oder "inzestuöses Verhalten". Da mein eigener Mißbrauch nicht aufgearbeitet war, bestand natürlich schon noch eine gewisse Unsicherheit, aber mir viel der "Blick" auf, mit dem Uwe Renate ins Bett brachte. Er kraulte dann Renate immer ausgiebig den Rücken. Ich wies eigentlich bei jedem weiteren Zusammentreffen darauf hin, daß Uwe sich nicht "korrekt" verhielt, und ich wurde im Laufe der Zeit in meiner Einschätzung immer sicherer.
Bei unserem jetzigen Treffen sage ich Gertrud, daß es für mich schwierig sei, mit ihr darüber zu sprechen. Sie sei eben nicht nur meine Freundin, sondern auch Mutter. Sie habe jahrelang nichts unternommen, um den sexuellen Mißbrauch Uwes an Renate zu unterbinden. Ich denke, daß sie sich mitschuldig gemacht habe. Sie habe es zumindestens geahnt, ja eigentlich gewußt, und sie wurde ja auch von mir darauf hingewiesen und habe trotzdem nichts unternommen und den sexuellen Mißbrauch geduldet. Es wäre ihre Pflicht gewesen, Renate aus dieser Situation zu befreien.
Gertrud und Uwe führen eine sehr schwierige Ehe, die für mein Empfinden teilweise auch destruktive Tendenzen zeigt. Das Verhältnis Renates zu Gertrud wurde von ausgeprägten Haßgefühlen bestimmt.
Gertrud gibt zu, daß sie sich von Uwe hätte trennen müssen, weil es für sie besser gewesen wäre. Erst danach denkt sie an Renate. Sie habe aber Angst vor dem Alleinsein gehabt, wollte finanziell abgesichert sein (sie war Übersetzerin und jetzt seit vielen Jahren Sozialpädagogin!), und außerdem sei für sie eine Beziehung, die etwas besser sei, als es die Verhältnisse im Elternhaus früher waren, schon schön. Sie hätte es aber jahrelang nicht gesehen. Sie habe "es" angesprochen, als Renate ca. vierzehn Jahre war und ihr vorgeworfen, daß sie mit Uwe ein Verhältnis hätte. Daraufhin sei sie von beiden verbal angegriffen worden. Eifersucht warf man

ihr vor. Ich bin empört, sexuellen Mißbrauch als ein Verhältnis zu bezeichnen und werfe Gertrud vor, daß sie den Mißbrauch bagatellisieren, Renate mit dieser Bemerkung zur Komplicin machen würde und auch noch der Mitverantwortung beschuldigen würde.
Schuldbewußtsein über ihr Verhalten könne sie auch heute nicht entwikkeln. Gertruds Worte: "So bin ich eben, dazu stehe ich auch".
Ich versuche, ihr immer wieder zu erklären, daß es ihre Pflicht sei, wenigstens jetzt etwas für Renate zu tun, sich zu entschuldigen und das vielleicht sogar gemeinsam in einer Therapie aufzuarbeiten. Ich sage ihr, daß Renate zwanzig Jahre unter ihrem Verhalten gelitten habe und immer noch darunter leidet, und sie müßte den ersten Schritt tun und Renate um Verzeihung bitten.
So langsam nach drei Stunden kommt Gertrud zur Einsicht, daß es wohl doch ihre Pflicht sei, sich bei Renate zu entschuldigen und ihr ihre Gesprächsbereitschaft zu signalisieren.
Zum Abschluß unseres Gespräches, welches für mich enorm anstrengend war, ich bin danach ziemlich erschöpft, sage ich ihr noch, daß es mein Wunsch sei, daß wir uns demnächst noch einmal zu viert treffen, denn ich möchte Uwe gerne sagen, daß ich - mit diesen jetzt absolut sicheren Erkenntnissen - mit ihm keinen Kontakt mehr pflegen möchte.
Sie reagiert mit totalem Unverständnis. Jeder Mensch mache einmal Fehler, und deshalb würden sich doch die Gefühle für diesen Menschen nicht ändern. Sie könne sich sogar eine neue Verbindung mit einem anderen Partner vorstellen, der Kinder mißbraucht und dies als Fehler eingesehen habe. Mein Gott, mir verschlägt es die Sprache. Unfaßbar! Ich sage ihr, daß es doch wohl ein Unterschied sei, ob jemand eine Flasche Schnaps klaut oder Kinder sexuell ausbeutet. "Dieses Verhalten als Fehler zu bagatellisieren, ist so haarsträubend wie dein Verhalten während der vielen Jahre, in denen du die Augen verschlossen hieltest, um deiner eigener Vorteile willen. Dir fehlt jegliches Einfühlungsvermögen für die Schwere und das Leben verwüstende Element dieser Taten."

11.1.92
Ich werde durch das temperamentvolle "Gehopse" bei der Aerobic immer wütender und plötzlich höre ich die Mutter sagen: "Nun stell dich doch nicht so an, der Vater will doch nur mit dir schmusen". Sie liegt rechts neben mir in den Ehebetten und Vater liegt an meiner linken Seite und hat das Nachthemd hochgezogen.
Ich beginne zu weinen und laufe aus dem Aerobic-Raum und sitze eine Stunde weinend im Umkleideraum. Ich glaube wieder einmal, daß ich das

wirklich nur phantasiere. Das darf doch wohl nicht wahr sein! Ich habe das erste Mal beide Gesichter gesehen.

14.1.92
Ich berichte Gottfried von meinem Gespräch mit Gertrud. Gottfried ist ebenso empört wie ich auch. Wir überlegen gemeinsam, ob wir die geführten Gespräche mit Gertrud, dann später mit Uwe und als letztes mit Renate in die Veröffentlichung hineinnehmen sollen. Das Verhalten und der Verlauf der Gespräche ist aber so typisch, so daß hier die Dynamik in Inzestfamilien deutlich wird, und da die Anonymität durch Pseudonyme absolut gesichert ist, haben wir uns dafür entschieden.
Ich erzähle Gottfried von einer Rückblende:
Ich hatte vor einiger Zeit gelesen, daß manche Täter Kinder auffordern, ihre Schlüpfer auszuziehen, um bei ihnen nach Würmern suchen zu können (BESTEN, B. 1991). Als ich das damals las, bekam ich eine Gänsehaut. Jetzt erinnere ich mich, daß ich mir beim Abholen des Schulzeugnisses zum Abschluß der 1. Klasse vor Aufregung in die Hosen machte. Als ich nach Hause kam, war meine Mutter nicht da und mein Vater wusch mich und sagte, dann kann er auch gleich mal nach Würmern suchen. Hier reißt die Erinnerung ab. Ich erinnere mich dann, wie er mir einen sauberen Schlüpfer zuwarf.
Ich hätte über diese Erinnerung fast gelacht, wenn sie nur nicht so traurig wäre.

16.1.92
Horst und ich, wir streiten uns. Horst wirft mir vor, daß ich alle negativen Gefühle auf ihn projiziere würde. Er sagt, er sei nicht schuldig, und er wisse oft nicht, wie er sich verhalten solle.
Ich erwidere, daß sich meine negativen Projektionen langsam auflösen würden. Ich werfe Horst vor, daß seine Art der Auseinandersetzung bei mir oft das Gefühl des Identitätsverlustes hervorrufen würde. Er vermittele mir oft, daß es für ihn unwichtig sei, was ich denke und fühle. Er lasse mir keine Zeit, meine Gedanken in Ruhe zu formulieren, da er mich häufig unterbrechen und sogar manchmal meine Sätze vervollständigen würde. Seine lebendige Öffnung, so werfe ich ihm vor, beziehe sich mehr auf philosophische Fragen und Themen und weniger auf den einzelnen Menschen.
Wir drehen uns in unserer Auseinandersetzung - nicht nur in dieser - im Kreise. Horst ist furchtbar wütend und zeigt dies auch. Er wird dann lautstark und noch wortgewaltiger, und ich werde immer leiser und sage gar nichts mehr. Ich dissoziiere und bin dann einfach nicht mehr da, spüre

aber innerlich sehr wohl meine Wut und kann sie aber einfach nicht rauslassen. Ich platze fast, der Magen ist zugeschnürt, in der Kehle sitzt ein Kloß. In der Regel kann ich dann nicht einmal weinen. Ich bin wie erstarrt, wie tot. Das bringt Horst dann erst richtig auf die Palme. Wenn Horst sich abreagiert hat, wird er wieder lieb und will sich versöhnen. Ich bin aber noch in meiner ungelebten Wut und kann die Versöhnung nicht annehmen. Horst ist dann verärgert, der Streit beginnt von vorne... Ich kann einfach meinen Energiekäfig (SCHELLENBAUM) nicht öffnen.
Die emotionale Distanz zu Horst scheint manchmal riesengroß zu sein, und wir stellen fest, daß wir eigentlich in unserer Beziehung auf emotionaler Ebene in verschiedenen Welten leben.
Ich möchte die Auseinandersetzung beenden und meine Ruhe haben. Horst erwidert, "auf dem Friedhof hast du noch genug Ruhe". So streiten wir weiter.
Ich schlage Horst vor, mal in SCHELLENBAUM (1991:62-72) über "TÖDLICHE ZWEIHEIT" zu lesen.
Unsere Auseinandersetzungen zeichnen sich durch
- totale Humorlosigkeit aus
- Horst bringt mich regelmäßig zur Sprachlosigkeit
- ich habe wirklich das Gefühl des Ich-Verlustes.

Ich sage Horst, daß SCHELLENBAUM (1991:66) schreibt, "*nur durch die Resonanz in anderen Menschen kommt die eigene Stimme zum Tönen*". Wo bleibt die Resonanz bei uns?

17.1.92
Ich habe heute vormittag wieder einen furchtbaren Wutanfall. Ich beiße in Kissen, schlage um mich und prügele auf den Schreibtischsessel ein. Ich falle fast hin, mir wird schwindelig. Ich tobe 90 Minuten ohne Unterbrechung. Ich bin stark verspannt und verkrampft am ganzen Körper. Ich kann meine Wut nicht zügeln; offensichtlich lebe ich.
Danach bin ich wie immer erschöpft, aber die extreme Anspannung und die Verkrampfungen sind wesentlich besser. Zwischendurch hatte ich das Gefühl, die Eltern anrufen zu müssen, um sie am Telefon beschimpfen zu können. Ich tue es aber nicht, sie würden sowieso den Hörer gleich wieder auflegen.
Seitdem ich in SCHELLENBAUM (1991) lese, stehe ich total neben mir. Ich könnte wieder dauernd weinen. Ich glaube, da stehen so viele Wahrheiten und Weisheiten drin. Jedes Kapitel "hat es in sich". Die Thanatophobie zieht sich wie ein roter Faden durch das ganze Buch. Leider nicht nur durch das Buch, sondern durch mein eigenes Leben..., das macht mir so zu schaffen.

Ich muß auch wieder einmal an Dalan, den Abenteurer, denken. Er trifft auf seinem Weg zum See des Lebens einen alten Mann, der zu ihm sagt: *"Vergiß was war, vergiß wer Du bist, vergiß wer du sein willst. Du mußt der Fluß werden"* (KÜBLER, R. 1991).
Als Horst am Abend nach Hause kommt ist er guter Stimmung, als wenn es gestern keine Auseinandersetzung gegeben hätte. Und ich habe wieder den ganzen Tag gelitten und hatte ein schlechtes Gewissen, weil ich mich mal wieder für alles verantwortlich fühlte, natürlich auch für diesen Streit gestern. Ob meine veränderte Wahrnehmung am Ausleben der Wut liegt??? Nein, er ist wirklich anders. Ich habe das Gefühl, daß Horst jetzt "mit mir ist".
Ich stelle am Abend fest, daß ich den Eltern gegenüber kaum noch Haß verspüre. Sie sind mir (zur Zeit?) gleichgültig.

20.1.92
Ich bemerke heute, daß ich entspanntere Gesichtszüge habe. Gottfried hat mir schon vor einigen Wochen gesagt, daß sich meine Gesichtszüge zu verändern beginnen. Ob die Wutanfälle neben der intensiven Trauerarbeit meine Gesichtszüge weicher gemacht haben, so daß es mir jetzt auch auffällt?
Langsam finde ich Geschmack daran, meine Gefühle zu leben. Die Wut zuzulassen, fällt mir aber immer noch schwer. Es ist mir nur möglich, wenn die Anspannungen ganz extrem sind. Manchmal habe ich aber auch schon festgestellt, daß es eine tolle Sache ist, seine Gefühle so ausdrücken zu können. Ich lebe dann wirklich. Während des Wutanfalles habe ich mir auch schon des öfteren gesagt: "Marlen, du lebst, du lebst und fühlst". Das hat mir das Zulassen dieser für mich ungewöhnlichen und auch angstauslösenden Gefühle erleichtert.
Horst und ich haben kürzlich zufällig einige Fotografien von uns angesehen, und wir haben beide festgestellt, daß ich bis Anfang der dreißiger Jahre furchtbar leere Gesichtszüge hatte. Irgendwie starr, ohne Ausdruck, na ja, eben wie tot. Danach änderte sich das etwas, und wir sind beide zu der Feststellung gekommen, daß dies mit der Erlangung meiner Orgasmusfähigkeit zusammenhängen muß. Die Loslösung vom Ich (die Franzosen sprechen vom "kleinen Tod") führte wohl zu der Veränderung.
Ich dachte zu Beginn der Trauerarbeit, als ich so viel weinen mußte, daß ich nach Beendigung der Therapie bestimmt viele Jahre älter aussehen werde. Das hätte ich gerne in Kauf genommen, wenn es mir dabei seelisch besser geht. Aber jetzt scheint es eher umgekehrt zu sein. Auch finde ich, daß meine Mundwinkel nicht mehr so sehr nach unten hängen.

Die nächtlichen Neurodermitisschmerzen lassen nach, und wenn mich Horst streichelt, habe ich ein ähnliches aber nicht so intensives Wundgefühl auf der Haut. Ob diese Empfindungen langsam in ein erotisches Gefühl umgeleitet werden? Schön wäre es.
Ich wache nachts immer noch gegen ein Uhr auf, aber nur kurz, und ich trinke dann in der Regel auch nichts mehr und schlafe gleich wieder ein.

22.1.92
Meine Tante hatte gestern Geburtstag. Ich habe vergessen, ihr eine Geburtstagskarte zu schreiben. Sigmund Freud läßt grüßen. Heute kam auch die Einladung von ihnen zum 8.2.92.
Ich rufe sie an und entschuldige mich und sage ihr, daß wir am 8.2. kommen werden. Sie ist sehr kurz angebunden, und ich habe das Gefühl, als wenn sie uns eigentlich gar nicht sehen möchten. Der Text der Karte war ebenfalls sehr unpersönlich abgefaßt. Der Besuch bei ihnen wird doch wohl hoffentlich nicht die Qualität einer zweiten Konfrontation haben?

28.1.92
Ich erzähle Gottfried, daß ich in BESEMS / VUGT,v. (1990) zwei sehr engagierte Beiträge über schöne Gefühle beim sexuellen Mißbrauch ("UND ES WAR AUCH SCHÖN") und über die Rolle der Mütter ("IM STICH GELASSEN") gelesen habe. Der erste Beitrag ist mit sehr viel Einfühlungsvermögen und Verständnis geschrieben und das Beste, was ich bisher zu dieser Problematik gelesen habe.
In ihrem Aufsatz über die Rolle der Mütter gehen die Autoren davon aus, daß die Mütter in der Regel nichts vom Inzest wissen und daß es keinen Grund gibt, Mütter als mitschuldig anzusprechen. Der Therapeut solle vorhandene Gemeinsamkeiten und bestehende Gefühle der Überlebenden zu ihren Müttern stützen und nicht zerreden.
Gottfried meint, er könne nur stützen, was an positiven Erinnerungen von mir erarbeitet würde und was ich erhalten wolle. Ansonsten stehe er uneingeschränkt hinter mir und sei mit mir.
Die Familie habe doch gemeinsame Sache gemacht bei mir, auch die Mutter habe eine überaus wichtige, wenn auch sekundäre Rolle gespielt. Sie habe alles geduldet, ja eigentlich habe sie mich prostituiert.
Gottfried ist mit mir solidarisch in meinen Empfindungen und meiner Wut auf die Mutter - und natürlich auch auf den Vater - und teilt meine Einstellung uneingeschränkt. Das ist ja das unheimlich Wohltuende. Gottfried scheint wieder einmal Resonanzkörper zu sein, und ich empfinde sein Dasein und Mit-sein als gemeinsames Schwingen. Durch seine warmherzige Führung ermöglicht er mir, mich langsam aus dem Banne von Thanatos

mit seiner destruktiven Energie zu lösen. Alles Verkrustete und Verhärtete abwerfen und hinter mir zu lassen - die "traumatische Spur" zu verlassen -, mich Neuem gegenüber zu öffnen und ja sagen zur "erotischen Spur" (SCHELLENBAUM), das wird letztlich zur Heilung führen.
Ich glaube, die Therapie läuft zu 90% auf emotionaler Ebene, das bedeutet, daß die eigentliche Aufarbeitung dieses schweren Traumas letztlich auf der Gefühlsebene erfolgt und erfolgen muß, und dabei begleitet uns Eros.

Richtig Leben
heißt im eigentlichen Sinne
lieben lernen.
Unter Liebe verstehe ich
Leben und Tod.
Denn sie sind beide
ein und dasselbe.
(KÜBLER-ROSS 1992)

31.1.92
Heute machen wir eine "Entspannungsstunde". Gottfried liest eine Tranceanleitung vor und im entspannten Zustand die Geschichte: "DIE KLEINEN LEUTE VON SWABEDOO" (Verfasser unbekannt). Es ist die Geschichte von den Bewohnern des Dorfes Swabedoo, die sich immer, wenn sie sich begegnen, kleine warme Pelzchen schenken, solange bis ein Kobold auftaucht. Dieser zeigt den Swabedoodahs, wie die Welt wirklich ist und verteilt kalte spitze Steine unter den Swabedoodahs.
Die Tranceanleitung empfand ich als zu unpersönlich. Ich fühle mich mit Gottfried verbundener und komme besser in die Entspannung, wenn Gottfried sich etwas ausdenkt.

31.1.92
Horst erzählt heute über die gequälte und zumindestens stellenweise unehrliche Abschiedsrede eines Kollegen, die er anläßlich des Ausscheidens eines Mitarbeiters hält.
Mir fällt dabei ein, warum ich nicht mehr im Wissenschaftsbetrieb arbeiten möchte. Ich habe den Wissenschaftsbetrieb schon immer als kalt und unpersönlich - heute würde ich das mit gefühllos bezeichnen - empfunden.
Ich erfahre in der Therapie, wie wohltuend Ehrlichkeit sein kann. Ich selbst habe immer alles gesagt, und ich denke, das trifft auch auf Gottfried zu. Diese Ehrlichkeit ist sehr angenehm und heilend. Wie verlogen war dagegen das Elternhaus und auch der Wissenschaftsbetrieb. Die Verbin-

dung von Elternhaus und Wissenschaftsbetrieb mag befremdlich wirken, aber die Parallelen sind unübersehbar. Die meisten geben vor, nur im Dienste der Wissenschaft zu arbeiten und in Kolloquien Erfahrungsaustausch zu betreiben. In Wirklichkeit will jeder nur der Beste sein und andere ausstechen. Eine echte, ehrliche, offene und anderen Fachgebieten und Wissenschaftlern gegenüber aufgeschlossene Zusammenarbeit und Achtung anderer Meinungen ist sehr selten. Es ist sicher auch die Grandiosität dieser Menschen, die mir so viel Schwierigkeiten bereitet.
Genauso verlogen und unehrlich war auch das Elternhaus ("wir wollten immer nur Dein Bestes").
Statt kleine warme Pelzchen werden dort wie zu Hause nur kalte spitze Steine verteilt.

1.2.92 Traum
Ich treffe die Eltern auf dem Ku-Damm. Ich sage zum Vater "Du Vergewaltigungsschwein". Er dreht sich um und geht in größerer Entfernung an mir vorbei.
Er will mich dann sprechen. Ich glaube, es war in der Wohnung in der Prenzlauer Allee. Wir sprechen miteinander.
Mein atmosphärischer Eindruck über diesen Traum: Gleichgültigkeit, etwas Wut und ansatzweise Vergebung für den Vater. Dieses Gefühl der Vergebung wollte ich nach dem Erwachen erst nicht zulassen.
Ich spüre den Eltern gegenüber kaum noch Haß. Das vorherrschende Gefühl ist zur Zeit Gleichgültigkeit.

2.2.92
Ich lese in SCHELLENBAUM (1991:129) "*es fällt uns schwer, zu glauben, was wir eigentlich wissen. (...) Schmerzhafte Tatsachen lassen wir, wenn überhaupt, nur im Kopfbewußtsein zu, nicht aber im Ganzheitsbewußtsein, weil tiefes Leid uns dann ergreifen würde*".
Ich wußte, daß Vater mich in Niemegk mißbrauchte, konnte es aber in meinem Ganzheitsbewußtsein nicht zulassen. Dies zu glauben, hätte mein gesamtes Leben verändert. Ich weine leise.
Dies trifft auch auf andere Situationen mit Vater zu. Ich weiß, daß er mich öfters mißbrauchte, auch wenn es oft nur rudimentäre und atmosphärische Erinnerungen sind.

4.2.
Wir sprechen über meinen Traum vom 1.2.92. Daß ich dem Vater im Traum vergeben habe, geht mir viel zu schnell. Ich habe doch kaum meine

Wut bisher richtig gelebt. Das darf und kann nicht sein. Ich kann es nicht akzeptieren und wehre mich dagegen.
Gottfried gibt zu bedenken, daß das Loslassen der alten Gefühle, auch des Hasses, gut sei. Ich solle mich nicht dagegen wehren. Wenn diese Gefühle unbewußt auftauchen, solle ich sie auch zulassen.
Ich hatte im SCHELLENBAUM (1991) gelesen, daß Identifizierung zur Entfremdung führt. Ich identifiziere mich häufig mit anderen und will dann immer gerne so sein, wie andere Menschen sind.
Wir erstellen gemeinsam eine Liste mit Eigenschaften die ich gerne haben möchte und solchen, die bei mir vorhanden sind. Die Eigenschaften, die ich gerne entwickeln möchte, könnte ich versuchen zu kopieren, um die Bewegungen, die dahinter stecken, in mein Lebensmuster aufzunehmen. Dies bedeute keine unbewußte Verschmelzung wie bei der Identifizierung, sondern bewußte innere Verbindung mit den anderen. Die Ich-Entwicklung könne nicht gegen Beziehungen erfolgen, sondern nur innerhalb von Beziehungen.

5.2. Traum

Der Vater hat mit mir Kontakt aufgenommen, und wir haben miteinander gesprochen. Die Mutter steht im Traum daneben. Ich habe ihm schon wieder vergeben, der Mutter jedoch wieder nicht.
Was ich im Traum erlebe, ist zeitlos. Ich mache offensichtlich gerade die Erfahrung, daß Bewußtsein und Gefühle zeitlos sind. Das, was ich in meinen Träumen erfahre, ist ja eigentlich auch mystisch. Meine Auffassung oder Vorstellung, irgendwann einmal vielleicht vergeben zu können (ich habe darüber überhaupt nicht nachgedacht, dies war einfach kein Thema für mich), wurde durch das Leben im Traum von mir aufgehoben, nämlich dadurch, daß ich vergebe. Denn Mystik ist, wenn sich die Ansichten über das Leben durch das Leben relativieren.
Trotz dieser Einsichten komme ich mit meinem Unbewußten in Schwierigkeiten. Ich verstehe mich wirklich langsam nicht mehr. Der Vater hat mich sexuell mißbraucht, nicht die Mutter. Mein Haß auf sie ist sehr wohl berechtigt, da sie alles wußte und duldete. Ich beginne zu weinen. Die Beziehung zu der Mutter bedarf dringend einer Aufarbeitung.
Mir geht blitzartig die Frage durch den Kopf, ob die Mutter mich auch sexuell mißbrauchte? Eine unmögliche Vorstellung, ich glaube, ich sehe Gespenster.
Ich stehe jedenfalls in ziemlich deprimierter Stimmung auf. Mir fällt auf, da ich schon im Bett gekratzt habe, daß ich seit einigen Tagen Hautjucken habe.

6.2.92
Ich berichte Gottfried, daß ich schon wieder in einem Traum dem Vater vergeben habe. Die Konfrontation war vor neun Wochen, und vor vier Monaten erinnerte ich den Mißbrauch durch den Vater. Ihm jetzt schon zu vergeben, finde ich verfrüht. Gottfried sagt, daß ich es als Hinweis meines Unbewußten nehmen solle, mich damit auseinanderzusetzen. Ich solle einen Dialog mit mir selbst führen. Mein Verstand könne doch sagen, ich habe es vernommen und werde darüber nachdenken. Aber bewußtes Vergeben sei nicht möglich. Es könnte auch sein, daß Vater sich langsam die Tat eingestehe, vielleicht so etwas wie Schuld empfinde und mit mir über sein Unbewußtes in Verbindung trete. Vielleicht sei vom Vater irgendwann einmal ein Schuldbekenntnis zu erwarten, aber von der Mutter nie.
In den letzten Tagen überlegte ich mehrmals, wie ich mich verhalte, wenn aus einer Klinik ein Anruf kommt, daß Vater im Sterben liegt und er mich auf dem Sterbebett um Vergebung bittet.
Ich bin unsicher und kann dies zur Zeit nicht beantworten.

8.2.92
Heute sind wir bei meiner Tante und dem Onkel (Vaters Bruder) eingeladen. Nach einer äußerst frostigen Begrüßung ist mir sofort klar, wie das Gespräch verlaufen wird. Ich sage ihnen, daß ich nicht von ihnen erwarten würde, daß sie den Kontakt mit den Eltern abbrechen. Sie blocken ab und sagen, daß sie erst einmal in Ruhe Kaffee trinken wollen. Na ja, ein bißchen heile Welt muß ja schließlich auch sein. Meinetwegen auch erst Kaffee trinken. Verständnis ist hier ohnehin nicht zu erwarten. Ich spüre Wut in meinem Bauch. Nachdem dann das Geschirr abgeräumt ist, jeder etwas zu trinken hat und wir wieder alle am runden Tisch (der Tisch ist wirklich rund) sitzen, gibt es offensichtlich keinen Anlaß mehr, das Gespräch weiterhin zu verzögern. Sie würden keine Lust verspüren, "darüber" zu sprechen, sagt meine Tante. Sie bestätigen auch meine Annahme, daß es ihnen schwer fiel, uns einzuladen.
Sie waren natürlich durch die Eltern über die Konfrontation und meine Vorwürfe gegen den Vater unterrichtet.
Für meine Tante ist es unvorstellbar, daß man 30 Jahre "etwas" (man beachte die Wortwahl) vergessen könne, was dann plötzlich wieder erinnert würde. Das sei total unvorstellbar und könnte nur der Phantasie entspringen. Sie hätte als Kind dem Täter einfach (gemeint ist hier der Onkel) eine runtergehauen. Das wäre doch ganz einfach, so was bräuchte man sich nicht gefallen zu lassen. Ihr Verhalten ist unzugänglich und verschlossen, als wenn ich ihr persönlich etwas vorwerfen würde. Nach einer Weile

rückt sie mit ihrem Stuhl von mir weg. Deutlicher kann sie ihre Distanziertheit nicht zum Ausdruck bringen.
Der Vater sei von den drei Brüdern doch der "normalste", der am wenigsten spleenig sei. Er würde so etwas nie tun, und das wäre ihm überhaupt nicht zuzutrauen. Auch die Mutter hätte einen so hohen moralischen Anspruch, daß sie sich bestimmt sofort von ihrem Mann getrennt hätte.
Der Onkel fragt mich, was das nach 30 Jahren noch solle. Das sei doch vorbei. Kindheitserlebnisse würden doch überbewertet und blieben ohne Folgen. Die Psychologen seien Scharlatane, die den Leuten nur das Geld aus der Tasche ziehen würden. Auch vergewaltigte Frauen würden diese Tat überwinden. Das würde alles viel zu sehr aufgebauscht, und dieses Thema sei gerade in Mode. Es sei doch nun wirklich nicht nötig, daß ich den Eltern in ihrem letzten Lebensjahrzehnt soviel Kummer bereiten würde, und ich hätte mich notfalls auch ohne diese Beschuldigungen von ihnen trennen können. Der hat Nerven. Wie denn das? Ich sage ihm, daß er mir keine Schuldgefühle machen kann und daß ich die Nase voll habe. Ich habe es als Überlebende nicht nötig, mich in dieser unverschämten, dreisten und arroganten Art und Weise behandeln zu lassen. Ich gehe weinend.
Ich habe jedenfalls von der Verwandtschaft die Nase voll. Es ist ein Glück, daß es nicht noch mehr Verwandte gibt. Ach, da fällt mir ein, daß Mutter noch eine Schwester hat. Wir haben aber seit ca. zwanzig Jahre keinen Kontakt mehr miteinander.
Es gibt für mich keine Eltern und seit heute auch keine Tante und keinen Onkel mehr. Diese Erkenntnis wird meine Heilung werden. *"Nur steckengebliebenes Leid ist zerstörerisch. Das zur vollständigen Gebärde befreite Leid ist schöpferisch. - Der Mensch als Beziehungswesen braucht zu dieser Befreiung einen anderen Menschen, dem er sich zu zeigen wagt"* (SCHELLENBAUM 1991a).
Eben genau diese Erfahrung mache ich seit Monaten, denn dank Gottfried`s Empathie geht es weiter. Er (der Therapeut) führt, indem er folgt, lese ich in SCHELLENBAUM (1991a). Gottfried geht hinterher, denn nur ich kenne den Weg der Heilung. Am 20.9.91 notierte ich mit einem unsicheren Gefühl, daß Gottfried mir folgt. Mein Empfinden war also doch richtig.
Jetzt geht es an die Vorbereitung des Treffens mit Uwe, der seine Tochter Renate sexuell mißbrauchte. Am 10.1.92 hatte ich mich mit Gertrud (seiner Frau) im Cafe Kranzler getroffen.

11.2.92
"Ohne die Fähigkeit zu leiblichem Spüren gibt es keine Liebe. Ungeliebte brauchen die Entwicklung ihrer Spürfähigkeit, um selber lieben zu kön-

nen. Die in sich erspürte Lebendigkeit, die den Ausdruck sucht, bezeichne ich als inneren Drang. (...) Ungeliebte fühlen sich schnell unter Druck. Deshalb setzen sie sich ihre Grenzen zu nahe. (...) Druck erzeugt Angst, und Angst macht das Leben eng. Das indogermanische Wort "angh" bedeutet eng. Angst ist Enge, mit der wir uns bedrücken" (SCHELLENBAUM 1991a:102;106).
Diese Entwicklung beginnt sich bei mir abzuzeichnen. Ich beginne, meine Gefühle zu spüren, d.h. sie wahr- und ernst zu nehmen und sie auch zu leben. Eben durch diese Lebendigkeit spüre ich Drang in mir: Drang, mein Tagebuch über den Therapieverlauf zu schreiben, um es gemeinsam mit Gottfried zu veröffentlichen, die alten Tagebuchaufzeichnungen über die Psychoanalyse von 1965-1967 abzuschreiben und vor allem zu lesen, zu lesen und noch mehr zu lesen und das alles ohne Druck. Ich lese jetzt auch gerne Märchen, die ich früher immer nicht verstanden habe. Ich dachte häufig, daß sei ein intellektuelles Problem. Aber heute weiß ich, daß ich Märchen deshalb nicht verstand, weil "*in der Macht der Märchen (der) Schlüssel liegt, die Wirklichkeit zu ändern*" (Vers auf der letzten Umschlagseite in KÜBLER 1991). Und genau davor hatte ich Angst. Jetzt kann ich sogar sehr vieles ohne Druck machen. Das ist mir erst beim Lesen dieses Kapitels aufgefallen. Soviel ich auch danach suche, es ist einfach kein Druck zu finden. Es ist einfach lustvoll. Auch das ist eine gänzlich neue Erfahrung für mich, etwas zu tun, weil es Lust bereitet. So etwas gibt es tatsächlich!
Ich weiß, im See des Lebens wartet noch eine Blüte auf mich, irgendwann werde ich sie hoffentlich auch finden. "Meine" beiden Verbündeten begleiten mich immer noch auf dem Weg dorthin. Ein ganz herzliches und liebes Danke dafür, denn dies ist nicht selbstverständlich.

14.2.92
Zum Abend haben wir Gertrud und Uwe eingeladen. Ich möchte mit Uwe über seinen sexuellen Mißbrauch an Renate sprechen und danach die Beziehung zu ihm abbrechen. Wir kennen uns fast zwanzig Jahre, und es wäre nach meinem Empfinden unfair, die Beziehung einfach so einschlafen zu lassen. Ich möchte mit einer ehrlichen Stellungnahme den Kontakt beenden. Mir ist es unmöglich, mit jemandem freundschaftlich zu verkehren, der zu solchen abscheulichen und die Seele zerstörenden Taten fähig ist.

Horst und ich, wir hatten vorher noch gemeinsam überlegt, welche Strategie am sinnvollsten ist. Das Gespräch gleich auf eine Konfrontation hinauslaufen zu lassen oder erst einmal in verbindlicher Form das Gespräch zu eröffnen, um dann das weitere Vorgehen dem Gesprächsverlauf anzu-

passen. Da ich ja eigentlich etwas für Renate erreichen will (was ziemlich illusorisch ist), entscheide ich mich für die letzte Vorgehensweise.
Ich erzähle Uwe, daß ich seit einigen Monaten eine Psychotherapie mache, um meinen sexuellen Mißbrauch aufzuarbeiten. Dadurch sei ich sicher, daß meine Wahrnehmungen richtig waren, daß er kein normales Tochter-Vater Verhältnis gehabt habe. Er habe Renate sexuell mißbraucht. Uwe reagiert ganz ruhig und streitet es ab. Das war natürlich zu erwarten. Er fragt Gertrud, was sie zu diesem Vorwurf sagt. Sie erwidert, daß sie es ganz ähnlich sehe. "Du hast Dich an Renate "rangemacht".
Er bestreitet nicht, daß er seine Tochter zwang, am Strand als Kind nackt herumzulaufen. Dies habe er als Fehler erkannt und sich dafür entschuldigt.
Er hätte Renate abends im Bett immer nur den Rücken gekratzt und sie ihm ebenfalls. Er hätte sie nie "woanders" berührt, und er hätte auch nie eine Erektion dabei bekommen.
Ich sage ihm, daß sein präinzestuöses Verhalten genauso viel Schaden in der Seele eines Kindes anrichten könne, wie Berührungen und Manipulationen im Genitalbereich oder gar richtige Vergewaltigungen. Renate habe mit Sicherheit seine sexuelle Spannung beim Rücken streicheln gespürt und seine lüsternen Blicke seien ihr mit Sicherheit auch aufgefallen, und deshalb sei es sexueller Mißbrauch. Er habe als Vater seine Autorität mißbraucht, und sexueller Mißbrauch ist Machtmißbrauch. Ich mache ihn darauf aufmerksam, daß Renates Schwierigkeiten - sie tyrannisierte über viele Jahre Gertrud und Uwe - nach meiner Einschätzung ein Machtproblem und auf den Mißbrauch zurückzuführen sei.
Er behauptet, daß Renate Gefallen daran gefunden habe und es sehr schön fand. Schöne Gefühle entgegne ich, sind weder ein Grund noch eine Entschuldigung und schon gar keine Legitimation für sexuellen Mißbrauch. Sie habe das an Zuwendung genommen, was sie bekam. Was hätte sie auch tun sollen? Er war unfähig, seine Tochter in kindgerechter Art und Weise zu lieben. Ich erzähle, daß ich - allerdings nur beim Onkel - sehr wohl auch sexuell erregt wurde, trotz aller Angst, Abscheu und Ekel. Daraus aber ableiten zu wollen, der Mißbrauch sei berechtigt oder gar gewollt, wäre fatal. Jeder, der dies behauptet und mir unterstellt, würde massiven Ärger kriegen. Das ist eine Reaktion auf einen taktilen Reiz und nichts weiter. Ich bin richtig wütend. (Ich war, als ich es ausgesprochen hatte, sehr erstaunt, daß ich dies ohne Schwierigkeiten konnte. Das finde ich wirklich gut, heißt es doch, daß ich diesen schmachvollen Aspekt integriert habe. Na, fast hätte ich es nicht einmal bemerkt. Wieder ein kleiner Schritt vorwärts. Gut so, Marlen.)

Er fragt mich, wie ich meinen Verdacht begründen könne. Ich sage ihm, daß ihn sein "Blick" verraten habe. Er hätte Renate immer mit lüsternen Blicken verfolgt. Meinen Verdacht nur aufgrund des Blickes zu begründen, fände er unverschämt.
Nach knapp zwei Stunden beenden wir das Gespräch, und er bittet mich um ein Gespräch mit Renate. Vielleicht sollten wir es auch zu dritt führen, schlägt Uwe vor. Ich bin einverstanden. Mit Renate wollte ich ohnehin sprechen, ich bin aber auch zu einem Dreiergespräch bereit.
Er findet es gut, daß ich das Thema angesprochen habe. Das sei wenigstens ehrlich. Ihm liege sehr viel daran, diese Vorwürfe auszuräumen. "Das dachte ich mir schon", sage ich ihm, "weil alle Täter unschuldig sind".
Insgesamt war es trotz aller Brisanz ein relativ ruhiges und wenig aggressives Gespräch. Mein faires und besonnenes Verhalten, so meinten alle Beteiligten, hätte diesen Gesprächsverlauf möglich gemacht.
Das war anstrengend, aber wieder ist eine Beziehung geklärt, wenigstens die zu Uwe. Und Gertrud? Ist sie eigentlich noch meine Freundin? Wie ist unser Verhältnis? Ungeklärt.

17.2.92
Hurra! Der erste erotische Traum - in meinem fünfzigsten Lebensjahr - ist da. Wird ja wohl auch langsam Zeit, aber schließlich muß es ja auch Spätentwickler geben. Man soll die Hoffnung eben doch nie aufgeben.

18.2.92
Zu dem Besuch bei der Tante und dem Onkel sagt Gottfried, wenn sie Verständnis gezeigt und sich geöffnet hätten, dann hätten sie eben doch Konsequenzen ziehen müssen. Eben das wollten sie nicht.
Das Gespräch mit Uwe sei sehr mutig gewesen. Es war richtig, meint Gottfried, daß ich es gewagt habe, Uwe anzusprechen und die Auseinandersetzungen - auch mit der Tante und dem Onkel - zu wagen.
Alle diese Aktivitäten würden zeigen, daß ich mit dem Mißbrauch jetzt umgehen kann, ich beginne ihn zu akzeptieren und zu integrieren.

19.2.92
Ich beginne mich, wenigstens manchmal, zu lieben. Auch das ist eine ganz neue Erfahrung. Ich kann mit diesem Gefühl trotzdem nur schlecht umgehen. Deshalb verschwindet vermutlich auch das Fremdheitsgefühl anderen Menschen gegenüber. Ob das mit dem von Gottfried und Horst "bescheinigten" Mut zusammenhängt, mich mit anderen über den sexuellen Mißbrauch auseinanderzusetzen? Alle Gespräche und Konfrontationen

haben sicher sehr viel dazu beigetragen, mein Selbstwertgefühl zu steigern. Ich kann mich selbst mit meiner Vergangenheit nur akzeptieren, wenn ich mich nicht von anderen demütigen lasse und meinen Standpunkt klar und unmißverständlich zu dieser Problematik äußere und auch bereit bin, Konsequenzen zu ziehen. Sonst bleibe ich weiterhin in der Opferrolle gefangen. In der Opferrolle zu verharren, bedeutet, weiterhin in alten Strukturen verhaftet und im Denken eingeengt zu bleiben.

20.2.92
Heute abend besuche ich Renate. Das Gespräch mit Gertrud und Uwe fand am 14.2. statt. Sie empfängt mich mit den Worten: "Mein Vater hat mir gesagt, daß ich Dir sagen soll, daß er mich nicht mißbraucht und mich nie berührt hätte". Ich frage sie: "Und was sagst Du dazu?". Renate antwortete mir, daß sie keinerlei Erinnerungen an solche Vorkommnisse hätte. Sie "sieht es nur im atmosphärischen", es wäre immer so eine "schwüle" Stimmung zu Hause gewesen.
Renate fragt mich, woher ich es weiß oder behaupten kann, daß sie von Uwe sexuell mißbraucht wurde. Ich sage ihr, daß mir der "Blick" auffiel. Sie wurde ganz still und nachdenklich und sagte: "Da hast Du recht, Vater guckte öfters so geil". Das hätte sie als ausgesprochen unangenehm empfunden.
Sie bestand darauf, daß ich nicht mehr behaupte, daß der Vater sie berührt hätte, sondern daß es nur so eine schwüle Atmosphäre gewesen war. Es war für mich sehr schwierig, ihr klarzumachen, daß auch das sexueller Mißbrauch ist und schwerwiegende Folgen haben kann. Auch wenn sie es nicht - oder noch nicht - erkennen könne, bin ich sicher, daß sie sexuell mißbraucht worden ist. Daran gäbe es für mich keinen Zweifel. Ich könne von dem, was ich sagte, nichts zurücknehmen.
Ihr Haß gegen ihre Mutter ist geradezu gewaltig. Ihren Vater verteidigte sie während des gesamten Gespräches. Renate bemerkte es selbst, und sie sagte, daß sie schon wieder laufend ihren Vater verteidigen würde.
Alles emotionale Positive wäre nur von ihrem Vater gekommen. Sie könne ihn nicht negativ sehen. Ich erwidere, daß sie alle positiven Seiten ja auch sehen darf, nur was nicht in Ordnung und negativ war, solle sie benennen. Nicht nur sich selbst gegenüber, sondern auch ihrem Vater gegenüber.
Ich mache ihr klar, daß ich keinen Keil zwischen sie und ihre Eltern treiben wolle und auch kein Interesse daran habe, ihren Vater schlecht zu machen. Ich möchte, da wir uns sehr viele Jahre kennen, etwas zur Entspannung und Normalisierung des Verhältnisses, vor allem zwischen ihr und Gertrud, beitragen. Wenn mir das gelingen sollte, hätten sich die Anstrengungen gelohnt. Nur deshalb hätte ich mit Gertrud und ihr gesprochen.

Die Beziehung zu Uwe sei für mich geklärt, und ich sei vollkommen sicher, daß sie sexuell mißbraucht wurde, auch wenn sie sich es selbst noch nicht eingestehen könne.
Sie sagt zu mir, daß sie es sehr positiv fand, als Gertrud vor einigen Wochen zu ihr kam und sich entschuldigte und endlich mal keine Vorwürfe mehr machte. Sie bat mich, noch einmal bei ihrer Mutter zu intervenieren, da sie an eine positive Entwicklung der Beziehung zu ihrer Mutter sehr interessiert sei. Nur von ihr allein könne es aber nicht ausgehen. Gertrud müßte auch ihren Beitrag dazu leisten.
Ich verspreche Renate, in den nächsten Tagen mit Gertrud zu telefonieren und ihr über das Telefonat zu berichten. In einiger Zeit werde ich mich auch noch einmal mit Gertrud treffen.
Im Moment bin ich aber zu einem weiteren persönlichen Gespräch mit Gertrud nicht bereit. Das waren drei Gespräche innerhalb von drei Wochen (Tante/Onkel, Gertrud/Uwe und jetzt mit Renate). Ich brauche langsam auch mal eine Erholungsphase.

22.2.92
Ich rufe Gertrud an und teile ihr mit, daß ich mit Renate gesprochen hätte. Sie wünsche sich sehr eine normale Beziehung und möchte gerne, daß auch sie etwas dafür tut. Gertrud blockt ab und sagt, sie hätte sich entschuldigt und mehr könne sie nicht tun. Ich sage ihr, daß sie sehr wohl mehr tun müsse, und sie könne nicht erwarten, daß nach ca. 10 Jahren Duldung des sexuellen Mißbrauchs alles mit einer Entschuldigung abgeleistet sei. Nur durch wiederholte geduldige und offene Aussprachen könne sie das mißbrauchte Vertrauen ihrer Tochter zurückgewinnen. Ich schlage ihr vor, vielleicht doch mal gemeinsam mit Renate eine Therapie zu beginnen oder andere Wege der Aufarbeitung zu suchen.
Danach rufe ich Renate an und teile ihr mit, daß Gertrud offensichtlich zur Zeit keine weiteren Schritte zur Versöhnung machen will. Sie hätte aus ihrer Sicht alles getan, um die Beziehung zu normalisieren. Wie erwartet, sieht es Renate - völlig zu recht - anders. Mehr könne ich im Moment nicht tun, sage ich ihr.
Sie erzählt mir noch, daß ihr Vater gestern noch bei ihr war und nach unserem Gespräch sagte, "na gut, dann bin ich eben schuldig, damit du keine Schuldgefühle hast". Ganz "zerknittert" und schuldig habe er ausgesehen.
Mit genau dieser Bemerkung hat Uwe natürlich Schuldgefühle bei Renate erzeugt.

23.2.92
Seit zwei Nächten habe ich wieder auf der Innenseite der Oberschenkel Schmerzen. Ich erwache jetzt auch wieder gegen ein Uhr nachts und habe danach Schwierigkeiten, wieder einzuschlafen.
Ich muß auch wieder öfters tief Luft holen und die Magennerven kräuseln sich manchmal.

26.2.92 Traum
Ich liege im Bett und vor mir sitzt ein älterer weißhaariger Mann, der so um die 50 bis 60 Jahre alt ist und macht einige Kraftübungen mit dem Oberkörper. Er zieht sich aus und kommt auf mich zu und hält mich fest und legt sich auf mich. Ich will schreien und erwache.
Ich bin total verwirrt. Ich dachte eigentlich, daß ich diese Phase längst hinter mir gelassen habe.
Ich muß am Tage viel weinen und breche das Fitnesstraining ab. Wer war der Mann? Der Vater nicht, da bin ich sicher; der Onkel auch nicht, da bin ich genauso sicher.
Mir ist hundeelend, ich kann nicht essen, weine immer wieder, die Oberschenkelinnenseite schmerzt auch am Tage stark und Schmerzen in der Vagina habe ich auch.
Am frühen Nachmittag kommt mir ein furchtbarer Verdacht: Der Mann hatte Ähnlichkeit mit meinem Opa. Das kann und darf nicht wahr sein. Nein, nein, nein rufe ich mehrmals. Ich bin total geschockt. Ich lasse diesen Verdacht nur ganz schwer zu und beginne ihn zu verdrängen. Ich hatte eine ganz starke emotionale Beziehung zu meinem Opa. Ich kann und will es einfach nicht glauben.

Am Abend lese ich in BASS / DAVIS (1991). Ich stelle fest, daß "nur" noch der Aspekt Sexualität stark angstbesetzt ist. Ich muß weinen beim Lesen dieses Kapitels, während z. B. die Kapitel über Nähe und Vertrauen nicht mehr angstbesetzt sind. Damit kann ich jetzt ganz gut umgehen, wie ja auch die Beziehung zu Gottfried zeigt.
Beim Lesen mache ich eine furchtbare Entdeckung. Als ich das Kapitel "GLAUBEN, DAß ES GESCHEHEN IST" durchblättere, stoße ich auf folgende Textstelle:
"(...) Ich konnte als Kind nicht von meinem Großvater belästigt worden sein, den ich verehrt und geliebt hatte. Ich erinnere mich an all die tollen Sachen, die er mit mir machte. Daß er mich mißbraucht haben sollte, war ausgeschlossen! Es konnte nicht wahr sein!" (BASS / DAVIS 1991:79) Ich hatte an den Rand daneben geschrieben: "Großvater?"

Ich beginne hemmungslos zu weinen. Das muß ich unbewußt - ich habe keinerlei Erinnerungen daran - im November an den Rand geschrieben haben. Ich hatte das Buch verliehen und bis zum heutigen Tage nicht mehr hineingesehen. Daß ich diese Stelle heute fand, war das wirklich Zufall??? Bedeutungsvoll ist vor allem das Fragezeichen hinter "Großvater". Denn ohne dieses könnte ich angemerkt haben , daß er mit mir ebenfalls viele tolle Sachen machte, das ist aber keine Frage, sondern Fakt.
Und damit die Verdrängung auch perfekt ist, fällt mir jetzt beim Schreiben (21.7.92) ein, daß ich bis zum heutigen Tage noch nicht einmal Gottfried erzählt habe, daß ich diese Bemerkung neben der Textstelle notierte.
Ich kann es nicht glauben. Ich glaube, eher geht die Welt unter.

27.2 92
Wir gehen an der Krummen Lanke spazieren, und ich erzähle Gottfried meinen Traum und von meinem furchtbaren Verdacht. Ich stehe im Bann dieses Traumes und bin kaum fähig, irgendwelche Gedanken zu fassen. In mir herrscht die totale Verwirrung. Wir kommen zu der Einsicht, daß Grübeln jetzt auch nicht weiterhilft, und ich das erst einmal "so stehen lassen soll". Mal sehen, was weiter passiert in meinen Träumen und Phantasien.

29.2.92
Ich erwache nachts mit heftigen Schmerzen auf der Innenseite der Oberschenkel. Die Magennerven kräuseln sich heftig und ich kann wieder einmal nicht richtig essen. Ich bin wie in der akuten Trauerphase total appetitlos und esse nur, weil "es sein muß". Ich muß auch ständig wieder tief Luft holen. Nachdem ich in den letzten Wochen drei Pfund zugenommen habe, habe ich seit dem 26.2. schon wieder zwei Pfund abgenommen.
Am Abend muß ich dann an eine "Kellerszene" mit dem Opa denken:
Wir sind im Keller, und der Opa hat mich auf dem Arm. Ich darf aus einem Likörglas Eierlikör naschen (den haben die Großeltern immer selber gemacht und daher durfte ich ab und an mal davon naschen). Mir fällt ein, daß wir das Glas vergessen haben, und ich gehe zum Laden hinauf und hole ein Glas. Als ich dann wieder in den Keller zu dem Opa gehe, hebt er mich von der Kellertreppe. Wie alt war ich?
Einige Zeit später, am Abend, höre ich mich zum Opa sagen, daß er mir doch bitte nicht wieder den Schlüpfer herunterziehen soll.
Ich glaube, das habe ich mir jetzt ausgedacht. Ich weine über eine Stunde. Ich glaube es nicht, daß es so war. Er war der liebste Mensch auf Erden

für mich. Ich hatte eine stärkere emotionale Beziehung zu ihm, als zum Vater.
Wenn er mich auch noch mißbrauchte, was ist dann an der Erinnerung richtig ..."es ist immer so hart auf dem Schoß beim Onkel" (5.10.91)
Ich kriege das alles nicht auf die Reihe. Aber ist es denn so wichtig, ob durch die Verwirrungen der Zeit die eine oder andere Erinnerung nicht vollständig ist? Dies ändert nichts an dem sexuellen Mißbrauch. Vielleicht kann ich die Erinnerung, daß es auf den Schoß beim Opa auch immer so hart war, nicht zulassen.

3.3.92
Als Horst am Abend nach Hause kommt, erzählt er mir, daß er in dem Buch "FRAUEN UM HITLER" zu lesen begonnen habe. Ich bin für eine solche Diskussion jetzt nicht aufgeschlossen und bitte Horst, mir davon an einem anderen Tag zu berichten. Ich bin noch beim Mißbrauch durch den Opa.
Wir beginnen zu streiten. Horst wirft mir vor, daß ihn gleich eine feindselige Atmosphäre erwartet hätte, als er kam. Ich bestreite dies. Horst sagt, es gehe überhaupt nicht weiter. Dies sei eine Geschichte ohne Ende, nachdem nun der Opa auch noch "aufgetaucht" sei.
Ich zähle auf, was sich nach meiner Meinung geändert hat:

- ich beginne anderen Menschen gegenüber offener zu werden,
- ich setze mich mit anderen Menschen auseinander
- ich lese jetzt Literatur, die ich noch vor einem Jahr weggelegt habe, weil ich mich dem Inhalt nicht öffnen konnte (z.B. SCHELLENBAUM, MILLER, u.a., Märchen)
- Fremdheitsgefühle nehmen ab
- ich beginne Vertrauen zu entwickeln, nachdem ich eine sehr tiefe und vertrauensvolle Beziehung zu Gottfried aufgebaut habe, was ja auch nicht nur eine Herausforderung, sondern auch ein aktives Auseinandersetzen mit meinen Ängsten für mich war
- ich kann jetzt viel intensiver fühlen und auch schon meine Wut zulassen
- ich habe mich von den Eltern getrennt

Ich denke, daß das doch nach nur 6 Monaten Therapiezeit eine nicht zu verachtende Leistung ist.
Horst erwidert, daß ich trotzdem immer noch viele Gefühle auf ihn projizieren würde. Er faßt ziemlich fest meine Hand an. Ich bitte ihn, nicht so fest zu drücken, "Du tust mir weh". Er sagt, genau das sei es, "Ich bin aber nicht der Täter". Ich raste aus. In mir steckt so viel Wut im Bauch, ich kann nicht mehr, ich fühle mich zu Unrecht angegriffen, kritisiert und

klein gemacht. Ich beginne fürchterlich zu weinen und brülle Horst an: "Ich schmeiße Dich an die Wand!" Horst: "Tu es doch". Ich: "Du bist mir zu schwer".
Dies war das erste Mal, daß ich wirklich meiner Wut Horst gegenüber freien Lauf ließ. Ich weine lange Zeit und bin entsetzt über diese Äußerung.
Nachdem ich mich beruhigt habe, sagt Horst zu mir, daß es in Ordnung wäre, meine Wut - endlich - mit solchen Worten ausdrücken zu können. Es wäre für ihn immer unerträglich, wenn ich die "Schotten dicht mache" und von mir überhaupt keine Reaktion käme. Er würde immer wie mit einer Toten streiten oder gegen eine Wand reden. Für mich kommt es dem siebten Weltwunder gleich, daß Horst diesen verbalen Angriff überlebte und mich auch noch unterstützt und sich darüber freut. Einfach unfaßbar.

Hand an meine Grenzen legen
sie noch ein wenig weiter
wegschieben können
ahnen
wozu ich eigentlich
in der Lage wäre. (SCHWARZ 1992)

4.3.92
Ich sitze im Sessel und weine und weine, nein, eigentlich müßte ich immer schluchzen schreiben. Denn es ist seit Monaten ja ein lautes Weinen, nicht unterdrückt, sondern "frei weg von der Leber" ohne jede "Zensur". Ich beginne vor mich hinzutrampeln und lege mich wieder aufs Bett und werfe mit Kissen und schlage mit der Nackenrolle um mich. Die Kehle ist zugeschnürt, und ich würde sehr gerne schreien. Ich kann aber nur leise gepreßte Laute von mir geben, und ich muß mich fast dabei übergeben. Es ist furchtbar. Ich sehe während des Tobens immer die "Kellerszene" vor mir. Ich glaube es stimmt, daß ich den Opa aufforderte, mir nicht wieder den Schlüpfer herunterzuziehen. Ich bin wieder einmal total am Ende und erschöpft, und ich rufe Gottfried an. Ich habe anhaltend stechende Schmerzen in der Vagina. Mensch, die ganze Familie hätte man ausrotten sollen. Es ist einfach grausam und hoffnungslos, den sexuellen Mißbrauch aufzuarbeiten. Jetzt auch noch der Opa. Es ist nicht zu fassen.
Ich hatte gehofft, diese intensive Phase des Schmerzes und der Trauer abgeschlossen zu haben.

Allen Erinnerungen und Schmerzen zum Trotz:

Nein
ich bin nicht
hoffnungslos
ich hab nur grad
meine Luftballons
nicht zur Hand. (SCHWARZ 1992)

Ich habe seit vielleicht zwanzig Jahren oder länger immer den gleichen - nur mit geringen Abwandlungen - wiederkehrenden Kellertraum:
Ich werde in den Kellerräumen, die zum Lokal gehören und den sich anschließenden Kellergängen von einem oder mehreren mittelgroßen und dunkelhaarigen Männern verfolgt. Ich versuche, mich in Nischen zu verstecken, kann aber nie entkommen und erwache regelmäßig, wenn dieser Mann vor mir steht, mich vergewaltigt und würgt.
In einem zweiten immer wiederkehrenden Traum werde ich von einem großen mittelblonden Mann (es könnte der Onkel sein) auf dem Boden des Hauses in der Prenzlauer Allee verfolgt.*
(***Oktober 1993**: in einer Rückblende erinnere ich eine Mißbrauchssituation mit dem Onkel auf dem Boden als ich für die Mutter Wäsche aufhängen mußte. Sie schickte den Onkel zu mir, damit ich nicht so allein bin!)
Im Unterbewußtsein sind diese Erinnerungen offensichtlich sehr konkret gespeichert: Im Keller sind es dunkelhaarige mittelgroße Männer und auf dem Boden ein großer mittelblonder Mann. Ich habe diese Träume nie mit anders aussehenden Männern geträumt und auch nie umgekehrt.

5.3.92
Ich berichte Gottfried von meiner Wut und meiner Trauer gestern. Beim Vater wußte ich es, konnte es aber nicht glauben. Beim Opa bin ich in meinen Empfindungen immer noch unsicher, ich weiß es nicht einmal genau. Wirklich nicht?
Den sexuellen Mißbrauch durch den Onkel erinnere ich körperlich, visuell und atmosphärisch und akustisch, den Mißbrauch durch den Vater erinnere ich körperlich (Niemegk) und alle anderen Erinnerungen sind atmosphärischer und z.T. auch visueller und akustischer Art. Die Erinnerungen an den Mißbrauch durch den Opa sind ausschließlich visuell und akustisch; athmosphärische Eindrücke fehlen mir völlig. Deshalb ist es auch so schwierig für mich, es zu akzeptieren.
Gottfried fragt mich nach meinen Gefühlen zu ihm. Ich denke immer noch mit Liebe an ihn zurück und ich habe viele Erinnerungen an angenehme Dinge, die er mit mir machte. Ganz anders ist es beim Vater. Da habe ich immer noch die totale Amnesie; mir fällt nicht eine einzige Situation

(gemeinsames Spielen, Ausflüge) aus meiner Kindheit ein - außer der sexuelle Mißbrauch - auch heute noch nicht im Juli 1992. Ich habe auch von meinem Vater - im Gegensatz zu meiner Mutter - nie etwas erzählt, so daß ich öfters gefragt wurde, ob mein Vater noch lebt.
Gottfried sagt mir, das, was in guter Erinnerung ist, könne ich auch so behalten. "Vielleicht hat er mit Dir - im Vergleich mit dem Onkel und dem Vater - nicht so Schlimmes gemacht". Und deshalb sei es dann nicht so traumatisch gewesen. Vielleicht hätte er "nur" die Grenzen verletzt, indem er mich streichelte. Sexueller Mißbrauch sei das natürlich auch.
Ich frage Gottfried, ob er mein affektvolles Aufarbeiten, meine Wut und das viele Weinen übertrieben findet, und ob diese Phase zu lange dauert. Gottfried: "Vorsicht, so könnte Deine Mutter sprechen". Ich erwidere, das sei mir auch eben aufgefallen. "..., er ist ja nicht eingedrungen".
Ich habe teilweise das Gefühl, meine Affekte nicht beherrschen oder steuern zu können; es drängt einfach aus mir heraus. Gottfried verneint meine Frage und sagt, daß ich das Problem sehr intensiv aufarbeiten würde und daß dies mein Weg zur Heilung sei. Wenn die Gefühle so aus mir herausdrängen würden, dann sei es gut für mich, und ich solle es auch weiterhin zulassen. Ich solle es nicht wegdrücken. Das habe ich viele viele Jahre tun müssen. "Ich werde Dir jedenfalls immer weiter folgen".
Zum Streit mit Horst sagt mir Gottfried, daß Gefühle - auch Zorn und Haß - mit dem Partner gelebt werden müssten. Auch das sei Nähe, auch wenn ich es noch nicht akzeptieren könnte.

"...dieses grauenvolle entschlossene Leben, das sich so leicht nicht aufgibt...Es frißt sich in die Wand, wie eine geduldige mauerbrechende Pflanze, es gewöhnt sich auch daran, wenigstens zum Schein. Es saugt aus den Quadern, was es braucht, um den nächsten Augenblick zu überstehen - danach wird man weitersehen. Man wird etwas anderes versuchen, um zu probieren, ob es nicht noch für einen weiteren Augenblick reicht...und noch einen, vielleicht den letzten...Aber nicht aufgeben, hörst du...Das Lebendige fängt an, leise zu singen und zu krähen. Es benutzt die kleine absterbende Stimme wie eine Meißel, um sich in die Wand zu bohren. Es stöhnt und singt sich tiefer in die Mauer heinein, tiefer und tiefer. Ein kleiner Tunnel öffnet sich. Das Leben bohrt seine Stimme hinein. Es hört sich selbst, es hört sich im Dunkeln stöhnen. Die Wand wirft den Ton zurück, nach einer Weile wird es ein großer Hall, ein Echo aus der Höhle...Du mußt weitersingen, du mußt mit deiner Stimme die Höhlung weitertreiben - bohren und bohren, nur das bringt dein Leben noch ein Stück voran. Die Stimme muß bleiben, denn die Stimme, das bist du..." (SLOTERDIJK 1987:224)

Erst als ich diese Textstelle das zweite Mal las, begriff ich die eindeutige Botschaft: Es gibt immer wieder einen Weg, der mich weiter führen wird, auch wenn es manchmal ausweglos erscheint, und die Stimme in mir, die in Wutanfällen zum Tönen kommt, das ist das Leben. Das Lebendige in mir, fängt endlich an zu krähen; krähen, statt kratzen!

6.3.92 Traum
Ich treffe den Vater auf der Berliner Straße. Er geht zur Sparkassenzentrale in der Bundesallee. Ich gehe auf ihn zu und schüttele ihn und nenne ihn ein böses, feiges Schwein und einen Vergewaltiger. Mutter taucht auf. Sie ist ganz in Schwarz gekleidet und trägt einen großen schwarzen Hut. Sie versteckt sich hinter Vater.
Gottfried und ich wollen am 10.3. gemeinsam zum Verlag DONNA VITA fahren. Wir haben uns Berliner Straße/Bundesallee verabredet. Die Eltern wohnen dort, so daß wir an der Wohnung vorbeifahren werden. Der Traum überrascht mich nicht und steht sicher im Zusammenhang mit unserer Verabredung an der Bundesallee.
Am Abend werde ich im Bett am ganzen Körper gefühllos, ich werde wieder zu Holz. Dieses Gefühl ist ganz schlimm für mich. Ich wünsche mir in diesen Momenten immer, Juckreiz zu haben, dann merke ich wenigstens, daß ich lebe. Ich weine.
Ich erinnere, daß ich als Kind häufig Schmerzen in den Beinen hatte. Das tritt auch jetzt noch hin und wieder auf. Mein Gott, das fällt mir heute erst ein. Ganz schön verdrängt.

15.3.92
Mehrmals bin ich in den letzten Tagen zu "Stein" geworden. Es ist ein deutlich anderes Körpergefühl, als wenn ich zu "Holz" werde.
Seit vielleicht vier Wochen bin ich trotz einiger Wutanfälle sehr verspannt. Ich beiße die Zähne aufeinander und habe furchtbare Blähungen und Dickdarmschmerzen.

17.3.92
Heute "üben" wir eine andere Form des Gespräches. Ich lege mich hin und schließe die Augen, gehe in eine leichte Trance und Gottfried stellt Fragen zu meiner Kindheit. Ich erzähle über das Lokal und die anschließende Wohnung meiner Großeltern. Ich sehe alle Räume sehr genau vor mir und kann sie auch beschreiben. Es ist, als wenn ich gerade dort bin.
Mir fällt auch ein, daß ich immer ein ungutes Gefühl habe, wenn ich über Kellerklappen laufen muß. Möglichst vermeide ich dies. Der Opa hat,

wenn ich im Keller mit ihm Eierlikör naschen durfte, öfter die Klappe geschlossen, damit die Oma nicht in den Keller fällt. Das war jedenfalls seine Erklärung, obwohl die Klappe, wenn er allein im Keller war, immer offenstand.
Ich kann mich sehr gut erinnern, daß ich schon als kleines Kind immer wieder darauf hingewiesen wurde, hinter der Theke immer auf die Kellerklappe zu achten. Diese war natürlich des öfteren geöffnet. Na ja, solange ich nicht mit dem Opa im Keller war, bestand für die Oma selbstredend keine Gefahr, in den Keller zu fallen.

18.3.92
Ich stehe heute morgen in weinerlicher Stimmung auf, wie so oft in letzten Tagen, nein fast sind es schon wieder Wochen, in denen ich sehr viel Schmerz fühle, aber auch Wut. Das Frühstück schmeckt mir auch nicht, und ich beginne zu weinen und bin sehr wütend. Vor meinem geistigen Auge tauchen immer wieder der Keller auf, die Wohnung und vor allem aber das Schlafzimmer der Großeltern.
Nach einer Erholungszeit von zwei Stunden, beginne ich wieder zu weinen und ich liege sehr verzweifelt auf meinem Bett. Ich schluchze und schreie, aber immer noch mit gepreßten Lauten. Plötzlich springe ich aus meinem Bett mit den Worten: "nein, nein nicht zu mir, zu mir soll keiner ins Bett". Ich sehe mich dabei im rechten Bett im Schlafzimmer der Großeltern liegen. Im rechten Bett hat immer der Opa geschlafen. Dieses Bild taucht nur ganz kurz auf. Ich bin schockiert und völlig außer mir. Ich rufe Gottfried und Horst an. Ich weine darüber noch mehrere Stunden, dann geht es mir wieder etwas besser.
Ich erinnere, daß ich in dem Schlafzimmer der Großeltern mehrmals zum Nachmittagsschlaf hingelegt wurde. Es war in einem Alter, in dem ich immer ins Zimmer getragen wurde. Ich habe keinerlei Erinnerung daran, daß ich zum Schlafen einmal allein ins Zimmer gelaufen wäre. Ich muß also sehr klein gewesen sein. Trägt man ein vier- oder fünfjähriges Kind ins Bett? Ich sehe mich jedenfalls als sehr kleines Kind.
Wie ich dann später von einer Tante (Mutters Schwester) erfuhr, wurde ich wirklich häufig im Schlafzimmer der Großeltern zum Schlafen hingelegt, damit meine Eltern mich nicht die drei Treppen zu unserer Wohnung - wir wohnten im gleichen Hause wie die Großeltern - hochtragen mußten.

19.3.92
Nach dem gestrigen "Anfall" habe ich alles hinausgelassen, mir geht es sehr gut. Ich bin bei Gottfried zwar noch der Erinnerung verhaftet, aber ohne Schmerz.

Gottfried sagt, ich müsse wohl erst alle Erinnerungen - auch die guten - mit begraben, um dann zu erinnern, was wirklich an guten Sachen erinnernswert sei und das dann neu aufbauen.
Mist, wieder einer weniger, bzw. einer mehr, der mich nicht liebte.
Ich fühle mich wieder in die Opferrolle gedrängt. Ich glaube, ich muß aufpassen, daß dies nicht zu lange dauert; ich will kein Opfer mehr sein.
Gottfried schlägt vor, wenn ich denke, daß ich die Vergangenheit weitgehendst hinter mir gelassen habe, gemeinsam eine Zeremonie zu veranstalten. Ich schlage spontan eine Bilderverbrennung vor.

Ich habe
Grund zur Hoffnung auch
wenn mir das Wasser
bis zum Hals steht
Ich habe Grund (SCHWARZ 1992)

Wir sprechen auch noch über meine unterschiedlichen Körpergefühle. Wenn ich zu "Holz" werde, empfinde ich noch ganz rudimentär etwas Lebendes dabei. Ich spüre jede einzelne Holzfaser. Aber wenn ich bemerke, wie mein Körper langsam zu "Stein" wird, dann erstarre ich wie zu einem Zementblock. Ich bin dann sehr verzweifelt, weil ich mich so furchtbar "tot" dabei fühle. Mir wird auch innerlich ganz kalt dabei. Das "Elefantengefühl" ist gleichzeitig auch immer vorhanden. Dieses Gefühl ist für mich nicht mehr erschreckend. Der "Elefant" hat mir das Leben gerettet. Es sind ja auch große kräftige und zugleich sehr sensible Tiere mit einer höchst empfindlichen Haut.
Gottfried läßt seine Phantasie spielen. Ich könnte mir vorstellen, wie aus dem "Holzgefühl" ein Baum wird, der grünt und blüht und wächst und fest verwurzelt in der Landschaft steht. Aus dem "Zementblock" könnte ein Edelstein werden, oder ein vom Wasser umspülter Stein, der bewachsen ist mit Moos und Flechten.

25.3.92
Heute wüte ich wieder eine Stunde und sehe dabei permanent den Vater vor mir. Auch muß ich ständig an das Schlafzimmer der Großeltern denken, und ich sehe das Zimmer auch vor meinem geistigen Auge.

27.3.92
Eine andere Überlebende und ich waren heute auf einem Vortrag über sexuellen Mißbrauch. Gastdozentin ARIANE EHINGER: "Sexueller Mißbrauch - Beziehungsstrukturen in Inzestfamilien und anderen Ab-

hängigkeitsbeziehungen". Frau EHINGER ist bei "KIND IM ZENTRUM", sozialtherapeutische Beratungsstelle für sexuell mißbrauchte Kinder und deren Familien tätig.
Angeboten wurde dieser Vortrag von der DEUTSCHEN GESELLSCHAFT FÜR SOZIOTHERAPIE, GESTALTTHERAPIE UND PSYCHODRAMA E.V. (DGS-GP).
Die Teilnehmerinnen und Teilnehmer waren - bis auf uns - ausschließlich Professionelle im weitesten Sinne, d. h. Personen, die in irgendeiner Weise Umgang mit Kindern haben. Vorgetragen und diskutiert wurde über folgende Themen:
- Aspekte über Familienstrukturen
- Arten des Mißbrauches
- Wo fängt Mißbrauch an
- Erkennen des sexuellen Mißbrauches
- Täterstrukturen

31.3.92
Wir sprechen über den Vortrag vom 27.3., insbesondere über die Problematik, daß die Therapeuten vom "KIND IM ZENTRUM" auch Täter therapieren. Der Verein ist eine Abspaltung von "WILDWASSER". Da "WILDWASSER" keine Täter therapiert, haben einige Mitarbeiter "WILDWASSER" verlassen und dann einen eigenen Verein gegründet.
Für mich ist die Vorstellung äußerst problematisch, daß die gleichen Therapeuten oder Therapeutinnen, die Opfer therapieren, auch in der Lage sein sollen, Täter therapeutisch zu begleiten. Eigentlich müßten sie doch in einen Loyalitätskonflikt geraten. Ich kann mir jedenfalls nicht vorstellen, zu einem Therapeuten oder einer Therapeutin unter diesen Bedingungen Vertrauen zu haben, da sie ebenfalls Verständnis und Empathie für die Täter entwickeln *müssen*, wenn die Therapie Erfolg haben soll.
Gottfried sagt, dies wäre für ihn unmöglich. Er könnte nicht auf der einen Seite ein tiefes Verständnis und eine intensive Beziehung zum Opfer herstellen und auf der anderen Seite dies auch gleichzeitig für den Täter entwickeln.
Es wäre mir unmöglich gewesen, zu Gottfried ein so tiefes Vertrauen zu entwickeln, wenn er auch Männer therapieren würde, die Kinder sexuell mißbrauchen. Durch Gottfried's Bereitschaft, in eine sehr tiefe Beziehung zu treten - und dadurch erfolgt letztlich die Heilung -, kann er die Schmerzen, Erniedrigungen und Verletzungen meiner Seele und meines Körpers nachvollziehen.

Ich berichte Gottfried, daß es für mich immer noch problematisch ist, meine Wut zu leben. Fast spüre ich dabei so etwas wie ein schlechtes Gewissen. Es ist für mich subtil; "solche Gefühle hat man eben nicht zu haben". Gottfried gibt zu bedenken, daß ich als Kind niemals meine Wut und Aggressionen leben durfte, und ich mußte diese Gefühle tief in mir verstekken. Das hätte zur Folge, daß ich heute Angst davor habe und laute Worte für mich gleichbedeutend mit Liebesverlust seien. Auch würde ich voller Haß stecken, und ich hätte Angst davor, meinen Haß und meine Aggressionen körperlich zu äußern. Diese Gefühle würden aber zu mir gehören, wie sie zu jedem Menschen gehören und sie müßten gelebt werden.

3.4.92
Mir geht es wieder mal sooo... schlecht, ich glaube langsam, ich bedauere mich selbst. Aber mit dieser verdammten Wut klar zu kommen, ist wirklich unmöglich.
Schon wieder *muß* ich meine Wut und Schmerzen leben, ich kann einfach nicht anders. Es ist gleichzeitig aber auch unerträglich. Ich kann mich so nicht annehmen. Ich frage mich, wie *müßte* ich jetzt sein, was *müßte* ich für Gefühle haben. Jeden Tag dieses Getobe, es ist genauso anstrengend, wie es die intensive Trauerphase war. Seit Wochen habe ich Dickdarmschmerzen und schlimme Blähungen. Ich habe festgestellt, wenn ich meine Wut "rauslasse", dann lassen die Dickdarmbeschwerden nach. Heute habe ich soviel Wut im Bauch, daß ich diese auch wirklich dort, nämlich im Bauch, spüre. Trotz Weinen und Schlagen auf das Bett wollte dieses verdammte Gefühl einfach nicht verschwinden. Ich hätte gerne laut geschrien, aber mir fehlte der Mut dazu.

Bedrohliche Schatten
an meinem Weg
meine Angst
läßt mich stehen bleiben
statt zu gehen
immer weiter zu gehen
nur so
könnte ich irgendwann
das Reich der Nacht
hinter mir lassen (SCHWARZ 1992)

Jede Nacht wache ich jetzt wieder zwischen Null Uhr fünfzehn Minuten und Null Uhr dreißig Minuten mit Schmerzen auf der Innenseite der Oberschenkel auf. Mein Gott, wann werde ich bloß diese Progammierung los?

Auch werde ich wieder von massiven Verlassenheitsängsten gequält. Wenn ich meine schlechten Gefühle (mein Verstand und meine Verbündeten sagen mir, daß es keine schlechten Gefühle gibt, aber ich fühle es anders, deshalb habe ich hier auf die Anführungszeichen verzichtet) so lebe, kann ich mir einfach nicht vorstellen, weiterhin angenommen, verstanden und geliebt zu werden.
Morgen fällt auch noch die Therapiestunde wegen des dämlichen Computers (Gottfried bekommt einen Computer und will die Anlage installieren) aus. Wie soll ich die Tage bis zum 7.4. überstehen? Ich kann doch Gottfried nicht schon wieder anrufen. Besuch hat er auch noch.

7.4.92
Ich erzähle Gottfried von meiner fast nicht mehr auszuhaltenden Wut. Ich habe Angst vor destruktiven Handlungen. Ich sage zu Gottfried, daß ich mehrmals in Versuchung war, ihn anzurufen. Als Gottfried nicht darauf reagiert, wiederhole ich diese Bemerkung mit dem Zusatz, daß er in den letzten Tagen Besuch hatte und ich deshalb nicht anrief. Es kommt wieder keine Reaktion. Gottfrieds Reaktion bzw. sein Nicht- reagieren verwirrt mich. Ich kann aber nichts sagen. Ich bin sowieso in einer furchtbaren Stimmung. Ich beginne mehrmals zu weinen und spüre unendlich viel Wut in mir. Ich könnte alles kaputtschlagen. Gottfried fordert mich auf, wütend zu sein und diese Gefühle nicht zu unterdrücken. Ich kann meine Wut nicht akzeptieren, und Gottfried erinnert mich daran, daß ich möglicherweise die kleine Marlen verloren habe. Das stimmt. Ich soll mir während meiner Wutanfälle vorstellen, wie ich als kleines Kind der Macht und Gewalt hilflos ausgeliefert war und wie ich gerne wegen des sexuellen Mißbrauches getobt hätte und wütend geworden wäre. Ich hätte ein Recht darauf, meine Wut endlich leben zu dürfen. Genau dies würde ich jetzt nachholen. Wenn ich mich selbst als kleines Kind sehen würde, dann würde es für mich leichter sein, meine Wut zu leben.

8.4.92
Ich denke über die gestrige Stunde und Gottfrieds Reaktion nach und kann sie nicht einordnen. Manche Dinge sollte man lieber gleich ansprechen und nicht erst darüber schlafen. Ich habe wieder das Gefühl, in ein tiefes schwarzes Loch zu fallen und werde von massiven Verlassenheitsängsten geplagt.
Will Gottfried Klammerungstendenzen (habe ich die?) entgegenwirken, ist es Arbeitsüberlastung oder will er, daß ich so langsam lerne, wirklich allein mit solchen Situationen umzugehen? Oder projiziere ich meine Verlassenheitsängste auf Gottfried?

9.4.92
Ich berichte Gottfried von meinen Vermutungen und meinen Verlassenheitsängsten. Gottfried sagt mir, daß alle meine Befürchtungen grundlos seien und ich könne ihn auch weiterhin immer anrufen. Meine Anrufe seien nicht sehr häufig und auch nie lästig gewesen. Ich hätte mich auch immer trösten lassen. Er dachte, daß ich damit sagen wollte, daß ich es schon schaffe, allein damit zurechtzukommen. Ich habe also doch meine Angst, verlassen zu werden, auf Gottfried projiziert.
Statt zu lernen, *"Ganz entspannt im Hier und Jetzt"* zu leben, mache ich mir das Leben schwer und lebe nach dem Motto: *"Ganz verspannt im Wenn und Aber"* (CHILLY 1989).

10.4.92
Seit einigen Tagen lese ich "DAS DRAMA DES BEGABTEN KINDES (ALICE MILLER 1983a). Dieses Buch zu kaufen, war für mich wegen des Titels ein Wagnis. Ich habe immer noch Schwierigkeiten mit meinem Selbstbewußtsein und dachte, daß der Inhalt für mich ohne jede Relevanz ist, da ich als Kind nicht begabt war (und nicht bin; wo liegen eigentlich meine Fähigkeiten, frage ich mich gerade jetzt ernsthaft). MILLER versteht unter Begabung Einfühlungsvermögen, Sensibilität, Neugier, Wachheit und vor allem die Fähigkeit zu fühlen. Jedes Kind hat das Bedürfnis, beachtet und geachtet, ernstgenommen und geliebt zu werden. Die Erfüllung dieses narzißtischen Bedürfnisses, d.h. also die Qualität der Beziehung des Säuglings und Kleinkindes zur Mutter, ist entscheidend für die Entwicklung. Das Kind will und muß den Glanz in den Augen der Mutter wahrnehmen können, um die eigene Identität zu finden und ein gutes Selbstwertgefühl entwickeln zu können. *"Das Kleinkind lächelt sein eigenes Lächeln zurück ins Lächeln der Mutter"* (SCHELLENBAUM 1991:184).
Aus heutiger Sicht meine ich, daß mein legitimes narzißtisches Bedürfnis nie befriedigt wurde. Die Eltern waren emotional nicht verfügbar für mich, sondern waren selbst narzißtisch bedürftig.
Auf dem Vortrag über sexuellen Mißbrauch (27.3.92) wurde ebenfalls darauf hingewiesen, daß in Inzestfamilien die Eltern in der Regel narzißtisch bedürftig und emotional unsicher sind. So waren die Eltern auf ein bestimmtes normerfüllendes Verhalten von mir angewiesen, um selbst im Gleichgewicht zu bleiben. Von daher verwundert es nicht, daß ich mit

meinem Herzfehler abgelehnt wurde, denn ein behindertes Kind entspricht nicht der Norm und ist kein Vorzeigeobjekt.
Die Mutter erzählte mir vor einigen Jahren, daß sie häufig von mir träume. In ihren Träumen sei ich immer ein kleines Kind. Sie hat also ihre eigenen Introjekte und Erwartungen noch auf mich projiziert, als ich schon erwachsen war. In ihren Träumen konnte sie mich noch erziehen und nach ihren Vorstellungen formen.
Meine Kindheit war gekennzeichnet durch die früh verlorene Lebendigkeit wie auf den Fotografien mit bestürzender Deutlichkeit ersichtlich wird. Die durch den Inzest hervorgerufene Gefühlsarmut machte sich schon in meiner Kindheit bemerkbar. Als kleines Kind konnte ich schon nicht mehr weinen und auch keine Freude empfinden. Die Eltern ermahnten mich häufig, z.B. über Geschenke doch mehr Freude zu zeigen.
Diese Gefühlsarmut ist bedingt durch den extrem traumatisierenden und über viele Jahre andauernden Inzest, weil dadurch meine Gefühle verletzt wurden und durch die Unmöglichkeit, Gefühle während und nach den Mißbrauchssituationen leben zu dürfen. Dies hatte zur Folge, daß ich schon als Kind und bis in die jüngste Vergangenheit Gefühle der Leere hatte und manchmal immer noch habe. Diese Unfähigkeit, Gefühle zu leben, beginne ich jetzt erst in der Therapie aufzulösen, und besonders viele Schwierigkeiten bereitet es immer noch, die Wut zuzulassen.
Auch hierfür gibt es mehrere Ursachen:
Während des sexuellen Mißbrauchs mußte ich alle Gefühle, - vor allem aber die Wut - unterdrücken, denn es war niemand da, der mich mit diesen massiven Gefühlen hätte auffangen können. Dann spürte ich selbstverständlich die bei den Inzesttätern unterschwellig vorhandene Wut und Aggression, wodurch alle Mißbrauchsituationen stark angstbesetzt - bis hin zur Todesangst reichten bei mir die Empfindungen - waren. Als dritte Ursache schließlich, die fast alle Kinder betrifft, auch die, die nicht mißbraucht wurden, muß der Verlust der Elternliebe befürchtet werden, wenn die sogenannten "bösen" Gefühle gelebt werden. *"Ich kann das Objekt umbringen, und es wird überleben"* (MILLER 1983a:35). Diese Erfahrung durfte ich als Kind nicht machen.
Als ich kürzlich zu Horst sagte "ich schmeiße Dich an die Wand" freute er sich über meinen Ausbruch ("endlich") und ich war entsetzt; aber er hat es tatsächlich überlebt. Das war schon eine tolle Erfahrung für mich.
Mein inneres Gefängnis zu verlassen, alle Gefühle zu leben, die Trauer, die Schmerzen, die Angst, den Zorn, die Wut, aber auch meinen Haß sowie Freude über jeden kleinen Fortschritt, Gefühle der Liebe und Geborgenheit innerhalb der Therapie kennen- und annehmen zu lernen, ist nur möglich, wenn der Therapeut kein leerer Spiegel, wenn er nicht neutral

oder passiv, sondern aufgeschlossen und lebendig, also empathisch ist, und wenn er Kontakt zu seinen eigenen Gefühlen hat. Ich hatte das Glück, in Gottfried einem Therapeuten begegnet zu sein, der Zugang zu seiner eigenen Kindheit hat und sich somit auch mit der "kleinen Marlen" identifizieren kann und mich auf meinem Wege zur Befreiung begleitet und mir hilft, zum Leben zurückzufinden.

"Die Geburt ist nicht ein augenblickliches Ereignis, sondern ein dauernder Vorgang. Das Ziel des Lebens ist es, ganz geboren zu werden, und seine Tragödie, daß die meisten von uns sterben, bevor sie ganz geboren sind. Zu leben bedeutet, jede Minute geboren zu werden. Der Tod tritt ein, wenn die Geburt aufhört."

(Weisheit des Zen-Buddhismus)

Letztlich sind zwei Grundbedingungen zurHeilung nötig:

- die erfahrbare Empathie des Therapeuten, der Verbündeten und
- *"die aus der Trauer geborene Empathie für das eigene Schicksal"* (MILLER 1983a:33).

MILLER hat sich mit der sogenannten "Schwarzen Pädagogik" auseinandergesetzt und aufgezeigt, daß die in der Kindheit erfahrenen Traumata bis ins Erwachsenenalter fortwirken und über Erziehungspraktiken an die eigenen Kinder, weil unbewußt, unreflektiert weitergegeben werden, wenn nicht die Möglichkeit besteht, im Rahmen einer Therapie diese frühesten und frühen Erfahrungen der Mißhandlungen und dadurch bedingte narzißtische Defizite *emotional* aufzuarbeiten. Wie ein roter Faden zieht sich durch ihre Bücher die aus eigener Erfahrung schmerzliche Erkenntnis, daß sich Traumata nur emotional auflösen lassen unter entsprechender empathischer Begleitung. Der Therapeut oder die Therapeutin müssen eben ihre eigene Kindheitsgechichte kennen und ebenfalls emotional aufgearbeitet haben, um nicht mehr den eigenen Verdrängungen - und damit der Opferrolle - zu unterliegen.

Für alle Inzestüberlebenden, die bereit sind, dieses schwere Trauma wirklich tief und gründlich aufzuarbeiten, sollte MILLER eigentlich zur "Pflichtlektüre" gehören.

Für mich sind neben der Inzestliteratur, neben Märchen und Erzählungen (die enthaltenen Metaphern öffnen die Augen für Introjekte und verinnerlichte Normen und Werte) die Werke von MILLER (sie wird in der Inzestliteratur regelmäßig zitiert) und SCHELLENBAUM sehr gut geeignet, meinen therapeutischen Prozeß zu unterstützen, und ich kann sie im Sinne meiner "Bibliotherapie" nutzen. Zugleich wirkt sich dies auch innovativ auf unsere gemeinsame Therapiearbeit aus. Beide Autoren weisen mit sehr viel Gefühl, Verständnis und Einfühlungsvermögen auf Fehlentwicklungen hin und zeigen Möglichkeiten zur Korrektur auf.

Während der Zeit, als dieser Text von mir in den PC geschrieben wurde, las ich "EIN MÄRCHEN" (KÖRNER), mit dessen Inhalt ich mich stark identifizieren konnte.
Es ist das Märchen von einem alten Gärtnerehepaar, die einen Baum in ihrem Garten pflanzten. Als dieser Baum dann zu wachsen begann, zur Sonne hin, in die Breite, etwas schief, eben wie ein richtiger Baum wächst, wurde er immer und immer wieder von den alten Leuten beschnitten, bis er das Wachstum einstellte. Eines Tages kam ein Mädchen mit ihrem Vater an diesem Baum vorbei und stellte fest, daß der Baum etwas traurig aussieht. Der Vater bestätigte dies und sagte, *"aber wer kann schon so wachsen wie er will?" "...keiner darf so wachsen wie er will, weil sonst die anderen merken würden, daß auch sie nicht so gewachsen sind, wie sie eigentlich mal wollten"* (KÖRNER 1983:23)
Die Metaphern werden hier in zwei Punkten besonders deutlich und lassen einen Bezug zu MILLER herstellen. Ich durfte auch nicht so wachsen, wie ich wollte. Einerseits ungeliebt und daraus resultierend wiederum überbehütet. Ich wurde im wahrsten Sinne des Wortes auch immer beschnitten und das nicht nur durch den sexuellen Mißbrauch. Die Eltern konnten in ihrer Kindheit eben auch nicht so wachsen wie sie wollten und waren in ihrer Kindheit ebenfalls einmal Opfer und haben somit alle Introjekte und unverarbeiteten Probleme sowie tradierte Erziehungsvorstellungen an mich weitergegeben. Dies ist wahrhaftig keine Entschuldigung, sondern höchstens eine Erklärung dafür, daß wir alle "Opfer von Opfern" sind (MILLER).
"Wenn man ein Kind erzieht, lernt es erziehen. Wenn man einem Kind Moral predigt, lernt es Moral predigen, wenn man es warnt, lernt es warnen, wenn man mit ihm schimpft, lernt es schimpfen, wenn man es auslacht, lernt es auslachen, wenn man es demütigt, lernt es demütigen, wenn man seine Seele tötet, lernt es töten. Es hat dann nur die Wahl, ob sich selbst oder die anderen oder beides" (MILLER 1983:119)

11.4.92
Ich komme von der Aerobic nach Hause und Horst bereitet mich schonend darauf vor, daß von den Eltern ein Brief gekommen ist. Horst ist sehr empört und wütend.

Berlin, den 10. April 1992

Liebe Marlen!
Im April 1945 sind wir in der ersten Wohnung (Chodowickistr.) ausgebrannt. Da hat uns Oma zu sich geholt (Prenzl. Allee 221). Opa und

Papa waren noch im Krieg. - Im Mai 1945 war dann ja endlich alles vorbei. Du hast dann oft vor dem Schaufenster auf der Stufe gesessen und mit dem Puppenwagen gespielt.

Im August bekamen wir dann im 3. Stock eine eigene Wohnung. Papa und Opa kamen dann im September 45 nach Hause. Du bist weiterhin jeden Tag zu Oma runtergegangen. Bald hattest Du denn ein kleines Dreirad und fuhrst auf dem Bürgersteig spazieren.

Nun warst Du bald 5 Jahre und hast mit anderen Kindern Murmeln und Ball gespielt, Heinz Günther Gritzka, Dieter Lucas, Marianne Mühlenberg (Tochter vom Bäcker) und Schulfreundin Astrid. Als Du zur Schule gingst bekamst Du von Oma ein Fahrrad und darauf haben alle Kinder fahren gelernt. Du warst also immer unter Kindern und uns ist unverständlich, daß Du nicht mit anderen Kindern spielen durftest wie Du behauptest. Auch Deine Oma hätte bestätigen können, daß Du immer unten gespielt hast. <u>Es gab ja nichts zu verheimlichen, was Du über Papa hättest erzählen können.</u>

Nun zur Einsegnung in Niemegk. Ca. 20 Leute waren dort anwesend. Wie soll Dich da Dein Papa im Nebenzimmer sexuell berührt haben?? Was hätte wohl Tante Lottchen zu ihrem angeblich verschmutzten Bett gesagt? Ich weiß, Du hast dort gar nicht im Bett gelegen.

Was geht eigentlich in Deinem Kopf vor?. Weißt Du noch, wer alles zur Einsegnung da war?

Deine Eltern hatten nie sexuelle Probleme und anormal ist Dein Vater auch nicht veranlagt.

Ich hätte Deinen Vater nicht mehr an meinen Körper rangelassen und es wäre bestimmt zur Trennung gekommen, denn soviel Mut hätte <u>ich</u> gehabt und es wäre immer ein Streit zwischen uns gewesen.

Von dem Schwein Pohlmann hättest Du uns schon viel früher erzählen müssen - dann wäre Dein Leben sicher anders verlaufen. Wenn ich davon gewußt hätte, hätte ich ihm niemals jeden Tag Essen ins Krankenbaus gebracht.

Was hältst Du denn von Deiner Mutter, wo wir Dich immer lieb hatten ?

Nun zur Unterdrückung: Mit 4 Jahren wolltest Du zur Schwedenspeisung Essen gehen, Selbstverständlich waren wir einverstanden, aber nach 3 X wolltest Du nicht mehr gehen.

Zum Sonntags-Religionsunterricht wolltest Du auch gehen, aber nach ein paarmal wolltest Du es auch nicht mehr. - Auch ob Mittel- oder Oberschule konntest Du auch selbst wählen und Deine Lehre hast Du auch selbst allein bestimmen können.

Wenn Deine Mutter in Bezug auf Essen oder Kleidung und Ordnung mal mit Dir gemeckert hat, so ist das wohl nicht so schlimm.

Es tut wirklich sehr weh, wie Du Deine Eltern beurteilst. Mit dieser Tribunalveranstaltung am 30. Nov. 91 hast Du uns zu Unrecht sehr verletzt. Du würdest doch auch nicht etwas eingestehen was Du nicht getan hast? Wer und was hat Dich zu dieser Einstellung veranlaßt?
Wenn Du Fragen hast steht Dein Elternhaus für Dich offen.

Mutti und Papa

Meine erste Reaktion ist lachen. Aber so ganz klar komme ich dann doch nicht mit meinen Gefühlen. Ärger, Wut, Haß, Trauer, Schmerz, von allem ein bißchen.
Eigentlich ist es schon fast makaber: Der Brief ist ganz sicher von der Tante (der Frau von Vaters Bruder) auf ihrer Schreibmaschine getippt worden. Auch die Formulierungen lassen darauf schließen, daß dieser Brief eine "Gemeinschaftsproduktion" der Eltern, der Tante und des Onkels ist. Der Brief wurde als Einschreiben abgeschickt. Für solchen Schwachsinn auch noch so viel Porto auszugeben.
Der Brief soll bestimmt die Funktion haben, den Zusammenhalt der Familie zu festigen.
Dieser Brief ist eine Rechtfertigung, eine totale Verdrängung und Verdrehung der Tatsachen. Sie wollen in mir ein schlechtes Gewissen erzeugen, um wieder ihre Macht auf mich ausüben zu können.
Bei der Konfrontation hatten sie immerhin zugegeben, daß ich in Niemegk im Bett gelegen habe und daß die Mutter mich beschuldigte, ins Bett gepinkelt zu haben. Jetzt habe ich in Niemegk nicht einmal mehr im Bett gelegen! Diese Stelle hat mich doch schon getroffen und verletzt und ist sehr unverschämt. Aber ich denke, daß für mich als Überlebende die Zeit, mich schuldig zu fühlen, abgelaufen ist.
Jahrzehnte haben sie mich getadelt und kritisiert und mir ihre Verdrossenheit über mein Dasein und meine Herzerkrankung vermittelt. Mit Horst's liebevoller Unterstützung und Gottfried's Empathie lerne ich gerade mühsam, mich zu akzeptieren und zu lieben. Dies ist sehr wohl auch ein Stück harte Arbeit und wird immer noch von vielen Zweifeln und Ängsten begleitet. Nun werde ich mir von den Eltern das schon Erreichte nicht zerreden lassen. Verdammt noch einmal, die Alten sitzen mir nicht mehr und werden mir nie mehr im Nacken sitzen!!!

13.4.92
Ich frage Horst, ob er glaube, daß die Eltern auf mich ein Attentat planen. Er sagt, daß ich das nicht zu befürchten brauche. Eher werden sie es befürchten, und außerdem seien sie dazu zu feige. Meine Frage zeige aber,

daß ich die Eltern in manchen Augenblicken doch noch fürchte. Das sei ja auch kein Wunder nach meiner Erfahrung.
Projiziere ich meine eigenen Mordgedanken auf die Eltern?
Nein, ich glaube, es ist die kleine Marlen, die diese Angst fühlt.

14.4.92
Gottfried sieht in dem Brief im Großen und Ganzen die Konfrontation bestätigt. Da hätte sich überhaupt nichts geändert. Der Brief diene auch nach seiner Einschätzung dem Zusammenhalt der Familie. Sie können es natürlich nicht zulassen, daß nur ein Funken Nachdenklichkeit entsteht, weil dann das ganze Familiensystem auseinanderbrechen würde.
Das Elternhaus steht für Fragen offen, und sonst?
Es ist eigenartig, daß der Brief aus der Sicht der Mutter geschrieben wurde und unterschrieben haben dann beide.
Meine Reaktion auf den Brief würde zeigen, daß ich eine gewisse Distanz zu den Eltern hergestellt habe. Auch daß ich von allen Gefühlen etwas gespürt habe, sei in Ordnung und vieleicht auch eine Art Schutzreaktion. Ich müsse nicht immer so tief in alle Gefühle eintauchen.
Als Reaktion auf den Brief werde ich die Wohnungschlüssel und die Gartenschlüssel (diese hatten wir immer noch und ich wollte sie schon öfters abschicken; nun ist die richtige Gelegenheit dazu) an die Eltern zurückschicken. In den Umschlag lege ich noch die Einlaßkarte für das Schließfach bei der Sparkasse. Eigentlich ist es überflüssig zu bemerken, daß ich diese Sachen kommentarlos per Einschreiben abschicken werde. Gottfried findet, daß dies eine angemessene Reaktion auf den Brief sei, und ich werde den Brief nach der Therapiestunde gleich zur Post tragen.
Ich spreche noch einmal meine Unsicherheiten über den Mißbrauch durch den Opa an, weil ich so wenig konkrete Erinnerungen habe. Gottfried betont noch einmal, daß er vermutlich im Vergleich zum Vater und dem Onkel "harmlos" war und "nur" die Grenzen überschritten hätte, indem er keine Distanz herstellte, sondern sich von meinem kindlichen Charme angezogen fühlte.
Am Nachmittag habe ich den Brief abgeschickt. Obwohl das Absenden des Briefes wieder ein befreiender Akt war, war mir aber trotzdem etwas komisch zumute. Damit ist der letzte Faden gerissen. Ich finde es aber trotzdem gut, daß ich mir dieses Gefühl eingestehen kann und es nicht verdränge.
Als ich von Gottfried nach Hause komme, finde ich von der Tante eine Briefkarte unter der Post. Eine "schöne heile Welt-Karte" mit aufgedruckten Osterküken. (Besuch am 8.2.92 bei der Tante und dem Onkel).

13.4.92
Liebe Marlen!
Nun ist schon bald Ostern und ich habe Dir noch immer nicht geschrieben, obwohl ich es Dir versprach.
Das erste Jahr, daß wir uns Ostern nicht sehen! - Wir hoffen, daß es Dir und Horst trotz allem gut geht?
Von mir kann ich mitteilen, daß ich den OP-Termin am 13.2. in Sommerfeld nicht wahrgenommen habe. Ich stehe noch immer - wie schon jahrelang - zwischen Baum und Borke, obwohl es mir nicht gerade gut geht.
Die Gartenzeit beginnt und damit verbunden auch die körperliche Arbeit.-
Urlaubspläne machen wir noch nicht, da noch ungewiß war, ob ich ins Krankenhaus gehe. Habt Ihr schon einen festen Urlaubsplatz?
Wir wünschen Euch beiden schöne Ostertage
Tante Inge und Onkel Heinz

Sie geht mit keinem Wort auf unser Gespräch am 8.2. 92 ein. Das war vielleicht auch nicht zu erwarten. Aber diese Art der Kontaktaufnahme hätte sie sich wirklich ersparen können, zumal sie den Brief, den die Eltern mir schickten, tippten. Ich beantworte ganz spontan ihre Karte, schicke den Brief allerdings nicht sofort ab.

Berlin, 10. Mai 1992
Liebe Tante Inge, lieber Onkel Heinz!
Am 14.4. habe ich Euren Ostergruß erhalten. Ich war sehr erstaunt und in gewisser Weise auch empört, von Euch in dieser Form eine Nachricht zu erhalten. Die niedlichen kleinen Küken auf der Karte und Dein unverbindliches Geplauder über Urlaubspläne rufen bei mir nun wirklich keine positive Stimmung hervor und es läßt unsere Empfindungen und Gefühle - auch Eure - unberücksichtigt. Das ist unehrlich und geheuchelt, jedenfalls empfinde ich es so.
Nach unserem doch wohl - vorsichtig formuliert - sehr merkwürdig verlaufenden Gespräch am 8.2. hätte ich eigentlich erwartet, daß Ihr entweder noch einmal Eure Meinung äußert und zu unserer Diskussion Stellung nehmt, oder daß Ihr euch gar nicht mehr meldet. Aber die von Dir inhaltlich in Deinem Brief ausgedrückte "heile Welt" existiert nicht mehr in der Familie Schwarz, ja eigentlich gab es diese ja auch nie. Dies ist am 30.11.91 von mir nun endlich aufgedeckt worden und kein noch so krampfhaft versuchtes Ignorieren wird diese Tatsache aus der Welt schaffen. Auch Ihr seid an dieser Form der Kommunikation - alles unter

den Teppich kehren, was die Familienidylle nicht nur stören, sondern zerstören könnte - weiterhin interessiert. Genau dies bekundest Du mit Deinem Brief ebenso, wie es die Eltern mit ihrem unsinnigen und unstimmigen Brief getan haben, über deren Inhalt und Form Ihr wahrscheinlich bestens informiert seid.
Ich bin jedenfalls nicht mehr bereit, auf dieser Ebene der totalen Verdrängung und Verleumdung von Eurer Seite zu diskutieren. Wer sich scheut und zu feige ist, Tatsachen zu akzeptieren, wer den Mut nicht findet, sich solchen schwerwiegenden Problemen zu stellen, wer für die Problematik der sexuellen Ausbeutung nicht einmal Nachdenklichkeit entwickeln kann und wer sich mit dem sexuell ausbeutenden Vater (und Onkel) - Niemegk war übrigens kein Einzelfall - und einer Mutter, die ihr Kind nicht beschützt und ihrem Kind nicht hilft, solidarisiert, kann von mir als Inzestüberlebende auf keinen Fall irgendeine Form der Bereitschaft erwarten, dies mitzutragen.
Es ist Euer gutes Recht, der anderen Seite, also dem Täter mehr zu glauben als dem Opfer, aber es ist noch lange nicht Euer Recht, mich Lügen zu strafen, sexuelle Ausbeutung zu bagatellisieren und für mich zu entscheiden, daß die Zeit alle Wunden heilt ("es ist ja so lange her") und daß solche seelischen Verbrechen keine schweren Traumen hinterlassen. Ihr habt mich damit auf eine ganz unverschämte Art und Weise zutiefst verletzt. Hier werden doch wohl die Tatsachen total verdreht; nicht ich habe Vater vergewaltigt, sondern er mich. Ich glaube, daß es dringend notwendig ist, Eure Sichtweise in diesem Punkt zurechtzurücken.
Mir ist sehr wohl bewußt, daß Ihr erhebliche Probleme mit meinen Formulierungen haben werdet. Aber ich kann und will es nicht anders ausdrücken, weil ich dann lügen würde.
Zum Schluß möchte ich noch bemerken, daß Ihr beide doch in Eurer Wortwahl durchaus geschickt seid und Euch auch gern schriftlich äußert, so daß auch auf dieser Ebene ein Austausch möglich wäre. Diese Form ist also sicherlich kein begrenzender Faktor, sondern Eure mangelnde Bereitschaft und Eure einseitige Stellungnahme.
Sollte dieser Brief Euch wider Erwarten doch noch zur Nachdenklichkeit anregen, könnt Ihr gerne wieder etwas von Euch hören lassen. Für eine ernsthafte Diskussion, die meine Lage und meine Verletzungen respektiert, bin ich immer bereit, aber ich bin nicht mehr bereit, zum Schein irgendetwas mitzutragen, was nicht vorhanden und auch unwiederbringlich ist.

Ich bin auf Eure Reaktion gespannt und verbleibe mit vielen Grüßen
Marlen

Den nun folgenden Teil habe ich nicht abgeschickt:
Ein ganz persönliches Wort möchte ich noch an Dich, Tante Inge, richten. Dein Verhalten und Deine Reaktion der totalen Verleugnung und Verdrängung dieser Grausamkeiten und Dein nicht vorhandenes Einfühlungsvermögen am 8.2. haben mich sehr überrascht und zugleich auch betroffen gemacht. In unserer patriarchalischen Gesellschaft rechnet man als Inzestüberlebende eigentlich nicht mit solchen Reaktionen von einer Frau, sondern erwartet eigentlich solidarisches und / oder mindestens verständnisvolles Verhalten. Das soll natürlich nicht heißen, daß das von Männern nicht geleistet werden kann. Ich habe gerade in den vergangenen Monaten sehr sehr positive Erfahrungen mit dem Einfühlungsvermögen von Männern in diese Problematik machen können. Deine erschreckend unverständliche und distanzierte Haltung mir gegenüber ist eigentlich nur erklärbar, wenn Du ähnliche schlimme Erlebnisse als Kind hattest. Dann könnte Deine verärgerte Reaktion und Deine totale Abwehr, Dich mit dem Problem sexuelle Ausbeutung auseinanderzusetzen, Sinn machen. Solltest Du Dich an solche traumatische Erlebnisse erinnern und das Bedürfnis haben, darüber zu sprechen, dann kannst Du Dich gerne an mich wenden. Ich bin für jedes ernsthafte Gespräch bereit. Dies ist ein ernsthafter Vorschlag und keine Höflichkeitsfloskel.
Marlen

Ich überlege, ob dieser Brief an die Tante und den Onkel ein Umweg für mich ist, um auf den Brief von den Eltern zu reagieren. Ist es für mich ungefährlicher, meinen Zorn dort abzuladen als bei den Eltern? Seit zwei Tagen habe ich Hautjucken.

16.4.92
Wir sprechen über die Karte und meine Reaktion darauf. Gottfried findet den Brief, so wie ich ihn formuliert habe, in Ordnung und ermuntert mich, ihn abzuschicken. Den zweiten Teil, solle ich jedoch nicht absenden. Ich war auch unsicher und tendierte eher dazu, diese Zeilen zurückzuhalten. Als Antwort könnte kommen, daß dieses Thema jetzt in Mode ist und ich der Tante einfach etwas andichten will.
Anschließend machen wir eine Trance. Ich möchte versuchen, die Situation im Schlafzimmer der Großeltern besser und vollständiger zu erinnern. Ich sehe mich als kleines vielleicht drei Jahre altes Kind im Bett des Opas liegen. Es legt sich dann jemand zu mir. Ich kann aber die Person nicht erkennen. Ich bekomme starkes Herzklopfen und werde zum Elefanten. Ich

spüre, wie ich extrem dick werde, nicht nur die Arme und Beine, sondern auch der Kopf wird dick. Die Haut spannt stark. Ich merke, daß ich aus der Trance zurückkomme, ohne es verhindern zu können. Wir brechen ab. Diese Bilder tauchen auch sonst häufig vor meinem Auge auf. Ich habe atmosphärisch ein ungutes Gefühl. Wenn es wirklich der Opa war, der sich zu mir legte, dann bin ich wohl noch nicht so weit, um dies akzeptieren zu können. Ich habe immer noch viele gute Erinnerungen an ihn.

18.4.92
Über Ostern vom 18.4.-21.4. besuchen wir unsere Freunde in Hannover. Mein Verhältnis zu Iris war sehr entspannt. Wir hatten überhaupt keine Probleme miteinander. Ich habe mich sicherlich verändert, und sie hat sich vermutlich auch etwas zurückgenommen. Iris und Jack sagen mir, daß ich mich in den letzten Monaten sehr verändert habe. Ich habe jetzt viel weichere und angenehmere Gesichtszüge. Beide sind sehr interessiert an meinen Erlebnissen und zeigen viel Verständnis.

Traum 18.4.92
Ich treffe irgendwo zufällig die Eltern. Ich schimpfe mit Vater und nenne ihn wieder ein Vergewaltigungsschwein. Ich verprügele Vater und auch die Mutter. Es ist im Traum ein richtig schönes Gefühl, meinen Zorn so direkt an der richtigen Stelle abladen zu können. Ich schlage heftig mit beiden Fäusten auf sie ein.

19.4.92
Horst und ich sind im Vogelpark Walsrode. Ich esse dort im Tropencafe ein Stück Buchweizentorte. Die Torte war sehr süß, so daß ich anschließend auf etwas Herzhaftes Appetit bekomme. Horst schlägt vor, eine Pastete oder Hühnerfrikassee zu bestellen. Ich verziehe das Gesicht und sage ihm, daß er doch eigentlich wissen müßte, daß ich keine weißen Soßen mag. Diese Soßen fände ich zum Kotzen. Schon als Kind wurde mir von weißen Soßen schlecht. Horst antwortet, daß mich diese Soßen bestimmt an etwas erinnern. Ich bestreite dies vehement und denke, daß Horst zu weißer Soße Ejakulat assoziiert. Ich frage nach, was er damit meint. Horst zögert und sagt zu mir "das kannst Du Dir doch denken". Ich verneine, weil ich es von ihm hören will. Schließlich sagt Horst "das erinnert Dich mit Sicherheit an Samenflüssigkeit". Ich beginne zu streiten und sage ihm, daß ich das total absurd finden würde. Ich merke, wie mir die Tränen in die Augen steigen und horche in meinen Körper. Mir ist speiübel, mein Hunger und Appetit sind weg, die Magennerven kräuseln sich. Ich würde jetzt keinen Bissen mehr hinunterbekommen. Ich fange heftig an zu wei-

nen. Wir verlassen das Cafe`, und ich kann den ganzen Tag nichts mehr essen und muß viel weinen. Noch am nächsten Tag habe ich Magenkräuseln.
Diese unmißverständlichen körperlichen Reaktionen schalten jeden Zweifel an der Richtigkeit dieser Assoziationen aus, denn ich habe fragmentarische Erinnerungen an mehrfache orale Vergewaltigungen durch den Vater. Dies ist ein weiteres Puzzlesteinchen für die Richtigkeit meiner Erinnerungen.

22.4.92
Ich berichte Gottfried von dem Erlebnis im Vogelpark Walsrode. Gottfried meint, daß man Assoziationen auch umlernen könnte. Also heißt mein Ziel: In Kürze weiße Soße zu essen, ohne daß mir schlecht wird. Wenigstens einmal. Ich muß sie ja nicht mögen, aber mir sollte wenigstens bei dem Gedanken daran nicht mehr schlecht werden.

23.4.92
Ich stelle fest, daß sich fast unmerklich einige Dinge für mich geändert haben:
- Einige Ängste haben sich verringert: Ich habe keinen Durchfall mehr, wenn ich zum Zahnarzt gehe, und das Autofahren ist für mich auch nicht mehr so angstbesetzt.
- meine Schuldgefühle haben sich etwas verringert, auch Horst gegenüber. Ich fühle mich nicht immer gleich für alles verantwortlich, wenn etwas schief geht.
- Ich habe gestern das erste Mal im Bett an der rechten Seite neben Horst gelegen und für einen kurzen Augenblick sogar vergessen, daß ich ja eigentlich an der "falschen" Seite liege. Wir haben dies durch mehrfaches Wechseln der Seite an verschiedenen Tagen ungefähr zehnmal geübt.
Während der Psychoanalyse hatte ich folgenden Traum: Ein schlangenähnliches Gebilde kommt von *links* auf mich zu. Es wird immer größer. Es sieht rot und glänzend aus.
Als ich im November zur Konfrontationsvorbereitung in den Tagebuchaufzeichnungen las, wurde Horst und mir schlagartig bewußt, warum Horst im Bett *immer* an meiner rechten Seite liegen muß. Beim sexuellen Mißbrauch durch den Vater lag ich in den Ehebetten der Eltern im rechten Bett und der Vater damit an meiner linken Seite.

24.4.92
Ich bin seit dem 22.4. abends sehr autoaggressiv. Der Dickdarm und die Haut schmerzen und im Nacken habe ich zwei Neurodermitisstellen. Ich

reiße Nietnägel ab und kaue an den Fingernägeln und bin verspannt und verkrampft.
Ich stelle fest, daß ich wieder einmal einen *Körper habe*, und nicht ein *Körper bin*.
Ist es schlimmer, an Neurodermitis zu leiden oder in der Therapie den sexuellen Mißbauch aufzuarbeiten? Neurodermitis ist eindeutig schlimmer. Es gibt im akuten Schub über Wochen und Monate überhaupt keine Erholungsphasen. Die ausgebrochene Neurodermitis kann ich jetzt dennoch nur positiv sehen, denn ich deute es heute als ein Symptom meiner endlich erwachenden Seele, die nicht mehr länger ein Opfer des sexuellen Mißbrauches sein wollte. So schlimm wie die Schübe auch waren, aber diese Krankheit war der erste ganz kleine und zaghafte Schritt zum Leben zurück.

25.4.92
Ich stehe in weinerlicher Stimmung auf. Am Vormittag tobe ich dann, und ich muß auch wieder viel weinen. Nach drei Stunden Pause tobe ich am Nachmittag weiter. Ich enthaupte die Mutter und den Vater kastriere ich.
Ich versuche, mich während meiner Wutanfälle als kleines Kind während der Mißbrauchssituationen zu sehen. Das gelingt mir ganz gut und erleichert tatsächlich den Umgang mit diesen massiven Gefühlsausbrüchen. Ich rufe Gottfried an. Es ist verflixt schwierig, sich auch noch selbst zu trösten.

27.4.92
Ich breche die Aerobic nach fünfzehn Minuten ab und gehe sofort nach Hause. Ich spüre meine Wut wieder richtig im Bauch. Ich weine und bin sehr wütend und würde gerne schreien. Es geht aber nicht. Dafür bringe ich nur gurgelnde Laute heraus, die sich gepreßt anhören.
Den Vater kastriere ich wieder und die Mutter enthaupte ich.
Ich spüre auch sehr viel Haß in mir. Das ist das erste Mal, daß ich das so deutlich spüre. Es schockiert mich, daß ich diesen Haß in meiner Wut auch auf andere Personen übertrage. Dieses Haßgefühl so intensiv zu spüren, ist für mich sehr schwierig. Ich habe ein schlechtes Gewissen und komme mir schlecht vor. Ich merke, wie ich mich selbst dafür hasse.
Verdammt, Gefühle zu leben, kann wirklich sehr anstrengend sein!
Mir fallen Gottfrieds Worte ein, daß ich auf die kleine Marlen achten soll, und so mache ich mir klar, daß ich mich als Kind nicht gegen den sexuellen Mißbrauch wehren und meine Konflikte, die dadurch entstanden, nicht austragen konnte. Der Haß wurde aufgestaut und muß ebenso "raus", wie alle anderen Gefühle.

Ich glaube, ich muß wirklich etwas mehr Geduld mit mir haben und mir selbst gegenüber empathisch werden.
"Finde zu Dir selbst täglich ein wenig mehr. Finde die wahre, unbegrenzte Möwe (...). Sie wird dein Lehrer sein. (BACH 1991:78)
Meine destruktiven Tendenzen, die immer noch bestehende Dickdarmproblematik und erste Anzeichen einer sich wieder aufbauenden Weizenmehlallergie (ich esse jetzt einmal wöchentlich Brot. Nach sechs Tagen sollen die Allergene wieder aus dem Körper ausgeschieden sein, so daß man das Nahrungsmittel, ohne daß Beschwerden auftreten, wieder essen kann. Aber sieben Tage sind offensichtlich doch zu kurz) zeigen, daß ich immer noch Schwierigkeiten habe, mich mit meinem Schicksal auszusöhnen. Durch das Ausleben meiner Gefühle habe ich sicherlich einige Aspekte, wie z.B. meine verlorene Kindheit, die Schmerzen, die Ängste und Demütigungen, die ich durch den Mißbrauch erlebte, kathartisch aufgearbeitet und z.T. sicherlich auch schon integriert, aber ich habe mich eben doch noch nicht vollkommen vom Banne Thanatos befreit. Die Integration des Geschehenen ist sehr wichtig, denn mit ihr gewinne ich zugleich die Freiheit, mein Leben neu zu gestalten und zu meinem Leben eine neue Einstellung zu bekommen.
"..., *daß die wahre Natur ihres Wesens Freiheit ist, daß sie alles, was dieser Freiheit im Wege steht, abtun müssen, Sitten, Bräuche und jegliche Beschränkung"*. (BACH 1991:72)
In dieser Integration steckt sicherlich auch die Herausforderung, mir meine Vergangenheit anzueignen, um dann in der Gegenwart besser mit mir umzugehen.
Die Versöhnung mit meinem Schicksal steht noch in mindestens zwei wesentlichen Punkten aus:
- Den Opa habe ich immer noch nicht sterben lassen. Es ist schwierig, mich von der Illusion zu trennen, auch von ihm letztlich nicht um meiner selbst willen geliebt worden zu sein. Den Opa sterben zu lassen, ist nochmals ein schwieriger Verrat, wenn nicht überhaupt der Schwierigste.
- Die Eltern habe ich zwar sterben lassen, aber die äußerst problematische Beziehung zu der Mutter ist noch nicht aufgearbeitet. Ich werde sicherlich noch viele Introjekte, von denen die meisten unbewußt wirken, haben, die ich erkennen und korrigieren möchte.
Nur wenn ich mein Schicksal annehme und mich so vollständig wie möglich aussöhne, kann ich mich von meiner Vergangenheit trennen und sie hinter mir lassen. Das ist die Voraussetzung für die Bearbeitung meiner Probleme und mein wichtigstes Therapieziel. Das bedeutet, daß ich mich jeden Tag aufs Neue verpflichten muß - weil ich es will - heil zu werden. Jeder Mensch, der wachsen, reifen und sich weiter entwickeln will, muß

sich ebenfalls jeden Tag dazu aufs Neue verpflichten. Der Unterschied ist nur, daß ich als Inzest-Überlebende fast alle Verhaltensweisen in Frage stellen muß. Meine Überlebensstrategien, die damals für mich lebensrettend waren, müssen ad acta gelegt werden. Dies bedeutet jedesmal ein erneutes Sterben, um jedesmal neu geboren zu werden.
Etwas sterben zu lassen bedeutet, daß ich es loslassen muß. Auch meine Tendenz zu Verstopfungen weist in diese Richtung, daß ich immer noch Schwierigkeiten habe, loszulassen und herzugeben. Dies bezieht sich nicht auf materielle Dinge, denn ich kann mir selbst gute Dinge leisten, und ich schenke auch gerne, sondern auf unbewußte und verdrängte Inhalte und eben auch auf die, wenn auch meist bewußten, Überlebensstrategien.
Der Dickdarm symbolisiert, so lese ich in DETHLEFSEN/DAHLKE das Unbewußte. *"Das Unbewußte ist mythologisch gesehen das Totenreich."* (DETHLEFSEN/DAHLKE 11/90:189). Im Dickdarm sind die Verdauungsprozesse beendet, und dem Inhalt wird nur noch Wasser entzogen. Die sich dort befindenden Nahrungsreste sind nicht mehr verwertbar. In diesem Sinne ist der Dickdarm ein Totenreich. Auch dort auftretende Gärungsprozesse sind ebenfalls im Sinne eines Sterbeprozesses zu deuten. *"Symbolisiert der Dickdarm das Unbewußte, die Nachtseite im Körper, so entspricht der Kot dem Inhalt des Unbewußten"*. (DETHLEFSEN/DAHLKE 11/90:189). Verstopfung symbolisiert also die Angst, unbewußte und verdrängte Inhalte nicht preisgeben zu wollen, sie also nicht "hinter sich (zu) lassen".

28.4.92
Ich berichte Gottfried von meinem Wutanfall und daß ich den Vater dabei kastriert und die Mutter geköpft habe. Gottfried erwidert, daß es gut sei, auch diese Phantasien auszuleben und nicht zu zensieren. Das hätte ich alles schon als Kind leben müssen. Ich hole es nach und darum träfe es mich mit aller Wucht. Gottfried erinnert mich wieder daran, daß auch diese Gefühle notwendig seien. Es gäbe keine schlechten Gefühle - diese Bestätigung kann ich gar nicht oft genug hören, denn vollkommen annehmen kann ich diese Wutausbrüche immer noch nicht - und ohne Wut sei es schwierig, andere Gefühle zu leben. Die Wut sei absolut notwendig, um zu heilen. Ich müsse sie annehmen und gewähren lassen und dies sei notwendig, um das Geschehene zu integrieren. Meine Wut zu durchleben, heiße, meine Angstschwelle zu überwinden, da sie im Grunde nur die Angst vor mir selbst sei.
Das Weinen, das sich wie Gurgeln anhöre, könnte dadurch entstehen, daß ich mich immer noch kontrollierte und die Gefühle nicht richtig herauslassen würde.

Ich sage zu Gottfried, daß ich es langsam zum Verzweifeln und sehr anstrengend finde, immer so toben zu müssen. Ich fühle mich langsam als Opfer des Heilungsprozesses. Ich kann einfach diese Gefühle nicht steuern und habe häufig das Gefühl, nie wieder mit dem Toben aufhören zu können.

Man kann nicht seelisch wachsen,
wenn man in einem wunderbaren Blumengarten sitzt
und sich auf einem Silbertablett das
großartigste Essen servieren läßt.
Aber man wächst, wenn man krank ist,
wenn man Schmerzen hat,
wenn man einen schmerzlichen Verlust ertragen muß.
Man wächst, wenn man den Schmerz annimmt
und ihn zu begreifen sucht,
und zwar nicht als einen Fluch oder als eine Bestrafung,
sondern als Geschenk,
um damit eine ganz bestimmte Aufgabe zu erfüllen.
(KÜBLER-ROSS a.a.O.)

2.5.92
Horst und ich fahren am Abend auf dem Fahrrad im Regen nach Hause. Horst fordert mich auf, meine Regenjacke anzuziehen. Ich weigere mich, da es nicht stark regnet, sondern nur tröpfelt. Horst kann meine Entscheidung nicht akzeptieren und wird energisch. Er fordert mich nochmals auf, die Jacke überzuziehen, da er keine Lust hätte, sich mein Gezetere anzuhören, wenn ich frieren würde. Ich fühle mich bevormundet und weigere mich. Ich sage ihm, daß er nicht immer über mich bestimmen könne. Die Entscheidung, standhaft zu bleiben, wird mir abgenommen, da es aufhört zu regnen.

4.5.92
Vor einigen Tagen hatte ich kurz vor einem Orgasmus einen Backflash an die letzte Mißbrauchsituation mit dem Onkel im Vereinszimmer der Großeltern. Ich konnte diese Bilder nicht mehr wegschicken, und abbrechen konnte ich auch nicht mehr. Ich merkte, wie das auf mich auch noch stimulierend wirkte. Ich habe hinterher getobt und gewütet und den Onkel mit der Nackenrolle verdroschen, weil ich diese Erinnerungen nicht verbannen konnte.
Danach hatte ich noch mehrmals Rückblenden. Sie drängten sich immer wieder auf und wirkten erregend auf mich. Gewaltphantasien traten dabei

auch auf. Hier scheint sich eine Eigendynamik zu entwickeln. Verdammt noch mal, muß ich wirklich durch die gesamte Hölle des sexuellen Mißbrauchs hindurch, um zu heilen ??? Dieser verfluchte Mißbrauch! Ich bin wirklich ein Opfer dieses Heilungsprozesses! Ich glaube, ich habe überhaupt nichts mehr im Griff, ich verliere die Kontrolle. Dies ist auch eine neue, aber immer noch beängstigende Erfahrung, die Panik auslöst, die ich seit einigen Monaten in der Therapie mache, seitdem ich mein Trauma emotional aufarbeite. Mir steigen noch heute, als ich diese Zeilen schreibe (9.9.92), die Tränen in die Augen und ich empfinde es immer noch als pervers und schmachvoll. Ich glaube fast, dies habe ich auch noch nicht integriert.

Ab und zu
lebe ich mal
sehr intensiv
Dann liegen
Weinen und Lachen
Schmerz und Glück
Tod und Auferstehung
nahe beieinander
besser manchmal etwas chaotisch leben
als gar nicht (SCHWARZ 1992)

Manchmal - so auch jetzt - habe ich das Gefühl, daß ich durch das Lesen und Zitieren solcher Verse mich selbst "beschwöre". Wenn ich es doch auch nur wirklich glauben und mir zueigen machen könnte, dann wäre ich wieder einmal von Gottfried als "Christophorus" auf der anderen Seite des Flusses angekommen. Das Flußbett ist ganz schön steinig und das Wasser steht mir manchmal bis zur "Oberkante Unterlippe"!

5.5.92
Horst hat Urlaub, und ich verspüre das dringende Bedürfnis, einige Stunden allein zu sein. Wir haben einen VHS-Kurs gebucht, und so beschließe ich, heute abend nicht mitzugehen. Horst akzeptiert meine Entscheidung sofort. Er ist offensichtlich lernfähig; ich aber auch, da ich auf mein Bedürfnis geachtet habe. Ich wäre auch nicht bereit gewesen, mich zurückzunehmen und mein Bedürfnis zu ignorieren. Ein Fortschritt, wenn auch nur ein kleiner.

6.5.92
Seit einigen Wochen versuche ich, meine Wutgefühle sehr dosiert während der Aerobic im Joggingteil abzureagieren. Ich muß aber immer aufpassen, daß ich nicht doch in einen Wutanfall einmünde. Wir machen beim Joggen auch temperamentvolle Arm oder Beinbewegungen wie beispielsweise "Kicken". Vor meinem geistigen Auge erscheinen die Gesichter des Vaters, des Onkels und der Mutter, aber nicht das Gesicht des Opas. Ich verteile dann Fußtritte, Backpfeifen, Kinnhaken und ähnliches. Dies wirkt sehr befreiend.

7.5.92
Ich erzähle Gottfried, daß ich in den letzten Tagen darüber nachdachte und phantasierte, mit den Eltern eine zweite Konfrontation zu machen. Ich könnte sie einladen, oder auch angemeldet oder noch besser, unangemeldet, hinfahren. Ich würde ihnen meine ganze Wut ins Gesicht schreien, sie durchschütteln und verprügeln. Ich könnte die Wut da ablassen, wo sie hingehört und müßte nicht dauernd ins Kissen hauen. Diese Aktionen empfinde ich im Moment als höchst unbefriedigend. Gottfried gibt zu bedenken, daß das als Körperverletzung ausgelegt werden könnte und mehr als einen kathartischen Effekt gäbe es für mich auch nicht. Wir überlegen gemeinsam, welche Aktionen ich initiieren könnte, um meine Wut abzureagieren. Wir beginnen zusammen zu *phantasieren*, was passieren würde, wenn ich auf die Wohnungstür Kinderschänder mit nicht wasserlöslicher Farbe sprühen würde. Wir stellen uns vor, wie die Nachbarn vor der Tür stehen und dies unfaßbar finden, wo der Alte doch so ein netter Mensch ist, in deren Augen zumindestens. Vater wird sofort ins Bauhaus fahren und ein Lösungsmittel kaufen, um dies zu beseitigen. Bis dahin haben aber viele Mieter im Hause dies gelesen. Er kommt wieder und viele Nachbarn stehen vor der Tür und beschimpfen ihn. Er beginnt die Schrift zu beseitigen. Mir geht es mit dieser Vorstellung ausgesprochen gut, und es macht sich bei mir so etwas wie Schadenfreude bemerkbar. Dies war ein wohltuender phantasierter Racheakt.

Ausweglosigkeit
birgt in sich
Neubeginn
Aufbruch
Auferstehung

Wenn wir glauben
am Ende zu sein

stehen wir
erst
am Anfang
(BICKEL/MEILINGER 1984)

10.5.92
Ich schreibe meiner Tante (Mutters Schwester) und meinem Onkel einen Brief und bitte sie um ein Treffen. Wir haben uns seit fast zwanzig Jahren nicht mehr gesehen. Die Verbindung zu uns riß ab, als meine Oma (Mutters Mutter) starb. Die Eltern waren damals der Meinung, daß sie sich in den letzten Wochen vor ihrem Tode nicht genügend um sie gekümmert hätten. Ich bin gespannt, ob sie auf meinen Brief reagieren werden.

11.5.92
Meine Tante ruft an. Sie haben sich über unseren Brief sehr gefreut, und wir verabreden uns für den 16.5.92.

14.5.92
Mein Wutanfall dauert heute wieder ewig. Über drei Stunden wüte ich auf dem Bett und verprügele alle Täter mit der Nackenrolle, insbesondere den Onkel. Vor meinem geistigen Auge entsteht immer wieder die Situation mit dem Onkel im Vereinszimmer der Großeltern. Ich bin so in der Situation gefangen, daß ich zu schreien beginne. Es ist dies das erste Mal. Ich werfe mir die Zudecke über den Kopf und schreie so laut ich kann. Mir ist es vollkommen egal, ob die Nachbarn etwas hören oder nicht. Es entsteht die Phantasie, daß die Nachbarn die Polizei rufen und ich diese dann gleich mit verprügele. Ich bin so stark an die Vergangenheit fixiert, daß mir für sehr lange Zeit überhaupt nicht mehr bewußt ist, daß der Mißbrauch ja nicht jetzt stattfindet, sondern längst Vergangenheit ist und ich *jetzt* lebe. Ich tobe bis zur totalen Erschöpfung und kann dann nur noch weinen.
Es gibt bei der Aufarbeitung immer wieder Momente, das war während der Trauerphase auch so, wo ich dies einfach vergesse. Der Mißbrauch und die erlittenen Demütigungen sind dann so gegenwärtig, daß ich jegliche Vorstellung von Zeit und Ort "verliere".
Obwohl ich meine Wut schon auslebe, fühle ich trotzdem immer noch so etwas wie Unbehagen, vielleicht sogar ein schlechtes Gewissen, so viel negative Gefühle zu haben und auch noch zum Ausdruck zu bringen. Mir fällt ein Satz von SCHELLENBAUM (1991) ein, daß nur die "Negation der Negation" destruktiv ist; d.h. nur das Nichtleben und die Verleugnung der sogenannten negativen Gefühle ist selbstzerstörerisch und nicht etwa

diese Gefühle selbst. Na ja, vielleicht verstehe ich das ja doch noch eines Tages.
Ich nehme mir vor, heute abend noch einmal in SIMON (1991) über Wut nachzulesen.
Die nochmalige Erinnerung an den Mißbrauch durch den Onkel läßt in mir wieder einmal alle - gespaltenen - Gefühle deutlich werden. Wie ich schon berichtete, hatte uns der Onkel und seine Frau häufig besucht. Ich freute mich immer wenn er kam. Er brachte Geschenke mit, und des öfteren schenkte er mir West-Geld. Ich lebte als Kind in Ost-Berlin, und zu damaliger Zeit waren 1 DM West-Geld ein "Vermögen". Der Onkel verteidigte mich häufig gegenüber meinen Eltern; er konterkarierte ihre Erziehung, und er spielte mit mir Karten, was die Eltern nicht machten. Er brachte mir auch das Skatspielen bei. Neben meiner Freude über seinen Besuch waren *gleichzeitig* in mir die Gefühle Angst, Ekel, Abscheu und vor allem massive Schuldgefühle über meine Freude, weil ich doch wissen mußte und es auch wußte, daß der nächste Mißbrauch, wenn die Gelegenheit dazu günstig war, wieder stattfinden würde. Dies war für mich ein weiterer Hinweis, daß ich den Mißbrauch wollte, denn sonst hätte ich mich nicht über seine Besuche freuen könne und auch nicht dürfen. Hoffnungslos, dies als Kind sortieren zu können.
Es war für mich unmöglich, mit diesen gespaltenen Gefühlen umzugehen. Häufig spürte ich nur eine totale Verwirrung, Verzweiflung und Schuld. Während der Aufarbeitung fiel es mir nicht leicht und war mit großen Ängsten verknüpft, mir die Freude über seine Besuche einzugestehen. Ich fürchtete, verurteilt, abgelehnt und nicht verstanden zu werden. Dieses totale Gespalten sein ist auch heute noch für mich in der Erinnerung sehr deutlich spürbar. Horst sagte mir dazu, daß auch er häufig bei unseren Umarmungen diese Ambivalenz der Gefühle spüren würde.

16.5.92
Wir sind heute bei meiner Tante (Mutters Schwester) und meinem Onkel. Ich habe in den letzten Tagen sehr viel darüber nachgedacht, warum ich eigentlich damals ebenso wie die Eltern die Verbindung zu ihnen abgebrochen habe. Dies ist unverständlich, auch wenn sich die beiden Schwestern nicht vertragen, muß ich als Nichte nicht zwangsläufig auch auf jeglichen Kontakt verzichten. Horst und ich hatten in der Vergangenheit öfters darüber gesprochen, daß es uns leid tut, keine Verbindung mehr zu haben. Ich mochte sie als Kind sehr gerne, sie war meine "Lieblingstante". Mir ist klar geworden, daß ich aus Angst vor den Eltern auf einen Kontakt verzichtete. Ich scheute die sicherlich über Wochen andauernde Auseinan-

dersetzung mit den Eltern über ein Wiederaufleben der verwandtschaftlichen Beziehung.
Mir wurde in den letzten Tagen auch klar, daß meine Oma (Mutters Mutter) den Eltern hörig war. Sie machte und befolgte alles, was von ihnen angeordnet wurde. Die Oma war von den Eltern abhängig und hatte diese narzißtisch besetzt. Ich kann mich auch nicht erinnern, daß meine Oma einmal die Erziehung der Eltern konterkarierte, im Gegenteil. Meine Tante hat den Eltern schon mal widersprochen und mir recht gegeben.
Der Grund für diese Kontaktaufnahme ist sicherlich auch, daß ich auf der Suche nach einer wissenden Zeugin um den sexuellen Mißbrauch bin. Ich weiß aber zugleich, daß sich dieser Wunsch nicht erfüllen wird.
Die Wiedersehensfreude war auf beiden Seiten groß. Ich erzählte ihnen auch vom sexuellen Mißbrauch durch den Vater. Sie waren entsetzt, empört und fanden es unfaßbar. Aber auch von ihnen wurde sofort gefragt, warum ich denn nichts erzählt hätte. Es ist offensichtlich schon schwierig, sich so richtig in diese Problematik einzufühlen. Eine wissende Zeugin fand ich natürlich nicht. Das war selbstverständlich auch ein viel zu hoher Anspruch.
Mein Onkel bezeichnete den Vater als "Häuptling der Familie". Irgendwo hatte er recht damit, das wurde Horst und mir erst nach dieser Bemerkung so richtig bewußt. Die ganze Familie hat eigentlich immer das gemacht, was der Vater wollte. Dabei war er immer höflich, erwartete aber uneingeschränkte Hilfe z. B. bei Bauarbeiten an der Laube, und er wäre sehr verärgert geworden, wenn diese Hilfe unterlassen worden wäre. Er übte nicht nur über mich Macht aus.
In nächster Zeit werde ich von der Tante Photographien aus meiner Kindheit bekommen.

17.5.92
Wir waren heute mit Freunden verabredet und wollten im Tegeler Forst einen Spaziergang machen. Margret rief an und schlug vor, daß wir uns statt dessen zum Picknick in einem Park in der Stadt treffen, da noch andere Freunde mitkommen wollten. Ich war von dieser Idee nicht begeistert. Es ist sehr warm, und ich habe keine Lust, mich in einem überfüllte Stadtpark unter einem Baum zum Picknick zu treffen. Ich vertrete meine Meinung und schlage einen neuen Termin vor. Wir akzeptieren gegenseitig unsere Meinung. Das bedeutet Bedürfnisse anmelden und durchsetzen! Wenn wir dorthin gefahren wären, hätte ich bestimmt die ganze Zeit über schlechte Laune gehabt und hätte mich sicherlich ähnlich verhalten wie damals im Urlaub auf unserem Ausflug nach Skagen.
Ich mache Fortschritte!

26.5.92
Gottfried und ich beginnen gemeinsam die von mir verfaßten Texte für die Veröffentlichung des Tagebuches zu lesen und zu diskutieren. Gleichzeitig werden hierdurch auch noch einmal die verschiedenen Aspekte des therapeutischen Prozesses bewußt.
Manchmal werde ich ungeduldig und denke, es geht gar nicht so recht vorwärts und meine Entwicklung stagniert. Gottfried macht mich darauf aufmerksam, daß der Heilungsprozeß nicht linear verlaufe und auch nicht so verlaufen könne, da einmal gemachte Erfahrungen nachwirken und unter anderen Aspekten dann neu betrachtet werden müssten. Der Heilungsprozeß verlaufe auf verschiedenen Ebenen, welche ich mir als Windungen eines Schneckenhauses vorstellen könne. Jedes Thema, z. B. Sexualität, Schuld u.a. würde auf einer nächsten Windung mit schon gemachten Erkenntnissen neu bewertet. So käme es zu langsamer Verhaltensänderung und zur Integration dieser Erlebnisse.
Am Abend blättere ich in MILLER (1981). Ich treffe auf eine äußerst interessante Stelle über Träume. MILLER behauptet, daß der Zusammenhang zwischen Traum und frühen Kindheitserlebnissen bei Psychoanalytikern längst bekannt oder sogar gründlich erforscht sei. Dies bedeutet, daß alle meine Träume, die ich damals während der Psychoanalyse "produzierte", die Realität widerspiegelten. Ich bin erschrocken über diese deutliche Aussage und werde wieder einmal wütend auf den damaligen Analytiker, der nach meiner sicher richtigen Einschätzung nichts merken wollte. Mir fallen die vielen Würgeträume, die Vergewaltigungsträume mit einem mittelgroßen, dunkelhaarigen Mann ein. Ich teilte damals über meine Träume den Inzest mit, und er wollte nichts merken. Als orthodoxer Psychoanalytiker interpretierte er alles mit dem Ödipuskomplex ..."Sie wollten nur den Penis Ihres Vaters besitzen...". Den hatte ich wahrhaftig, aber unfreiwillig und auf eine abscheuliche und verabscheuungswürdige Art und Weise.
Ich weine leise und lange.

26.5.92 Traum
Ich bin im Keller der Großeltern. Ich laufe durch den ersten Kellerraum über den Kellergang in den Keller der Eltern. Ich rufe und pfeife laut. Es ist dunkel, und ich habe wahnsinnig viel Angst. Plötzlich taucht ein mittelgroßer Mann auf und legt die Hände um meinen Hals. Ich gurgele und kriege keine Luft und habe ein pelziges Gefühl im Hals. Das Licht geht irgendwie an, und eine Frau nimmt aus einem Sicherungskasten, in dem auch Wohnungsschlüssel aufbewahrt werden, ihre Schlüssel heraus. Ich

gehe ebenfalls hin und nehme den Schlüssel, der mit Schumann gekennzeichnet ist, heraus. Auf dem Zettel stehen neben dem Namen auch noch Zahlen mit der Angabe, welche Zacken des Schlüsselbartes nachgefeilt werden müssen, damit der Schlüssel ins Schloß paßt. Ich bin traurig und entsetzt und erwache.
Wer war der Mann, die Frau?
Die Haut schmerzt am gesamten Körper.

28.5.92
Ich stelle fest, daß ich stark motiviert bin, das Tagebuch in eine zu veröffentlichende Form zu bringen. Horst macht mich darauf aufmerksam, daß ich das erste Mal etwas ohne Druck schreiben würde. Es ist mir noch gar nicht aufgefallen, daß ich ohne Druck zu schreiben beginne. Es macht Spaß. Über Druck und Drang hatte ich schon vor ein paar Wochen nachgedacht und den Unterschied festgestellt. Aber das bezog sich nur auf das Lesen, nicht auf das Schreiben (11.2.92). Wenn ich daran denke, wie ungern ich die Diplomarbeit und den Abschlußbericht für die Berlin-Forschung geschrieben habe, dann ist jetzt tatsächlich eine wesentliche Veränderung festzustellen.

29.5.92
Der nächste Wutanfall läßt wirklich nicht lange auf sich warten. Ich schreie wieder ganz laut. Mein Kopf liegt auf einer Zudecke und eine zweite Zudecke liegt darüber. Mir ist alles egal. Sollen doch die Nachbarn die Polizei holen, die verprügele ich dann gleich mit. Die Mutter enthaupte ich und spiele mit ihrem Kopf Fußball. Mir wird schlecht bei dieser Phantasie, und ich muß fast brechen. Ich habe ein schlechtes Gewissen und finde das dann doch sehr grausam. Ich kann mich wieder einmal nicht annehmen und verurteile mich dafür. Da hilft es auch nicht, daß mir mein Verstand sagt, daß das, was meine Mutter wissentlich duldete, viel schlimmer war als eine Phantasie. Das war grausame Realität. Schließlich habe ich niemanden mit dieser Phantasie verletzt. Es ist für mich nach wie vor sehr schwierig, mich auch mit solchen Gefühlen zu akzeptieren.

31.5.92
Wir liegen im Bett und schmusen. Ich fordere Horst auf, sich an meine linke Seite zu legen. Unvermittelt habe ich stechende Schmerzen in der Vagina. Ich merke, wie sich der Druck auf meine Augen verstärkt. Wir streicheln uns, und schon nach kurzer Zeit lege ich mich wieder auf die "richtige" Seite. Ich beginne zu weinen, da ich mich plötzlich in Niemegk im Bett liegen sehe. Ich schlief in einem Urlaub vor rund vierzig Jahren ca.

zwei Wochen auf der Mittelritze. Ich war vielleicht acht oder neun Jahre alt. Ich sage dem Vater - er liegt an meiner linken Seite - , daß er doch sein Nachthemd nicht wieder hochziehen soll. Die Mutter liegt neben mir an meiner rechten Seite. Die Erinnerung reißt ab.
Nach drei Stunden habe ich immer noch Schmerzen in der Scheide.
Horst sagt mir nach dieser Rückblende, wenn ich Schmerzen oder Rückblenden bekäme, ohne daß ich weinen müsste, solle ich es ihm trotzdem auf jeden Fall sofort sagen und nichts "erdulden". Dies hätte ich viele Jahre lang müssen und das hätte ich heute nicht mehr nötig. Das tut gut zu hören und ein liebes Danke dafür.

2.6.92
Ich erzähle Gotttfried den Traum vom 26.5.
Das Licht geht an, und eine Frau kommt. Das bedeutet Rettung für mich. Vielleicht ist die Frau ein Teil von mir, das könnte ich mir jedenfalls vorstellen. Gottfried meint, dies sei möglich. Aber die Frau könnte auch die Mutter sein, die mir vielleicht helfen will. Ich erwidere, nein nie im Leben, das kann ich nicht akzeptieren. Die bestimmt nicht. Gottfried sagt mir, auch sie wird ein Gewissen haben. Aber ich brauche es ja nicht zu glauben und seine Deutung nicht anzunehmen. Der Hinweis, daß am Schlüssel noch gefeilt werden muß, damit er paßt, könnte symbolisch für die Therapiesituation stehen. Ich müßte noch arbeiten, bis alles verarbeitet sei, und dann wäre ich heil.
Ich erzähle Gottfried, daß alle Räume im Lokal der Großeltern angstbesetzt waren. In meiner Erinnerung denke ich auch heute noch mit Unbehagen an diese Räumlichkeiten zurück. Ich kann auch in keinen Keller eines Altbaues gehen. Ich vermeide es auch, wenn ich in Begleitung bin. Mein Schwiegervater wohnte in einem Altbau und Horst war hin und wieder einmal mit ihm im Keller. Ich bin nie mitgegangen. Es war mir unvorstellbar und löste sofort massive Angst aus. In die Kellerräume eines Neubaues kann ich seit einigen Jahren ohne Angst gehen. Gottfried wohnt in einem sanierten Altbau und schlägt vor, einmal seinen Keller aufzusuchen. Mir kommen die Tränen. Ich weiß nicht, ob ich lachen oder weinen soll. Ich verschiebe diese Aktion erst einmal.
Daß ich im Keller wahrscheinlich, wenn auch unbewußt, immer noch Angst habe, zeigen meine Reaktionen, wenn wir längere Zeit im Keller zu tun haben, z.B. für Aufräumungsarbeiten oder wenn wir etwas suchen. Wir zanken uns regelmäßig, und Horst wird über mich richtig wütend. Nach seiner Auffassung behindere ich ihn durch mein Verhalten nur und bin unfähig mitzudenken und erscheine wie paralysiert. Jetzt ist uns wenigstens klar geworden, warum es immer wieder zum Streit kommt.

Im Zusammenhang mit diesem Traum wird mir klar, daß ich bzw. wir wissen, daß so etwas wie Würgen stattgefunden hat. Aber ich habe es gefühlsmäßig bisher noch nicht akzeptiert. Dies ist so ungeheuerlich, daß es für mich offensichtlich schwierig ist, es auch in der Erinnerung zuzulassen und nicht nur in meinen Träumen.
Nach der Therapiesitzung kaufe ich " DIE GESTOHLENE KINDHEIT" (BAUERNFEIND, SCHÄFER). In der U-Bahn blättere ich in dem Buch. Eine Überlebende erzählt, daß sie immer Knöpfe zählen mußte und natürlich auch die am Hosenschlitz. Meine Magennerven kräuseln sich, die Luft bleibt weg, Tränen steigen mir in die Augen, und für einen sehr kurzen Augenblick taucht ganz schemenhaft das Gesicht des Großvaters auf. Diese Bilder tauchen, so vermute ich, in Bruchteilen einer Sekunde auf. Ich kann diese Reaktionen kaum richtig zur Kenntnis nehmen, so schnell sind sie wieder verschwunden. Ich fühle mich unbehaglich.

4.6.92
Ich besuche heute wieder einmal Skiello`s Laden; er ist unser Aquarienhändler. Wir haben mit ihm und seiner Frau auch privat Kontakte und kennen uns schon einige Jahre. Ich erzählte ihnen auch von der Inzestproblematik. Sie stellten schon einmal vor einiger Zeit fest, daß ich mich "irgendwie" verändert habe. Heute sagen sie mir jedoch, daß ich sehr gut aussehe und mich sehr verändert habe. Ich sehe entspannter aus, die Augen glänzen jetzt immer, und der traurige Blick sei verschwunden. Ich kann dies sogar annehmen (auch ein Fortschritt, Komplimente annehmen zu können) und zeige meine Freude über diese Bemerkung.

6.6.92
Heute vormittag bin ich in weinerlicher Stimmung und muß dauernd an Knöpfe zählen denken. Unvermittelt wird das Bild ganz deutlich: Ich sitze auf dem Schoß des Opas und zähle Knöpfe, auch die an der Hose. Die Erinnerung reißt ab. Ich beginne heftig zu weinen.
Anschließend, nachdem ich mich etwas beruhigt habe, denken Horst und ich darüber nach, ob mich wirklich der Vater würgte. Ganz pragmatisch gesehen hätte er es eigentlich nicht nötig gehabt, denn die Mutter wußte doch vom sexuellen Mißbrauch. Er hätte mich mit Würgegriffen nicht zur Verschwiegenheit erpressen müssen. Eine andere Erklärung wäre, daß er für seine Befriedigung sadistische sexuelle Handlungen brauchte.

7.6.92
Ich wache in weinerlicher Stimmung mit schmerzender Haut auf. Wir sind mit Monika verabredet und wollen heute am Pfingstsonntag zur 750 Jahr-

feier nach Kladow radeln. Wir radeln erst nach Spandau und holen sie von zu Hause ab. Ich kann unterwegs nur mit Mühe meine Tränen zurückhalten, bin auch anhaltend dissoziiert und habe große Mühe, mich auf den Verkehr zu konzentrieren. Als wir an einer Kreuzung auf einer sehr ruhigen Nebenstraße links abbiegen, kommt uns von links ein Lieferwagen (ach du lieber Gott, auch noch das Auto von links!) entgegen, der rechts abbiegen will. Wir können uns also gar nicht gegenseitig behindern. Ich schätze die Situation völlig falsch ein und fühle mich bedroht und in die Enge getrieben und fahre deshalb auf den Bürgersteig der *linken* Straßenseite. Völlig verrückt. Ich habe deshalb keinen Verkehrsunfall verursacht, weil der Abstand zum Lieferwagen noch so groß war, daß ich ohne Schwierigkeiten vor ihm auf den linken Bürgersteig fahren konnte.
Ich komme jedenfalls weinend bei Monika an und muß mich erst einmal ausweinen. Ich sehe mich dabei auf dem Schoß des Opas sitzen und Knöpfe zählen. Nach einer Stunde habe ich mich beruhigt, und wir radeln in Richtung Kladow. Ich bin sehr schlapp, und wir brechen die Tour ab. Mir ist es unangenehm, diese Fahrt vermasselt zu haben, ich schaffe es aber wirklich nicht. Aber Monika sowie auch Horst zeigen Verständnis.
Am Abend sprechen wir noch über mein Verhalten am Vormittag:
Horst sagt mir, daß ich mich wieder einmal der Macht untergeordnet habe, denn das Auto ist natürlich gefährlicher und mächtiger als andere Verkehrsteilnehmer. Dieses Unterordnen sei noch immer die gleiche Strategie, die ich als Kind nötig gehabt hätte zum Überleben. Ich mußte mich damals der Macht ausliefern und hätte - im Gegensatz zu heute - keine Wahlmöglichkeiten gehabt. Die einzige richtige und der Situation angepaßte Reaktion wäre gewesen, einfach wie geplant links abzubiegen. Ich hatte die Fahrtrichtungsänderung schon durch Handzeichen angezeigt und fuhr korrekt in der Mitte der Fahrbahn. Die zweite Lösung, wenn auch nicht unbedingt die richtige, aber in diesem Falle ungefährlichere, wäre gewesen, auf die rechte Seite zu fahren. Dies wäre aber nur in diesem Falle ungefährlich gewesen, da von hinten kein Fahrzeug kam.

8.6.92
Meine Tante (Mutters Schwester) und mein Onkel haben uns heute besucht. Sie brachten einige Fotographien von mir und den Eltern mit.
Ich hatte die Aufnahmen Nr. 1 bis 4 und 6. Nach meiner Erinnerung wurde ich vom Vater das erste Mal zwischen vier und fünf Jahren mißbraucht. Das Foto Nr. 5 habe ich heute von meiner Tante bekommen. Meine Erinnerung wird bestätigt. Auf dem Original des Fotos Nr. 4 steht Dezember 1946. Das Foto Nr. 5 kann nur sehr kurze Zeit später gemacht worden sein, denn ich trage das gleiche Kleid. Auf dem Foto Nr. 5 sehe ich trau-

rig, verwirrt, verstört, ängstlich, anklagend, vielleicht auch etwas zornig aus. Dieser zornige und auch resignierte Gesichtsausdruck kommt auf dem nächsten Bild stärker zum Ausdruck. Dieser Gesichtsausdruck bleibt meine ganze Kindheit über vorherrschend.
Auf dem Foto Nr. 4 lache ich zwar, aber die Augen lachen nicht mit. Eigentlich sehe ich auf allen Fotos etwas traurig aus, jedenfalls nicht wie ein richtig glückliches kleines Kind.
Von den Eltern habe ich jetzt auch das Hochzeitsfoto. Es sind die Großeltern und auch der Onkel, der mich mißbrauchte, mit abgebildet. Der Opa muß zur Hochzeit der Eltern ca. 45-50 Jahre alt gewesen sein. Er starb 1953 und war damals keine 60 Jahre alt. Er ist auf dem Foto dunkelhaarig. Ich habe ihn aber nur grauhaarig in Erinnerung. Unsere Überlegungen bringen für mich auch keine größere Sicherheit, ob, wann und wie mich der Opa mißbrauchte. Quatsch, daß er es getan hat, daran gibt es keinen Zweifel, wenn auch fast alle Erinnerungen "nur" visueller - bis auf eine (Knöpfe zählen) - Art sind. Die Fotografien machen mich jedenfalls konfus. Ich überlege auch noch, ob in einem Teil meiner Träume der dunkelhaarige Mann vielleicht der Opa sein könnte. Das würde bedeuten, daß der Vater ebenfalls eine Deckerinnerung ist (wie es der Onkel in Bezug auf den Vater war), da ich durch die sehr starke emotionale Bindung an den Opa diese Erinnerungen nicht zulassen kann. Das relativiert keineswegs meine sehr konkreten Erinnerungen an den sexuellen Mißbrauch durch den Vater.
Wir werden eine Kopie von diesem Hochzeitsfoto anfertigen und dann den Onkel ausschneiden und in die Bilderverbrennung miteinbeziehen. Es ist das einzige Foto von ihm. Ich habe mich sehr gefreut, jetzt endlich auch von ihm ein Foto zu haben.
Für einen kurzen Augenblick denke ich wieder einmal, das ich spinne und daß das alles gar nicht wahr sein darf. Verdammter Mist, wieder "so eine Anwandlung". Auch Horst sagt, "Du spinnst wirklich", aber er meint es ironisch und holt mich auf den Boden der Tatsachen zurück.
Horst sagt zu mir, daß er es nicht mehr ertragen könne, und er bräuchte dringend einen Schnaps. Er gießt sich einen Cognac ein trinkt einen Schluck und setzt sich wieder zu mir. Mir wird plötzlich speiübel. Dieser Geruch wird von jeder einzelnen Gehirnzelle wahrgenommen, und es zieht sich alles zusammen. Mir wird noch schlechter, und ich bitte Horst, den Rest wegzuschütten und sich den Mund auszuspülen. (Mir wird jetzt beim Schreiben sogar schlecht, ohne konkret den Cognacgeruch in der Nase zu haben). Dies war die erste Geruchsreaktion, die ich hatte. Ich wundere mich schon seit Monaten, daß ich keine Geruchsrückblenden hatte, zumal

die meisten Mißbrauchsituationen unter Alkoholeinfluß stattfanden und der Geruchssinn doch ein sehr archaischer Sinn ist.
Ich sage zu Horst, nächste Woche werden Gottfried und ich in den Keller gehen und eine Flasche Cognac mitnehmen.
Wir lachen beide. Ich denke, für heute reicht es wieder einmal, und wir gehen ins Bett.

9.6.92
Ich habe einen Brief vom Onkel (Vaters Bruder) erhalten. Es ist das Antwortschreiben auf meinen Brief vom 10.5.92.

4.6.92
Liebe Marlen,
da Du auf meine Reaktion Deines Briefes v. 10.5.92 gespannt bist, nehme ich Stellung.
Inge's unverbindlichen Geplauderbrief hast Du logisch als simpel wahrgenommen. Nur nicht erkannt, daß es Anteilnahme ist. Entsprechend schriebst Du wütend, was ich erwartete.
Vor Eurem Besuch habe ich die familiäre Konfrontation, den Konflikt durchdacht.- Deine giftigen Gefühle lassen mögliche, sachliche Argumente nicht zu. Da alle feige sind, Marlen, bist Du die Einzige in der Familie, die Mut besitzt.
Meine einseitige Stellungnahme kann ich nur wiederholen: Deine und Deiner Eltern Aussage sind vage betreffs der Details. Es steht mir als Familienangehörigen nicht zu, danach zu fragen.-
S. Freud hat viele unserer Verhaltensweisen erklärt. Durch seine absolute Verallgemeinerung hinsichtlich Kindheitserlebnissen gelangte er, ebenso wie Malthus mit seiner Bevölkerungstheorie, zu einem Trugschluß.- Nur der übersensible Mensch verkraftet nicht bittere Erfahrungen.
Da Du Dich ausschließlich im Recht meinst, kostest Du nach Jahrzehnten deine Rachegefühle aus. "Aufarbeitung von Vergangenheit" verdeckt auch gegenwärtige Unzulänglichkeiten. Mir scheint, es sind Eure ehelichen Beziehungen. Krisen kann man lösen, falls man Fähigkeiten dazu entwickelt - oder auch-nicht. Lese doch mal Balzac, statt Intimberichte der Regenbogenpresse.
Respektieren tue ich Dich ebenso wie Deine Eltern, obwohl Ihr beide das Recht, das nicht immer Gerechtigkeit ist, überwertet. Im Ganzen gibt es weder in der Natur noch in unseren menschlichen Beziehungen eine "heile Welt". Gerade deshalb ist ein Streben nach Harmonie notwendig,

obwohl Erkenntnisse allein nicht genügen, um sich persönlich danach zu richten.- Neurotiker haben wir genug.
Verletzt fühlen sich auch Deine Eltern, nicht nur Du. Aus Konfrontationen können neue Quellen entstehen, wenn man aus Rechthaberei nicht dauernd nachtragend ist.
Aus Euren Beziehungen - besonders Deiner und Horst - trägst Du, liebe Marlen meiner objektiven Meinung nach eine endgültige Verantwortung.
Mit Gruß - auch an Horst -
Heinz

Ich wurde sehr wütend, dieser Brief ist unverschämt. Ich tobe auf dem Bett herum und schimpfe, die müßte man alle kastrieren, enthaupten, zerstückeln und untereinander zum Fraß vorwerfen. Mir fällt auf, daß das dann gar nicht mehr geht, wenn sie alle zerstückelt sind. Verflixter Mist. Meine Wut scheint wieder unbezähmbar zu sein. Aber der Brief ist mit seiner Schuldzuweisung und Übertragung der Verantwortlichkeiten auf mich doch sehr verletzend.
Ich nehme mir vor, die beiden in die Bilderverbrennung miteinzubeziehen. Danach geht es mir besser.
Horst sagt zu dem Brief: "Der Hund ist auch krumm und kann überhaupt nicht fühlen, sonst könnte er einen solchen Brief nicht schreiben." Stimmt.
Ich fühle mich z.Z. sehr schlapp und einfach "alle". Dabei ist doch eigentlich der Höhepunkt der emotionalen Aufarbeitung überschritten. Oder doch noch nicht? Wenn ich an meine Wutanfälle denke, die sehr wohl viel Kraft fordern, dann stimmt das auch wieder nicht. Ich glaube, ich habe mich auch noch gar nicht so richtig erholt von meinem kathartischen Erleben. Und wenn ich bedenke, daß ich innerhalb von einer Woche zwei Rückblenden hatte, eine Geruchserinnerung und jetzt kommt auch noch dieser "freundliche und verständnisvolle" Brief. Dies muß ich ja alles irgendwie "auf die Reihe bringen".
Das Tagebuch muß ganz schnell veröffentlicht werden, bevor die ganze Sippschaft ausstirbt!

16.6.92
Wir sprechen über die Bilderverbrennung und überlegen gemeinsam, ob ich den Großvater auch verbrennen soll. Ich bin unsicher und tendiere dazu, es nicht zu tun. Ich kann es ja zu einem späteren Zeitpunkt nachholen. Gottfried schlägt vor, nur die schlechten Teile von ihm zu verbrennen. Ich weiß es noch nicht so genau. Ich habe noch etwas Zeit und kann mich am Geburtstag spontan entscheiden.

Gottfried weist mich ausdrücklich darauf hin, daß ich auf jeden Fall alle Gefühle, die auftauchen, leben soll. Auch wenn ich sehr wütend werde, solle ich dies nicht unterdrücken. Es solle ein befreiender Akt werden, dazu gehört, auch die Gefühle zu leben.
Gottfried sagt zum Brief, daß er nur eine Bestätigung dafür ist, daß sie sich nach wie vor den Eltern verbunden fühlen und keine Bereitschaft zeigen würden, sich konstruktiv auseinanderzusetzen.

17.6.92
Horst und ich machen den "Cognac-Test". Mir wird wieder schlecht.

18.6.92
Ich nehme zu Gottfried alle Kinderfotos mit. Auch er sagt sofort, daß ich jetzt die Bestätigung für die Richtigkeit meiner Erinnerung hätte, daß der sexuelle Mißbrauch auf jeden Fall mit ungefähr viereinhalb Jahren begann. Die Veränderung sei erschreckend. Und wenn wir davon ausgehen, daß es wahrscheinlich zu diesem Zeitpunkt noch gar nicht so häufig passiert war, weil die Aufnahmen kurz hinter einander gemacht wurden, seien die Auswirkungen verheerend; dies sei eine ganz große traumatische Erfahrung. Das Foto Nr. 5 zeige mich mit ermordeter Seele.
Dieses Foto macht mich sehr, sehr traurig und ich entwickle empathische Gefühle für die kleine Marlen.
Es ist schon bitter, feststellen zu müssen, daß es für mich besser gewesen wäre, wenn Vater nicht aus dem Krieg zurückgekehrt wäre. Andererseits hatte ich Glück, daß er erst 1945 aus der Gefangenschaft entlassen wurde, sonst hätte er mich sicher in noch früherem Alter mißbraucht. *
Keiner aus der Verwandtschaft hat diese Veränderungen wahrgenommen?! Das ist nicht gedankenlos, sondern gefühllos. Wie die meisten Menschen. Gottfried sagt dazu: "Jemand, der fühlen kann, würde nie Kinder mißbrauchen". *

(* ***September 1993:*** Seit drei Monaten nehme ich an einer Gruppentherapie "Psychodrama" teil. Als wir das Märchen "Allerleirauh" psychodramatisch nachspielten - ich spielte Allerleirauh in der Szene als sie vom König begehrt wurde - regredierte ich zur zweijährigen und sah dabei den Vater vor meinem geistigen Auge. Ich war schockiert, aber mir war sofort bewußt, daß der Mißbrauch durch diese Spontanregression bereits mit zwei Jahren begann. Die beiden Therapeutinnen, die die Gruppe leiteten und auch Gottfried, bestätigten meine Annahme. Einige Wochen später hatte ich in der Psychodrama-Therapiegruppe eine Rückblende, in der ich nochmals zur zweijährigen regredierte und eine orale Vergewaltigung erlebte. Vermutlich wird er mich während eines Urlaubs von der Front mißbraucht haben.)

20.6.92
Ich erinnere beim Betrachten meiner Kinderfotos, daß die Mutter während meiner gesamten Kindheit bis ins Erwachsenenalter hinein immer zu mir sagte "zieh doch nicht so eine Flappe". Dieses Miststück, erst vergewaltigte mich fast die gesamte Familie, sie wollte nichts merken und duldete es sogar noch, und dann soll ich auch noch freundlich gucken und muß mir auch noch diese Vorwürfe anhören. Ich hatte nichts zu lachen! In mir steigt Wut auf.

21.6.92
Wir haben uns Mountain-Bikes gekauft und machen unsere erste Fahrradtour mit den neuen Rädern. Ich habe Schwierigkeiten, mit der Gangschaltung zurechtzukommen, obwohl auch unsere Rennräder eine 12-Gang-Kettenschaltung haben. Ich befürchte, daß die Kette abfällt beim Schalten und daß Horst dann mit mir schimpft. Horst kritisiert meinen Umgang mit der Schaltung und wirft mir vor, daß ich mit meiner Unfähigkeit zu schalten, Macht auf ihn ausüben würde. Ich weise diesen Vorwurf zurück und sage ihm, daß ich Angst habe, daß er mit mir schimpft, wenn die Kette abfällt.
Das nennt man eingefahrene Verhaltensmuster.

22.6.92
Wir machen eine Hypnosesitzung. Ich möchte gerne - wieder einmal - die Situation im Schlafzimmer der Großeltern konkreter erinnern. Nach der Einleitung und der Altersregression sehe ich beide, die Oma und den Opa in der Tür stehen. Ich bekomme starkes Herzklopfen, die Magennerven kräuseln sich, ich werde zum Elefanten und beginne zu weinen. Ich komme von allein zurück.
Gottfried fragt mich, warum ich mich erinnern will. Im Grunde wisse ich es, daß der Großvater mich mißbrauchte. Gottfried sagt mir, ich könne meine Illusionen auch behalten, das sei auch verständlich, aber ich könne sie auch aufgeben. "Du weißt, was dann kommt, etwas anderes, kein Loch und Du hast Menschen, die Dich lieben."

25.6.92
Heute werde ich fünfzig Jahre. Zum Abend haben wir Gottfried und Maria eingeladen und wir werden, wenn es dunkel geworden ist, die Zeremonie "Bilderverbrennung" am Tegeler See starten. Die Eltern und den Onkel

habe ich aus dem Hochzeitsfoto der Eltern ausgeschnitten. Als symbolische Handlung habe ich mich aus dem Foto Nr. 1 ausgeschnitten. Diese Bilderteile von den Eltern werden wir verbrennen. Einige Fotos aus jüngster Vergangenheit von den Eltern sowie von Vaters Bruder und seiner Frau werden wir ebenfalls verbrennen.
Wir überlegen gemeinsam, ob ich den Opa verbrenne oder nicht. Ich bin immer noch unentschlossen. Maria schlägt vor, sein Gesicht auf dem Hochzeitsfoto zu schwärzen und ihn dann zu verbrennen. Ich schwärze das Gesicht und denke, daß das erst einmal reicht. Die Verbrennung kann ich immer noch nachholen.
Wir nehmen eine Flasche Sekt mit und gehen zum Tegeler See auf einen Bootssteg. Einige Bilder halte ich mit einer Pinzette beim Verbrennen fest und die anderen zünden wir in einem ausrangierten Pyroflamtopf an. Damit diese bucklige Verwandschaft auch richtig verglüht, haben wir noch etwas Brennspiritus darüber gegossen. Maria: "Ab in die Hölle!!!" Es ist ein befreiender und befriedigender Akt, diesen "Arschlöchern Feuer unter dem Hintern zu machen". Wir begießen diese Aktion mit Sekt. Ich werde von allen Dreien lieb unterstützt und in meinen Wahrnehmungen bestätigt. Jetzt habe ich drei engste Verbündete.
Zum Abschluß der Zeremonie werfe ich den Topf mit einem "Urschrei" in den See. Gottfried: "Die tauchen nie wieder auf". Hoffentlich! Ich sehe den sich kreisförmig ausbreitenden Wellen nach. Ich verspüre Erleichterung und empfinde keine Wehmut.
Seit Tagen überlegte ich, wie ich reagieren werde. Ich denke, daß war auch so in Ordnung, auch wenn ich keine tiefe Trauer dabei empfand. Das vorherrschende Gefühl war Erleichterung und ansatzweise Wut. Alle drei haben es mir, auch durch ihre verbalen Beiträge, leicht gemacht. Es ist ein sehr schönes Gefühl, so viel Unterstützung und Zuwendung zu erfahren. Unter diesen Bedingungen kann ich die Vergangenheit wirklich loslassen. Maria, Gottfried und Horst: ein ganz ganz liebes Danke dafür.
Es war ein sehr schöner Geburtstag.

3.7.92 Traum
Ich werde zum Tanzen aufgefordert. Der Mann ist nur etwas größer als ich, schlank, dunkelhaarig und hat braune Augen. Ich werde immer kleiner und sehe mich als sehr kleines Kind. Als mein Mund in Höhe der Geschlechtsteile des Mannes ist wird sein Penis riesig groß und er versucht, den Penis in meinen Mund zu stopfen. Ich erwache mit Erstickungs- und massiven Ekelgefühlen. *
Dieser verdammte Mistkerl, da ist er wieder: schlank, dunkelhaarig, braune Augen und nur etwas größer als ich (Der Vater ist 10cm größer als

ich). Aufknüpfen sollte *man* - nein *ich* - dich, Vater! Du verdammtes altes mieses Schwein.
(September 1993*: In diesem Traum steckt der verschlüsselte Hinweis, daß der Mißbrauch früher als mit viereinhalb Jahren begann. Ein zweijähriges Kind ist ca 70 cm groß, und somit ist sein Mund in Höhe der Geschlechtsorgane. Ein vier-fünfjähriges Kind ist deutlich größer. Diese Deutung wurde erst durch meine Regression zur Zweijährigen möglich.)

4.7.92
Seit zwei Tagen muß ich am Tage wieder öfter sehr tief Luft holen. Seit zwei Wochen schlafe ich aber relativ gut und werde auch nur gegen Null Uhr dreißig einige Minuten kurz wach und schlafe dann sofort weiter. Auch die Schmerzen auf der Innenseite der Oberschenkel sind jetzt beinahe weg.

9.7.92
Gottfried und ich waren heute in seinem Keller (ohne Cognacflasche!). Es ist ein sanierter heller und übersichtlicher Altbaukeller. Ich konnte ohne Angst oder große unbehagliche Gefühle in den Keller gehen. Ich glaube, ich muß mal irgendwo in einen richtigen Altbaukeller gehen.
Als ich von Gottfried nach Hause kam, fand ich im Briefkasten die Benachrichtigung für ein Einschreiben. Ich vermutete, nein eigentlich hatte ich die Gewißheit, daß dieser Brief von den Eltern sein wird.
Ich war jedenfalls im Zwiespalt: einerseits dachte ich, daß es auch reicht, wenn ich morgen zur Post gehe und den Brief abhole, andererseits wollte ich es auch sofort wissen, welchen Schwachsinn die jetzt wieder in Zusammenarbeit mit dem Onkel und der Tante produziert haben. Ich entschied mich, den Brief sofort abzuholen. Auf dem Wege zur Post überlegte ich, ob ich den Brief überhaupt annehme. Ich denke aber an unser Buch und daß die "Korrespondenz" mit veröffentlicht wird, und so gab es für mich keinen Zweifel mehr, den Brief anzunehmen. Ein weiterer Gedanke ging mir auch noch durch den Kopf: Vielleicht war von den beiden jemand erkrankt und äußert den Wunsch, mich zu sprechen. Da steckt doch immer noch ein Funken Hoffnung auf ein Schuldbekenntnis - wenigstens auf dem Sterbebett - hinter. Ich glaube fast, das Zitat von WIRTZ, das ich am 21.12.91 notierte, hat auch heute noch, wenn sicher auch nur im beschränktem Maße, seine Gültigkeit. Verflixt, wirklich ein äußerst schwieriger Verrat.
Ich lese den Brief sofort auf einer Bank in der Fußgängerzone.

25.6.92

Liebe Marlen!

Wir hoffen, daß dieser 50. Geburtstag in dieser Art für Dich der einzige bleibt.-
Wir hatten gemeinsam mit Dir immer eine heile Welt. Das wissen alle die uns kennen und auch Ihr.
Auch wenn es nicht in Dein jetziges Konzept paßt: "Ich habe Dich in Deinem ganzen Leben nicht ein einziges Mal sexuell berührt geschweige denn mit Dir Inzest betrieben. Du - und nicht ich - solltest auch einmal konsequent nachdenken mit wem bzw. wie Du es in Niemegk erlebt hast. Es existiert auch ein Einsegnungsbild aller Anwesenden einschließlich "Großer Oma". Auch die später nachgeschobene Erklärung, daß dies kein Einzelfall war, macht alles noch unglaubwürdiger.
Deine Mutter der Beihilfe und Duldung zu beschuldigen und daß sie Dich nicht beschützt hat, ist so haarsträubend, daß wir dafür keine Worte finden.
Eure von langer Hand sorgfältig und planmäßig vorbereitete Tribunal-Veranstaltung am 30.11.91 war für uns so unvorstellbar, daß wir wie gelähmt waren. Meine einfache Frage, ob Du auch bereit wärest etwas zuzugeben, was Du nicht getan hast, wurde von Dir mit Beschimpfung als Lügner und feige beantwortet. Auch meine Frage, was eigentlich In Deinem Kopf vorgeht, blieb natürlich unbeantwortet. Dazu hattet Ihr noch eine Person engagiert, die dann noch erklärte: "Manch einer leugnet noch auf dem Sterbebett."
Das war alles andere als Format und Anstand. Mit einem Wort: "widerlich". Weitere Ausführungen zu dieser Art kann ich mir wohl ersparen.
Bei Eurer Intelligenz können wir es uns auch nicht vorstellen, daß Ihr das alles selbst glaubt. Wenn Du vom Täter und Opfer sprichst, denn hast Du wohl recht; nur trifft das mit den Beschuldigungen in umgekehrter Reihenfolge zu.

Leider war unser Vertrauen, wie sich jetzt herausstellte, viele Jahre, ja Jahrzehnte, nur einseitig und von unserer Seite vorhanden. Z.B. Pohlmann - er war schon ca. 3 Jahre tot, als wir von seinen schlimmen Taten erfuhren. In vielen Fällen - wie es Dir geht bezüglich Gesundheit etc. und ob alles bei Dir in Ordnung sei - hast Du immer wieder erklärt "Es ist alles in Ordnung". - Schade -.

Die Erklärung dafür, warum Du Dich 30 Jahre so verhalten hast, liegt ausschließlich in Deinem Lebensbereich.
Vielleicht kommst Du in Deinem neuen Lebensjahr eines Tages doch noch zu ganz anderen Überlegungen, wenn Deine auch durch die Wechseljahre hervorgerufene aggressive Einstellung sich abgebaut hat?
Du hast ja höchstwahrscheinlich im Gegensatz zu uns noch rd. 30 Jahre vor Dir und wir hoffen, daß Du diese Jahre dann noch mit gutem Gewissen verleben kannst.
<u>Wir können jedenfalls, wenn es soweit ist, unsere Augen mit reinem Gewissen schließen.</u>
Wir waren und sind trotz allem immer noch für Dich da.
Mutti und Papa
(Hervorhebungen von den Eltern)
Verflixter Mist, die sind doch tatsächlich wieder auferstanden! Verbrennen und ertränken hat nicht gereicht, da müssen wir uns doch tatsächlich noch eine weitere Aktion einfallen lassen!
Ich reagiere mit Weinen und spüre aber auch sehr viel Wut in meinem Bauch. Das schnelle Abholen des Briefes und das sofortige Lesen gibt mir allerdings zu denken. Stehe ich immer noch unter ihrem Bann? Ich denke, eigentlich nicht. Auch meine Reaktion mit überwiegender Wut deutet nicht daraufhin. Horst meinte allerdings zu meiner Reaktion, den Brief sofort abzuholen und zu lesen, deute daraufhin, daß der Zauber doch noch nicht ganz abgebaut sei. Ich weiß nicht, ob er recht hat.
In den letzten Tagen mußte ich häufig wieder tief Luft holen. Zeigt dies wieder eine neue Rückblende an oder ahnte ich, daß die Eltern einen Brief schicken werden?

10.7.92
Ich stehe morgens "geladen" auf, spüre ganz viel Wut im Bauch, die Tränen sitzen sehr locker, und das Frühstück schmeckt auch nicht. Ich beginne zu toben und zu weinen. Ich schreie fürchterlich und prügele um mich. Für einen Bruchteil einer Sekunde zweifele ich an meiner Wahrnehmung: Und wenn er mich doch nicht mißbraucht hat in Niemegk? Ich liege für einen kurzen Moment wie erstarrt auf dem Bett kann mich selbst nicht verstehen. Mir fallen alle Einzelheiten ein, die ich beschrieb und plötzlich spüre ich aktuell seine Hände an meinem Hals und die Aufforderung "sei still, es darf uns niemand hören, sei ruhig, oder es passiert was". Ich bin fassungslos. Ich möchte schreien, aber die Laute bleiben mir im Halse stecken. Ich zittere am ganzen Körper und habe Erstickungsgefühle. Ich glaube, ich halte das nicht mehr aus. Ich wußte es, daß ich gewürgt wurde, aber jetzt muß ich es auch noch glauben. Es ist furchtbar. Ich schlage um

mich und schluchze. Ich muß unbedingt mit jemandem reden. Ich rufe Horst an, er ist nicht da. Ich rufe Gottfried an, Anrufbeantworter. Ich bin total verzweifelt. Meine Freundinnen arbeiten. Mein Gott, ich stehe wirklich neben mir.
Nach unendlich langer Zeit, es ist 14 Uhr geworden, habe ich keine Kraft mehr, weder zum Toben noch zum Weinen. Ich werde ruhiger und falle fast wie in eine Trance, nein, eigentlich fühle ich mich wie tot. Ich spüre nur noch eine unendliche Traurigkeit, die den ganzen Tag anhält. Ich liege lange Zeit wie erstarrt auf dem Bett, unfähig, mich aus dieser negativen Hypnose zu befreien.
Am Nachmittag, nachdem Gottfried anrief und mich tröstete und mich in meinen Wahrnehmungen bestätigte, lese ich etwas in KÜBLER-ROSS (a.a.O.), und wenn es mir im Moment auch schwer fällt, diesem Vers zuzustimmen, möchte ich ihn dennoch zitieren:

Die meisten Menschen sehen
all ihre schweren Lebensbedingungen,
ihr Geprüftwerden, ihre Drangsale, ihre
Schrecknisse und alle Verluste
als einen Fluch an,
als eine Strafe Gottes, als etwas Negatives.
Wenn man doch nur begreifen würde,
daß nichts, was einem begegnet, negativ ist,
ich betone: ganz und gar nichts!
Alle Schicksalsschläge, Leidenserfahrungen
und selbst die größten Verluste,
sind Geschenke.
Wir können unser Schicksalsweh und Leid
mit dem Schmieden des glühenden Eisens vergleichen.
Es ist eine Gelegenheit, seelisch zu wachsen.
Das ist der alleinige Grund unserer Existenz auf Erden.

Wenn ich in Liebe und Geborgenheit aufgewachsen wäre (der sexuelle Mißbrauch wäre dann gar nicht möglich gewesen bzw. wäre sofort erkannt und weitere Vorfälle verhindert worden!), dann hätte ich meine Hilflosigkeit auch gegenüber meiner Herzerkrankung nicht als Verlassenheit, Verurteilung oder tödliche Bedrohung erlebt, sondern ich hätte erfahren, daß durch Leid und Schmerz Entwicklungen gefördert werden und diese als Ausgangspunkt für neue Kraft fungieren. Genau dies meint KÜBLER-ROSS. Dazu gehört aber mindestens eine empathische Bezugsperson. Bei einem von außen gelenktem Selbst kommt es zur Abspal-

tung dieser als tödlich erlebten Hilflosigkeit und führt zu Destruktivität und Haß. Von beiden hatte ich genügend und bin immer noch nicht frei davon. Da ich keine Gefühle leben durfte, konnte ich auch keine Autonomie entwickeln.
Deshalb ist es für mich in der Therapie von so eminent wichtiger Bedeutung, daß ich durch die Hilflosigkeit, die Trauer, die Angst, die Schmerzen *hindurch* muß, aber *gleichzeitig* die Möglichkeit habe, dies neu zu bewerten, insofern, daß Gottfried mir die Erfahrung ermöglicht, an dieser Regression zu wachsen und dies als Neubeginn zu begreifen. Dies setzt einen integren, sensiblen, empathischen Therapeuten voraus, dessen Selbst nicht oder nicht mehr von außen gesteuert wird und der Autonomie für sich entwickeln konnte und der mutig ist, solche intensiven emotionalen Prozesse aufzufangen.
Ein von außen gelenktes Selbst unterwirft sich der Macht, - und beim sexuellen Mißbrauch gibt es keine andere Möglichkeit, als sich der Macht zu unterwerfen, wenn man als Kind überleben will - und ist nicht bereit, Verantwortung zu übernehmen. Auch dies ist ein Entwicklungsschritt, den ich mühsam immer wieder neu lernen muß, eben nicht mehr Opfer und von außen gelenkt zu sein oder zu werden, sondern eigenverantwortlich zu handeln und Hilflosigkeit nicht mehr als tödliche Gefahr zu erleben, sondern als Chance. Dies ist ein Prozeß, den ich im Grunde jeden Tag immer wieder neu begreifen muß.
"Möwe Maynard, du bist frei. Sei, was du bist, entfalte dein wahres Selbst - jetzt und hier, und nichts kann dir im Wege stehen. So will es das Gesetz der Großen Möwe, das Gesetz des Seins". (BACH 1991:69)
Als Horst dann nach Hause kommt, kann auch er seine Wut über diese Rückblende kaum beherrschen. Er möchte an seinem Geburtstag am 8.8. mit einer Zeremonie die Briefe verbrennen, aber mit einer Lötlampe, damit es heißer ist.
Am Abend fällt mir ein, daß ich früher häufig darüber nachdachte, ob ich mit Horst meinen Vater geheiratet habe. Mir sind nie Gemeinsamkeiten ein- oder aufgefallen. Ich vermutete immer, daß ich zu "doof" bin, die Gemeinsamkeiten festzustellen. Ich kann auch heute keine charakterlichen oder emotionalen Ähnlichkeiten finden und denke, daß diese auch wirklich nicht vorhanden sind.

11.7.92
Heute nacht erinnere ich mich im Halbschlaf an meine Einsegnungsfeier. Ich mußte am späten Abend ins Bett gehen, d.h. ich wurde ins Bett getragen. Wir feierten in den Räumen des Lokals, und der Onkel trug mich in

das Schlafzimmer der Großeltern. Ich bekomme ein Gänsehaut und habe atmosphärisch kein gutes Gefühl.
Die letzten Erinnerungen lassen mich zu der Überzeugung kommen, daß es sicher sinnvoll ist, mir selbst etwas mehr zu vertrauen. Meine Seele wird schon wissen, wann ich neue Erinnerungen verkraften kann und wird sie dann auch zulassen.
Vertrauen lernen heißt auch, zu lernen, sich *selbst* zu vertrauen, an sich selbst zu glauben, daß man richtig fühlt und empfindet.
Ich habe immer noch anhaltende Dickdarmschmerzen. Habe ich immer noch ein gespaltenes Verhältnis zu meinem Körper?

12.7.92
Ich eröffne Horst heute beim Frühstück, daß ich Lust verspüre, auf den letzten Brief zu reagieren. Ich weiß aber noch nicht genau, in welcher Form. Es soll natürlich kein Antwortbrief werden. Auf dieser Ebene lasse ich mich auf keinen Fall auf eine Auseinandersetzung ein. Mal sehen, was mir einfällt, ob ich eine Idee bekomme.

13.7.92
Beim Einholen denke ich über eine Antwort an die Eltern nach. Ich muß unbedingt etwas unternehmen und meine heiße Wut in kalte Wut umwandeln. Ich bekomme eine Idee:
Ich werde eine satirische Postkarte an die Eltern per Einschreiben schikken. Darauf werde ich zweifarbig schreiben:
Vater, Du kannst von Glück sprechen, daß Dein sexueller Mißbrauch an mir leider schon verjährt ist. (Abb.:1) "Vater" und "Dein sexueller Mißbrauch an mir" werde ich mit einem rotem Filzschreiber schreiben, den Rest des Textes mit blauem Kugelschreiber. Ich gehe zur Post und frage nach, ob auch Postkarten per Einschreiben geschickt werden dürfen. Es geht! Ich freue mich und zu Hause entwerfe ich die Karte. Das sieht wirklich toll aus. Ich stelle mir vor, wie der Briefträger klingelt und die Karte abgibt und dabei vielleicht auf den auffallend geschriebenen Text guckt. Mir geht es allerdings in erster Linie darum, daß der Vater *denkt*, der Postbote könnte den Text gelesen haben. Mir ist es egal, ob er ihn wirklich liest. Mit dieser Vorstellung geht es mir richtig gut, ich bin sehr guter Stimmung und finde, daß das eine angemessene Reaktion auf die Briefe ist.
Ich rufe eine Frau an, die im "TIP" eine Anzeige aufgegeben hat und Kontakt zu Inzestüberlebenden sucht. Wir verabreden uns zum Freitag. Ich bin gespannt.

14.7.92 Traum
Wir waren auf einer Feier und tanzten. Mutter, Vaters Mutter, Vaters Bruder und seine Frau (Vater? Horst?) Gottfried und ich. Gottfried sah mich nicht und fragte, wo ist Marlen? Wir umarmten uns alle und tanzten im Kreis.
Wahrlich ein seltsamer Reigen!

14.7.92
Wir besprechen den Brief. Gottfried versteht meine Reaktion der Wut und auch der Trauer und findet den Brief ebenfalls unverschämt und deutlich aggressiver als den ersten Brief. Gottfried unterstützt meinen Vorschlag, eine satirische Postkarte mit dem oben vorgestellten Text abzuschicken. Dies würde mir helfen, mit meiner Wut besser umzugehen, sagt Gottfried. Ich könnte auch noch weitere Karten später nachschicken. Ich habe Bedenken, daß der Vater Amok läuft und voller Wut hier bei uns erscheint und mich vielleicht angreift. Dies halten Horst sowie auch Gottfried für äußerst unwahrscheinlich.
Der Brief löst auch noch einmal eine Diskussion über die Rolle der Mutter aus. Wir sind jetzt entschlossen, doch noch einen Beitrag über die Funktion und die Rolle der Mütter zu schreiben.
Gottfried, Horst und ich haben zu den Worten ..."mit wem ich es in Niemegk erlebt habe" die gleiche Assoziation: Die Eltern dachten bestimmt "mit wem ich es getrieben habe".

15.7.92
Horst sagt mir, daß meine Umarmungen inniger werden.

17.7.92
Ich habe mich heute mit Anita getroffen, einer Inzest-Überlebenden. Sie ist 35 Jahre und wurde wie ihre Schwester vom Vater sexuell mißbraucht und geschlagen. Als Masochistin hat sie erhebliche Schwierigkeiten mit der Sexualität und kann sich nicht akzeptieren. Sie macht bei einer Sozialarbeiterin "Therapie". Diese Problematik kann aber ganz sicher nicht ohne professionelle Betreuung oder über einen Austausch der Erfahrungen mit anderen Überlebenden aufgearbeitet werden. Wir haben fast vier Stunden miteinander gesprochen.
Sie sagt, daß sie sich wie eine Einzelkämpferin vorkomme, da sich auf ihre Kontaktanzeigen nur dann Frauen melden, wenn sie entweder auf ihren sexuellen Mißbrauch hinweise oder auf ihren Masochismus. Es kommen aber nie Reaktionen, wenn sie in ihren Anzeigen schreibe, daß sie an einen

Erfahrungaustausch mit Frauen interessiert sei, die sexuell mißbraucht wurden und Masochistinnen sind.
Vermutlich wird in der Regel wohl von den betroffenen Frauen dieser Zusammenhang nicht hergestellt, oder aber der sexuelle Mißbrauch wurde verdrängt.
Ich empfehle ihr dringend, sich um einem adäquaten Therapieplatz zu bemühen, um diesen äußerst schwierigen Aspekt aufzuarbeiten.
Für mich waren das sehr anstrengende vier Stunden, und Anita würde gerne noch weiter reden. Ich kann aber nicht mehr. Es ist recht schwierig, unser Gespräch zu beenden. Sie will gleich eine neue Verabredung vereinbaren, ich habe aber meinen Terminkalender nicht dabei und verspreche ihr, morgen zurückzurufen.

18.7.92
Ich bin wieder sehr wütend aufgestanden. Das hängt sicher auch mit dem gestrigen Gespräch zusammen. Diese Inzesttäter müßte man wirklich alle aufknüpfen. Horst bemerkt meine unterschwellig vorhandene Wut und fordert mich auf, diese auszuleben. Das Unterdrücken der Wut sei für ihn kaum auszuhalten. Er fordert mich auf, meine Wut zu leben und nicht zu warten, bis er zur Arbeit gegangen sei. Ich kann aber meine Wut jetzt nicht zulassen und warte, bis er gegangen ist, und dann erst beginne ich zu toben. Danach geht es mir besser.
Ich rufe Anita an, und wir verabreden uns für den nächsten Freitag. Ich begrenze aber die Zeit auf maximal zweieinhalb Stunden. Anita sagt mir, daß es ihr nach unserem Gespräch sehr gut ging, und sie fragt nach, wie es mir ergangen ist. Sie war erstaunt, als ich ihr sagte, daß es mir schlecht ging und ich unser Gespräch als sehr anstrengend empfand.

24.7.92
Zweites Treffen mit Anita. Ich habe meine Kinderfotographien mitgenommen und wir sehen gemeinsam unsere Fotos an. Auch sie hat ebenso wie ihre Schwester, ich möchte fast sagen, den typischen Gesichtsausdruck sexuell mißbrauchter Kinder. Einige Überlebende, die in ihrer Autobiographie Kinderfotos veröffentlichten, zeigen ebenfalls diesen Gesichtsausdruck, der viele Gefühle wie Angst, Zorn, Trauer, Resignation zeigt.
Anita erzählt mir, daß sie eine Namensänderung beantragt habe und ihr Antrag angenommen wurde. Ich wußte nicht, daß sexueller Mißbrauch für Behörden ein hinreichender Grund für eine Namensänderung ist. Ich überlege sofort, ob es für mich sinnvoll ist, meinen Geburtsnamen abzu-

geben. Darüber muß ich mal in aller Ruhe nachdenken. Spontan bin ich dieser Idee sehr zugetan.
Ich spreche noch einmal die für sie nicht zufriedenstellende Therapiesituation an. Sie hat nur alle zwei Wochen bei ihrer Sozialarbeiterin einen Termin. Das ist natürlich viel zu wenig für eine effektive Bearbeitung der Inzestproblematik. Ich sage ihr noch einmal, daß sie sich unbedingt um einen Therapieplatz bemühen soll, um überhaupt an ihr Masochismusproblem heranzukommen.
Wir machen jetzt vier Wochen Urlaub, und ich gebe die Initiative ab, indem ich zu Anita sage, daß sie mich nach dem Urlaub anrufen kann. Dies ist vielleicht nicht ganz fair von mir, ich konnte ihr aber nicht sagen, daß die Gespräche mit ihr sehr viel Kraft kosten und für mich aufgrund der Masochismusproblematik sehr belastend sind. Ich meine damit nicht, daß es aus moralischer Sicht belastend ist, sondern ich bin selbst ja noch in der Aufarbeitung, und das kostet viel Kraft, so daß die Gespräche zwischen uns von mir als emotional belastend empfunden werden. Beim nächsten Treffen werde ich es ihr sagen. Auch das ist eigenverantwortliches Handeln, nämlich mir selbst gegenüber.
Als ich nach Hause fahre, spüre ich wieder sehr viel Dankbarkeit für meine Verbündeten. Ich hatte wirklich enorm viel Glück, daß sich Gottfried "darauf" eingelassen hat und mich mit großem Engagement unterstützt und mich mit meinen Emotionen auffängt und daß mich beide - Gottfried und Horst - mit viel Liebe und Geduld begleiten. Dies ist von unschätzbarem Wert.

25.7.92
Ich habe "DU BIST DOCH MEIN VATER" (JÄCKEL) vor drei Tagen gekauft und heute ausgelesen. Die Rolle der Mutter fügt sich gut in das übliche Verleugnungsschema ein. Der Text ging mir sehr nahe, und ich mußte dann am Samstagabend gegen 23 Uhr noch wüten und weinen. (Beim Überprüfen der Literaturzitate bemerkte ich, daß sich hier ein Fehler eingeschlichen hatte: Ich zitierte: "Du *warst* doch mein Vater"). In der Vergangenheitsform "warst" spiegelt sich meine Ablösung vom Vater. Ich sehe ihn heute nur noch als meinen Erzeuger. Die Anrede "Vater" hat er wahrlich nicht verdient.

26.7.92
Wir machen mit Jürgen und Christa eine Radtour. Jürgen fährt immer sehr weit voraus, so daß wir teilweise den Kontakt zu ihm verlieren. Ich artikuliere unsere Unzufriedenheit über sein Verhalten. Wir haben beschlossen,

gemeinsam zu radeln, und es wäre schön, wenn er sich nicht absondern würde. Danach bleibt Jürgen im Kontakt mit uns.
Es gibt später zwei Möglichkeiten, nach Hause zu radeln. Wir können uns auf keinen Weg einigen, und Horst schlägt vor, daß wir getrennt fahren. Ich mache dann noch einen dritten Vorschlag, der schließlich modifiziert angenommen wird.
Horst sagte dazu am Abend, daß es wieder deutlich wurde, daß ich Harmonie anstrebte. Ich hätte mich bemüht, einen Konsens herzustellen, da ich mich immer für alles verantwortlich fühlte, eben auch für das Gelingen dieser gemeinsamen Radtour. Horst sagt, daß ich so ein starkes Harmoniebedürfnis hätte, sei ihm früher gar nicht so aufgefallen. Er hätte es erst beim Lesen dieses Tagebuches richtig bemerkt.

28.7.92
Horst und ich radeln auf einem Fahrradweg, und plötzlich kommt ein Junge hinter einem Gebüsch von rechts auf mich zugefahren. Ich habe keine Zeit mehr, nach links auf den Grünstreifen auszuweichen. Er fährt seitlich in mein vorderes Laufrad. Wir brauchen mehr als dreißig Minuten, um mein Fahrrad wieder fahrtüchtig zu machen.
Ich schimpfe mit ihm, da ich mir einige Prellungen beim Fallen zugezogen habe. Seine Bremsen würden nicht funktionieren und er erzählt uns, daß er keinen Vater, sondern nur eine Schwester, eine Mutter und eine Großmutter hätte. Diese könnten das Rad nicht reparieren. Etwas später kommt dann seine große Schwester und fordert Robert auf, sich zu entschuldigen. Er gibt mir verlegen die Hand, und ich streichele sein Gesicht und tröste ihn. Ich sage ihm, daß er sicher aus dem Fehler gelernt hätte und in Zukunft langsamer auf den Fahrradweg einbiegen würde. Auch Erwachsene würden aus Fehlern lernen.
Horst sagt mir wieder, auch diesmal wäre ganz deutlich zu spüren gewesen, daß ich auch hier Harmonie herstellen wollte und mit Robert sehr sanft umgegangen sei. Horst bestätigt, daß ich für diesen Unfall nicht verantwortlich gewesen sei und auch nicht die geringste Chance gehabt hätte, diesen Zusammenstoß zu verhindern, da ich nicht ausweichen konnte, und der Bremsweg wäre viel zu lang gewesen, um einen Zusammenstoß zu verhindern.

29.7.92
Das waren zwei Vorfälle, in denen mein Harmoniebestreben deutlich wurde. Auch in unserem gemeinsamen Urlaub in Dänemark im vergangenen Jahr mit der Freundin Iris fühlte ich mich permanent verantwortlich für das Gelingen des Urlaubs. Daß ich an dem Ausflug nach Skagen teilnahm,

ist nur aus meinem Harmoniebestreben erklärbar. Ich wollte keinen Unfrieden stiften, indem ich *nicht* mitfuhr. Und gerade dieses Leugnen der eigenen Bedürfnisse führte dann dazu, daß der Ausflug durch mein Verhalten absolut disharmonisch verlief. Total ver-rückt.

30.7.92
Wir haben Urlaub, und ich habe schlechte Laune, da wir um 12 Uhr mittags immer noch zu Hause sind. Ich denke im Stillen, daß ich dafür verantwortlich bin. Horst ahnt es wohl und sagt, daß ich nicht für das Gelingen des Urlaubs veranwortlich sei und auch nicht dafür sorgen müsse, daß alles klappt.
Ich bin jetzt sicher, daß ich meinen Geburtsnamen SCHWARZ abgeben will. Nach dem Urlaub werde ich entsprechende Schritte einleiten. Ich möchte gerne BEHLER heißen. Dies ist sehr wohl auch symbolisch zu verstehen, denn Gottfried ist für mich ja ein Geburtshelfer, da ich gerade dabei bin, seit einem Jahr fast täglich neu geboren zu werden. Ob Gottfried zustimmen wird und Horst damit einverstanden ist?
Beim Korrekturlesen (20.10.92) fällt mir auf, daß in der Frage, ob Horst damit einverstanden ist, sich immer noch Abhängigkeit und Unsicherheit spiegelt. Ich mache mich selbst klein dadurch. Diese Feststellung traf ich schon einmal zum Beginn der Therapie am 11.9.91. Muß ich mich wirklich für eine Entscheidung rechtfertigen, die mir sehr wichtig ist und an der mir sehr viel liegt? Ich glaube, daß ich an meinen Unsicherheiten und Abhängigkeiten auch noch arbeiten muß. Wieso muß Horst einverstanden sein, wenn ich BEHLER heißen möchte?

1.8.92
Ich denke über mein Leben nach und stelle fest, daß ich mindestens bis zu meinem dreißigsten Lebensjahr sehr unglücklich war und mich auch so fühlte. Teilweise waren es - gerade während der Psychoanalyse und in der Zeit danach - schlimme und total chaotische Zeiten. Dann folgte die Phase der Ausbildungen, und dies war wohl für mich ein Weg, vieles zu kompensieren und zu sublimieren. Irgendwie habe ich mich dann mit dem "Leben" arrangiert. Es war zumindestens eine Methode des Überlebens für mich. Horst sagt dazu: "Wie ein Haus, das nicht eingerissen wird, um neu aufgebaut zu werden, sondern hier und dort wird etwas repariert. Kompensation statt Revolution".
Na ja, jetzt ist die Revolution doch noch gekommen.

2.8. 92
Ich habe, wenn ich spontan angesprochen werde, Schwierigkeiten rechts und links zu unterscheiden. Heute hatten wir wieder so eine Situation. Horst reagiert immer sehr ärgerlich, wenn ich dies verwechsele. Ob dies mit dem Mißbrauch zusammenhängt? Ich muß mal mit Gottfried darüber reden.

3.8.92
Ich erzähle Gottfried von den beiden letzten Ereignissen und meinen Harmoniebestrebungen. Er meint dazu, wenn ich erst meine Unzufriedenheit und damit meine Wünsche äußere und danach Harmonie anstrebe, dann wäre das doch ein Weg für mich. Dies sei ein Fortschritt, da ich früher immer alles heruntergeschluckt hätte.
Ich spreche meine immer noch vorhandenen Dickdarmbeschwerden an und meine Allergie. Wozu brauche ich die eigentlich noch? Ich werde verstanden, geliebt und angenommen und trotz intensiver Trauerarbeit und das Leben von Wut (wenn auch mit Einschränkungen, da ich sie nicht sofort rauslassen kann), hat sich an diesen Beschwerden noch nicht allzuviel geändert. Gottfried gibt zu bedenken, daß ich immer noch Bestrebungen hätte, meine Wut zu kontrollieren und es mir schwer fiele, diese Gefühle in letzter Konsequenz zu akzeptieren, und der Umgang mit Aggressionen sei für mich noch problematischer. Diese Gefühle seien immer noch nicht integriert, wie dieses "Dauerthema" auch zeigen würde. Gottfried sagt mir wieder (zum wievielten Mal?) "diese Gefühle gehören zum Leben, Marlen". Meine Güte, vielleicht kapiere ich es endlich doch noch eines Tages.
Zu Hause lese ich noch einmal in DETHLEFSEN und DAHLKE (11/90) nach. Der Allergiker hat Probleme mit seiner Aggressivität, die in den Körper verdrängt wird. Eine Allergie ist eine stofflich gewordene Aggression und eine überzogene Reaktion des Immunsystems. Harmlose Stoffe wie Blütenpollen, Tierhaare oder Nahrungsmittel werden bekämpft. Eine allergische Reaktion setzt Bewußtsein voraus und tritt z.B. in einer Narkose nicht auf. Da die meisten Allergene Lebendigkeit ausdrücken, flößen sie dem lebensfeindlich eingestellten Allergiker Angst ein. Und wovor man Angst hat, das wird bekämpft .... *"Sein Ideal ist das Sterile, Keimfreie, Unfruchtbare, von Trieben und Aggressionenen befreite Leben - ein Zustand, der die Bezeichnung "Leben" kaum mehr verdient.... Dann hat das Wehren, das Sich-Abschließen und Sich-Abkapseln eine höchste Form erreicht, die ihre Erfüllung im Sarg findet - eine echte allergenfreie Kammer"* (DETHLEFSEN/DAHLKE 11/90:155).
Als ich diesen letzten Satz im Kapitel über Allergien vor ca. zwei Jahren las, war ich schockiert. Ich glaube aber, daß der Kern des Problems ge-

troffen wird, denn von einer lebensbejahenden Einstellung war und bin ich zum Teil immer noch entfernt.

4.8.92
Ich träume vom Onkel und erwache mit starken Ekelgefühlen.
Am Vormittag habe ich dann einen Wutanfall. Wir wollten eigentlich radfahren. Der Tag ist gelaufen. Ich fühle mich schuldig am verkorksten Tag. Horst tröstet mich und sagt, Gefühle leben sei wichtiger als radfahren.

5.8.92
Wir fahren mit der S-Bahn am Bahnhof Grünau vorbei. Dort hatte Vaters älterer Bruder nach dem Kriege ein Haus. Auf einer Familienfeier in diesem Hause wurde zu dem Schlager "Was machst du mit dem Knie, lieber Hans, beim Tanz" getanzt. Ich war damals acht oder neun Jahre alt und assoziierte zu "Knie" großer harter Penis.
Dieses Wort "Penis" stand mir damals nicht zur Verfügung. Ich hatte einfach dieses "Ding da unten" bildlich vor Augen. Geschlechtsteile wurden nicht mit Namen benannt. Ich hatte einen großen und einen kleinen Bauch. Und der kleine Bauch ist so entstanden: *Abgeschnitten, umgekrempelt, prima, prima* (Standardausspruch der Großmutter und Mutter).
Diese Erinnerung hat mich nicht besonders beeindruckt. Ich hatte wahrlich schlimmere Erinnerungen. Aber es ist wieder ein weiterer Beweis. Als wenn es dieser Beweise überhaupt noch bedarf.

8.8.92
Heute hat Horst Geburtstag. Wir haben Gottfried und Maria eingeladen und zum Abend eine zweite Verbrennung geplant. Sämtliche Briefe von den Eltern und der Tante und dem Onkel haben wir kopiert und in den Computer getippt. Die Originale werden wir im Dunkeln auf dem gleichen Bootssteg verbrennen, wo auch die Bilderverbrennung zu meinem Geburtstag stattfand. Es ist schon fast ein Ritual. Wir nehmen wieder eine Flasche Sekt mit und verbrennen die Briefe und versenken die Schüssel im Tegeler See.
Solche Zeremonien haben eine sehr befreiende Wirkung, da die heiße Wut in kalte Wut umgewandelt wird. Ich glaube, daß auch Horst etwas von seiner Wut ablassen konnte.

9.8.92
Ich stelle fest, daß ich mich immer noch mit anderen vergleiche. Ich ziehe mein Selbstwertgefühl immer noch aus anderen. Ich möchte eines Tages -

das ist ein Therapieziel - so sein, wie ich bin. Wie bin ich? Wer bin ich? Was bin ich?

"Kein Adler wird ein Elefant sein wollen und kein Elefant ein Adler. Sie "akzeptieren" sich "selbst". Nein, sie akzeptieren sich noch nicht einmal selbst, denn das würde eine mögliche Ablehnung einschließen. Sie nehmen sich so an, wie sie sind. Nein, sie nehmen sich auch nicht einmal so an, wie sie sind, denn das würde die Möglichkeit des Anderssein beinhalten. Sie sind einfach. Sie sind was sie sind was sie sind." (PERLS 1981)

Das Selbstwertgefühl resultiert in erster Linie aus der Wertschätzung, die die Eltern ihrem Kind entgegenbringen. Kein Wunder, daß ich damit Schwierigkeiten habe.
Die Eltern haben immer Maßstäbe und damit Unsicherheiten gesetzt. Niemals standen sie vorbehaltlos hinter mir. Geliebt wurde ich auch nur für erbrachte Leistungen und nie selbstlos. Ich fühle mich immer noch häufig von außen gesteuert.
Damit hängen sicher auch meine Schwierigkeiten zusammen, daß ich eigene Leistungen nur schwer anerkennen kann. Auch wenn andere mich darauf hinweisen, neige ich zur Abwertung.

Gestutzte Eiche
Wie haben sie dich, Baum, verschnitten,
Wie stehst du fremd und sonderbar!
Wie hast du hundertmal gelitten,
Bis nichts in dir als Trotz und Wille war!
Ich bin wie du, mit dem verschnittnen,
Gequälten Leben brach ich nicht
Und tauche täglich aus durchlittnen
Roheiten neu die Stirn ins Licht.
Was in mir weich und zart gewesen,
Hat mir die Welt zu Tode gehöhnt,
doch unzerstörbar ist mein Leben
Ich bin zufrieden, bin versöhnt,
Geduldig neue Blätter treib ich
Aus den Ästen hundertmal zerspellt,
Und allem Weh zu Trotze bleib ich
Verliebt in die verrückte Welt.
(HERMANN HESSE)

Ich frage Monika, wie sie mich jetzt sieht, wie ich auf sie wirke. Sie sagt mir, daß ich früher nach ihrer Einschätzung eine gleichberechtigte Partnerin neben Horst war, trotz aller Dominanz von Horst. Jetzt wäre ich eher kindlich und Horst hätte wohl mehr eine Vaterrolle eingenommen. Er würde mich sehr viel trösten. Sie empfindet mich nicht mehr als gleichberechtigte Partnerin neben Horst.
Ihre Antwort hat mich doch erst einmal verblüfft. Ich erwidere, daß ich natürlich regrediert bin, daß es aber nach meiner Beurteilung nur eine partielle, zur Heilung nötige Regression ist. Horst sagt dazu, als ich es ihm am Abend erzähle, daß ich nicht meine gesamte Kindheit in einigen Monaten nachholen und verarbeiten könnte.

15.8.92
Vom 10.8. bis zum 17.8. machen wir im Spreewald Urlaub. Bei einer Radtour müssen wir eine Schleusenanlage überqueren, um auf die andere Seite der Spree zu gelangen. Mir hat das Überqueren große Angst gemacht, und ich mußte mich überwinden, hinüber zu laufen. Ich habe vor Schleusenanlagen schon immer Angst gehabt, solange ich mich erinnern kann. Ich befürchtete, daß dort in der Anlage plötzlich Leichen oder Leichenteile auftauchen könnten.
Ich mußte beim Überqueren an den "Wasserturm" denken, der im Osten in der Nähe der Wohnung in einem kleinen Park stand. Dieser Turm, der oben offen war, war schon als Kind für mich stark angstbesetzt.
Ich bin öfters mit dem Onkel daran vorbei geradelt. Dieser Park lag auf dem Weg zwischen der Wohnung des Onkels und unserer Wohnung.
Nach dem Urlaub wollen Horst und ich einmal zur Wohnung in der Prenzlauer Allee fahren. Dort - im ehemaligen Ostteil der Stadt - bin ich aufgewachsen.

17.8.92 Traum
Diesen Traum erinnere ich, als ich am Abend in WATZLAWICK (1991:68) über sich selbst erfüllende Prophezeihungen lese: *"Es mehren sich ferner die Studien und Forschungsergebnisse über die Beeinflußbarkeit des menschlichen Immunsystems durch Gemütsschwankungen, Suggestionen und visuelle Vorstellungen"*.
Traum:
Ich bin bei meiner Ärztin für Allgemeinmedizin. Sie untersucht mein Blut. Ich habe ein sehr schlechtes rotes Blutbild. Nur mit Freßzellen (diese gehören zu den weißen Blutkörperchen, aber im Traum war es anders). Sie kann mir nicht helfen und zeichnet den Entwicklunszyklus dieser Freßzel-

len auf. Sie gibt mir die Zeichnung und sagt, "geben Sie das Gottfried, nur er kann ihnen noch helfen".
Dabei fällt mir ein, daß ich öfters von schweren oder auch tödlich verlaufenden Krankheiten träume.

18.8.92 Traum
Ich bin bei unseren Freunden in Hannover. Iris leert den Briefkasten und findet viele beschriebene Zettel und einen Brief von mir. In diesem Umschlag befand sich das Foto Nr. 5. Die anderen Fotografien hatte ich ihr schon geschickt (im Traum). Sie sagt zu mir, in der Therapie geht es deshalb nicht mehr so schnell vorwärts, da ich an meiner Mitverantwortung nicht arbeiten will. Ich sage ihr, daß es für mich keine Mitveranwortung gibt. Sie widerspricht mir und sagt, ich muß mich dieser Mitverantwortung stellen.
Im Traum ist offen, ob ich die Mitverantwortung für den Inzest oder die Trennung übernehmen soll. Mein atmosphärischer Eindruck beim Erwachen ist, daß ich die Mitverantwortung für den Inzest übernehmen soll. Habe ich mit der Schuldfrage doch noch Schwierigkeiten und lasse es für mich jemanden anderes aussprechen?

20.8.92
Wir sprechen über Monikas Einschätzung zu meiner Entwicklung in der Therapie. Gottfried sagt, ich sei natürlich partiell regrediert. Das sei für mich auch notwendig bis dorthin zurückzugehen, wo in meiner Entwicklung etwas schiefging, um mich selbst finden und neugeboren zurückkehren zu können. Durch die Regression würde es mir auch möglich sein, die in meiner Kindheit erfahrenen Repressionen aufzulösen.
Ich berichte Gottfried, daß ich Schwierigkeiten habe, rechts von links zu unterscheiden. Wir machen den Handfalte-Test. Mein linker Daumen liegt über dem rechten Daumen. Gottfrieds Aufforderung, meine Hände so zu falten, daß der rechte Daumen über dem linken Daumen liegt, bereitet mir Schwierigkeiten, und ich muß überlegen, wie dies überhaupt geht. Es fühlt sich auch sehr "komisch" an. Dahinter könne sich eine verkappte Linkshändigkeit verbergen. Dies würde auch meine Schwierigkeiten erklären, spontan rechts von links zu unterscheiden. Einige Tätigkeiten mache ich auch bevorzugt mit der linken Hand.

21.8.92
Seit einigen Tagen verschlafe ich wieder meine "Programmierung". Ich werde aber immer noch mit Schmerzen auf der Innenseite der Oberschenkel wach.

23.8.92
Seit heute muß ich häufig tief Luft holen und meine Magennerven kräuseln sich.

25.8.92
Seit zwei Tagen habe ich am Tage intervallmäßig auftretende Schmerzen an der Innenseite der Oberschenkel. Sie strahlen in den unteren Bauchraum aus und ziehen sich bis zum Magen hinauf.
Seit mehreren Tagen habe ich auch permanent ein klebriges Gefühl an den Händen und im Gesicht. Dauerndes Waschen hilft - natürlich - nicht.

2.9.92
Ich habe heute wieder einen Wutanfall. Ich tobe wie üblich auf dem Bett herum. Wie lange brauche ich eigentlich für meine Wut noch eine Gummizelle???

3.9.92
Meine Hauptprobleme sind folgende:

- ich habe immer noch Verlassenheitsängste
- die Todesdimension des sexuellen Mißbrauchs und meiner Herzerkrankung ist noch nicht aufgearbeitet
- der Mißbrauch durch den Großvater ist emotional nicht aufgearbeitet
- die Beziehung zur Mutter ebenfalls nicht
- und vor allem meine Wut, die ich immer noch aus einer Ohnmacht heraus erlebe
- ich habe auch zur Zeit das Gefühl, in ein großes schwarzes Loch zu fallen und Gefühle der Leere.

Gottfried sagt, an meiner Wut müßten wir noch viel arbeiten. Es sei ein Fortschritt und es sei richtig, sie auch in einer regredierten Form zu leben, aber sie sei zu wenig zielgerichtet.
Ich empfinde meine eruptiven Anfälle auch nicht als sehr konstruktiv. Es dauert auch immer noch sehr lange, mindestens einige Stunden, bis ich dieses Gefühl zulassen kann.
Wir machen eine Phantasiereise in die Zukunft:
Ich fahre in einem Zug durch einen dunklen Tunnel. Der Tunnel ist zu Ende, und der Zug fährt in eine sehr schöne Landschaft. Ich steige aus, laufe durch den Ort und suche mir ein Zimmer. Dann mache ich einen Spaziergang über Felder, Wiesen und Weiden. Ich komme an einem Bach vorbei und bleibe dort. Ich setze mich auf eine Bank, und ein alter Mann und eine alte Frau setzen sich zu mir. Beide sehen sehr weise aus. Sie geben mir zu

essen und zu trinken und fragen mich nach meiner Zukunft. Ich erzähle ihnen, daß ich mir Sorgen mache, wie es weitergehen soll und daß ich so viel Leere in mir spüre. Sie antworten, daß ich im Jetzt und Hier leben soll, und wenn die Zeit dafür reif ist, dann kommen Aufgaben auf mich zu, und ich werde Lösungen finden. Ich soll mir vertrauen und Geduld mit mir haben. Ich bedanke mich und gehe in mein Zimmer zurück. Am nächsten Tag fahre ich mit dem Zug nach Hause.
Es war eine sehr schöne erholsame Phantasiereise, und ich erwache in bester Stimmung.
Wir machen die gleiche Reise noch einmal, und ich befrage die beiden alten Leute zu meinem Großvater. Sie sagen mir, ich soll es fließen lassen, und wenn ich stark genug bin, dann werde ich ihn auch sterben lassen. Ich weine und komme zurück.

Sie kehren immer wieder
die Zeiten der Trockenheit
der Leere
die Erfahrung von Wüste
in deinem und meinem Leben
in dir selbst
in mir

Sie durchzustehen
auszuhalten
zu ertragen
erfordert Kraft
Hoffnung
vertrauen
prüft deine Treue

Hälst du durch? -
du wirst reich beschänkt sein

Die Wüste befreit
(BICKEL/MEILINGER 1984)

6.9.92
Wir sind mit Bernd und Antje im Tierpark Friedrichsfelde. Antje balanciert auf einem niedrigen Zaun und als sie in Gefahr gerät abzurutschen, greift sie mit ihren Händen nach meinem Hals, um sich festzuhalten. Nur

mit Mühe konnte ich einen Aufschrei unterdrücken. Ich nahm dann ihre Hände von meinem Hals und führte sie an der Hand. Zuvor hatten die beiden gespielt und Bernd umfaßte mehrmals Antjes Hals mit beiden Händen. Antje nahm es ganz gelassen und lachte auch noch. Ich hielt mich zurück und sagte nichts, obwohl es mir sehr schwer fiel.
Horst sagte, er konnte in meinem Gesicht viele Gefühle ablesen: vor allem Angst, aber auch Aggression und Hilflosigkeit.
Ob ich diese Erfahrung jemals integrieren kann?

8.9.92
Wir machen eine Trance und wollen uns in diesem entspannten Zustand unterhalten. Mein Ziel ist es nicht, eine bestimmte Erinnerung wachzurufen, sondern mich ganz diesem entspannten Zustand hinzugeben und die Gedanken einfach kommen lassen.
Ich erinnere mich, daß ich öfters bei meiner Oma (Mutters Mutter) im damaligen Westteil der Stadt übernachtete und häufig einen Roller für eine Stunde ausleihen durfte. Es ist eine ganz schöne Erinnerung, da mir das Rollern immer viel Spaß machte.
Es tauchen aber auch wieder die drei gleichen Bilder auf:
- der Montag nach der Einsegnungsfeier in Niemegk, als der Onkel kam. Dann reißt die Erinnerung mit einem atmosphärisch unguten Gefühl ab
- die Situation im Schlafzimmer der Großeltern
- ich sehe mich als ca. Dreijährige im Gitterbett im Vereinszimmer der Großeltern.
Als ich das Bild im Schlafzimmmer der Großeltern vor mir sehe, merke ich, wie ich zu "Stein" werde. Es ist unangenehm. Wenn ich das Wort "Opa" denke, krampft sich in mir alles zusammen. Auch er hat mich nicht um meiner selbst willen geliebt. Dies ist schon herb.
Gottfried sagt, ich könne mich jetzt auch entscheiden, die Bilder bewußt wegzuschicken. Dies sei kein Verdrängen, sondern meine bewußte Entscheidung für die Zukunft.
Ich denke an die Situation im Tierpark und erzähle Gottfried, daß ich nur mit Mühe eine heftige Gegenreaktion verhindern konnte. Ich glaube aber, daß Antje nichts gemerkt hat. Gottfried erwidert, daß ich mich in solchen Situationen auf die Gegenwart beziehen solle und mir sagen könnte, daß mir jetzt niemand etwas Böses antun wolle. Dadurch könne ich die Vergangenheit zurückschicken. Vergangenheit sei etwas Totes.

11.9.92

Der Knoblauchrest im Mülleimer stinkt zum Himmel. Horst (im Bademantel) schimpft darüber, unternimmt aber nichts, so daß ich nach einiger Zeit die Tüte aus dem Mülleimer nehme und sie zwischen unsere beiden Korridortüren stelle. (Wir haben zum Treppenhaus eine Doppeltür). Horst schimpft immer noch, daß dieser Gestank über den Korridor doch noch in die Wohnung ziehen würde. Ich nehme die Tüte und stelle sie vor die Eingangstür. Selbst das reicht ihm nicht, er meckert immer noch. Voller Wut trage ich die Tüte zum Müllcontainer. Als ich zurückkomme, nenne ich ihn hysterisch und blaffe ihn an, daß es nicht auf meinen X-Chromosomen steht, den Müll wegzutragen. Horst sagt, "wie deine Alte", "er ist ja nicht eingedrungen" (Bemerkung der Mutter bei der Konfrontation, daß der Onkel "nur" an meinen Geschlechtsteilen manipulierte), total gefühllos und nicht merkend, wenn man andere verletzt und die Gefühle anderer mißachtet.

Ich bin entsetzt, was soll dieser Vergleich? Das ist sehr verletzend, und ich beginne zu weinen. Nach einer Weile kommt Horst zu mir und sagt, da habe sich überhaupt noch nichts geändert. Ich fordere ihn auf, wenigstens zu akzeptieren, daß er mich zutiefst verletzt hat. Das ist doch wohl ein unmöglicher Vergleich. Horst sagt, daß er das einsehe, und natürlich könne man das nicht vergleichen. Er meinte, daß ich meine eigenen Wertmaßstäbe setzen, diese auf andere übertragen und damit darüber entscheiden würde, was andere als verletzend zu empfinden haben und was nicht.

Ich bin wütend, aber gleichzeitig auch traurig und habe Angst. Horst wird zunehmend aggressiv und brüllt mich an, daß ich immer noch nicht offen sei und mich verschließen würde. "Wie komme ich bloß an dich heran?" Ich brülle ihn an "Ich donnere dich an die Wand". Horst: "Was soll ich jetzt machen. Dich in den Arm nehmen?". "Nein, laß mich in Ruhe", sage ich. "Hau' ab, geh' endlich, mach daß du zur Arbeit kommst".

Horst zieht sich an und will gehen. "Da wird man aus der eigenen Wohnung rausgeschmissen". Ich muß lachen und weinen gleichzeitig, und wir umarmen uns.

Horst sagt, daß das mit meiner Wut heute wieder so schwierig sei, und er alle widerstreitenden Gefühle in meinem Gesicht ablesen konnte. Damit sei er nicht zurecht gekommen und das hätte ihn unheimlich wütend gemacht. Das stimmt. Meine Wut war mit viel Angst und auch etwas Aggressivität gemischt. Ich hätte ihn wegen seiner Bemerkung umbringen können. Als er dies zu mir sagte, hatte ich gerade eine Kanne mit heißem Tee in der Hand, die hätte ich ihm beinahe über den Kopf gegossen.

Horst sagt noch bevor er geht: "Natürlich kann man das nicht vergleichen, mir ging es nur um das Prinzip".

Wir sprechen am Abend noch einmal darüber. Horst sagt mir, daß er sehr viel Schwierigkeiten hätte, mit diesem "Mischmasch" an Gefühlen umzugehen. Meine Wut wäre kein reines Gefühl. Auch die Bemerkung "ich donner Dich an die Wand" hätte ich mit sehr viel Angst gesagt und eben nicht richtig wütend. Was immer er auch unternähme, es könne nur falsch sein, weil in mir so viele Gefühle streiten würden.
Bei Horst ist es (bei Wut) eine kurze heftige Explosion und dann ist es vorbei. Ich brauche immer sehr lange, bis ich die Wut rauslassen kann. Ich tobe dann längere Zeit, bis meine Wut abgebaut ist.
Meine gemischten Gefühle resultieren noch aus den Mißbrauchsituationen. Alle Gefühle, die dabei auftraten, insbesondere aber die Wut, mußte ich unterdrücken. Horst's gefühlsmäßigen Reaktionen müssen zwangsläufig mit einem oder mehreren anderen Gefühlen bei mir kollidieren. Man kann eben nicht gleichzeitig Distanz halten und Nähe herstellen.
Ich sage zu Horst, daß er sehr wohl auch weiß, daß es in meiner Familie an Offenheit, Klarheit und inniger Verbundenheit fehlte. Gerade diese Nicht-Offenheit drückte sich auch im Gefühlsleben aus. So wurde nie gestritten oder gezankt und Gefühle nie klar und deutlich gezeigt, geschweige denn gelebt. Mit dieser emotionalen Verarmung wuchs ich auf, und die Unfähigkeit meiner Eltern, Gefühle zuzulassen, beinhaltet auch, daß kein einziges Gefühl klar und deutlich gezeigt wurde. Horst erwidert, daß ich genau das verinnerlicht hätte und heute auf ihn übertragen würde. Er fühle sich seiner Gefühle beraubt und in seinen Gefühlen kontrolliert, und genau das mache ihn dann immer so wütend.
Diese unterschwellige Wut bei den Tätern, die ich auch immer gespürt hätte, sei es, die solch ein Verbrechen wie sexuellen Mißbrauch erst möglich mache und nicht etwa die gelebte Wut.
Ich beginne, Tagebuch zu schreiben:
Diese "verdammte Scheißwut", die kriege ich nie in den Griff, das kann ich nie kontrollieren.
O Gott, jetzt wo es dasteht, fällt es mir auf: Kontrolle. Das ist es ja! Vielleicht kontrolliere ich immer noch zu viel und deshalb dauert es so lange, bis ich die Wut zulassen kann. Dauern deshalb die Wutanfälle auch so lange?
Verdammt, wozu braucht <u>man</u> diese ScheißWut überhaupt?
Oh je, Distanz klingt mit. Auch nicht gut. Ja aber, wie dann? Ach Mensch, die Wut kann mir mal...
Ich beginne fürchterlich zu weinen.
So habe ich wirklich beim Aufschreiben gedacht, und mir ist erst nach dem Lesen bewußt geworden, was dies bedeutet. Ich bin von einer Integration dieses Gefühls noch meilenweit entfernt.

Als ich mich beruhigt habe, lese ich Horst diese Passage vor.
Horst sagt zu mir: "Deine Wut kam aus der Haut, und die Wut kann alles verbrennen, ist Dir dies klar? Das ist Leben. Dagegen willst Du gewinnen? Wut zu kontrollieren ist ein Widerspruch in sich, denn sie lebt vom Kontrollverlust".
Ach ja, wieder sehr grandios und charmant, dieser Typ. Und mit Kontrollverlust habe ich so meine eigenen Erfahrungen gemacht ...

12. und 13.9. nachts
Nach diesem Streit und der Erkenntnis, daß für mich die Wut auch deshalb so schwer zu leben ist, weil es Verstrickungen mit Macht, Ohnmacht und Hilflosigkeit gibt, und ich hier wirklich noch viel integrieren und lernen und sterben lassen muß, habe ich zwei schlaflose Nächte. Ich stehe auf und beginne zu schreiben. Meine Gedanken wollte ich ursprünglich nicht in Versform schreiben.

Einst geboren,
voller Bedürfnisse, Hoffnungen und Erwartungen
bereit zum Nehmen,
um später zu geben.
Ungeliebt, geschändet und bedroht,
statt lachen, weinen und leiden,
ohne Liebe, der Seele beraubt.
Kalt war's in mir und um mich herum.
Was sollt'ich geben,
wo ich fast nichts bekam?
Gefühle, so lernte ich,
hat man,
wenn überhaupt,
nur gute oder schlechte.
Gefühle zeigt man nicht,
die schlechten erst recht nicht,
damit geizt man.
Nie begriffen, daß Gefühle alles sind,
der Wechsel zwischen Leben und Tod,
welch'eine Armut!
Heute lern' ich hier,
alle Gefühle sind richtig,
daran arbeiten, das ist wichtig.
Sie sind weder gut noch böse, noch schlecht,

andere mit seinen Gefühlen berühren,
das ist ein Geschenk,
das erfordert Mut,
aber Liebe und Freude strömen zurück.
Sich öffnen und fühlen,
nicht verschließen,
das gibt Kraft,
welch ein Reichtum.
Liebe läßt die Seele wachsen,
das bringt Lebendigkeit und Freiheit,
weitergehen,
Altes gegen Neues,
Vergangenheit gegen Zukunft,
die Unsicherheit der Losgelöstheit verlieren,
loslassen - fließen lassen,
sich der Liebe hingeben,
lieben und lieben lassen,
in der Liebe die Geborgenheit
und im Herzen Wärme spüren,
eingemündet in diesen Energiestrom
heißt es weitergehen auf diesem Wege,
um eins zu werden, um zu sein.
Das ist Leben.

15.9.92
Nach ausschließlicher Diskussion mit Gottfried über Wut, Aggression und den Zusammenhang zur Machtproblematik komme ich nach Hause und bin außerstande, auch nur eine Zeile in mein Tagebuch zu schreiben. Nicht einmal Stichworte fallen mir ein.
Totaler Blackout.
O Gott, das läßt tief blicken!

16.9.92
Ich kochte heute für die Nachbarskinder Bernd und Antje Mittagessen. Nach dem Essen sind Schularbeiten angesagt.
Antje schaltete während des Essens den Fernseher an. Bernd aß immer langsamer. Ich machte ihn darauf aufmerksam, daß er in vierzig Minuten zur Chorstunde fahren muß und vorher schon mit den Hausaufgaben beginnen soll. Beide ignorieren meinen Einwand, daß ich es nicht gut finde, während des Essens fernzusehen.

Ich merkte, wie sich Ohnmachtsgefühle einstellen. Ich wollte beiden nicht befehlen, mit den Schularbeiten zu beginnen. Das war mir zu autoritär. Nach einer Weile sage ich zu Bernd und Antje, daß sie mich mit ihrem Verhalten herausfordern und provozieren. "Ich weiß, daß Ihr es auch so empfindet". Beide sahen mich an und grinsten, und der Fernseher wurde kommentarlos ausgeschaltet. Beide gingen dann an ihre Hausaufgaben.

17.9.92
Wieder haben wir nur über mein "Lieblingsthema" gesprochen. Ich komme nach Hause und habe wieder Gedächtnislücken. Erst am Abend kommen einige bruchstückhafte Erinnerungen:
Ich sage zu Gottfried, daß für mich Wut zu leben Disharmonie bedeutet. Gottfried antwortet, nein im Gegenteil, das sei Harmonie. Hat er das wirklich gesagt? Unfaßbar für mich.
Für mich ist es eben nicht harmonisch, da ich meine Wut aktuell immer nur im Zusammenhang mit Ohnmachtsgefühlen erlebe. Ich fühle mich gefangen, ich irre in einem Labyrinth umher und finde den Ausgang nicht. Ich fühle mich meiner Wut ausgeliefert.
Gottfried weist mich darauf hin, daß für mich offensichtlich Macht und Stärke dasselbe sei. Aber Macht ist keine augenblickliche Stärke. Die Täter haben Macht ausgeübt, waren aber nicht reif und nicht stark.

Wenn ich Macht ausübe, dann immer aus einer Position der Schwäche und Hilflosigkeit, aus einem Gefühl der Ohnmacht heraus. Auch wenn ich zu Horst sage "ich klatsche oder donner Dich gegen die Wand" fühle ich mich nicht stark, sondern ganz im Gegenteil.
Gottfried sagt mir, daß ich durch meine Wut meine Stärke spüren könne und eines Tages auch spüren würde. Ich könne sozusagen mein Schwert zeigen und sagen "bis hierhin und nicht weiter".
Außerdem hätten mich diese Gefühle erst dazu befähigt - und sie seien absolut lebensnotwendig (wie oft wohl hat Gottfried und auch Horst mir dies schon gesagt? Ich habe es nicht gezählt) - mich neuen Dingen gegenüber zu öffnen. Gottfried: "Lernfähigkeit kommt durch`s Fühlen".
Ich erzähle Gottfried von Bernd und Antje und er sagt mir, daß ich aus einer Position der Stärke heraus reagiert und die Kinder dies gespürt und somit nicht weiter ihre Macht auf mich ausgeübt hätten.
Dieser Zusammenhang zur Macht macht den Umgang mit der Wut so problematisch.
Gestern hatte ich einen Wutanfall mit einer gewaltigen aggressiven Komponente und starker sexueller Erregung.
Überhaupt bin ich seit dem Streit mit Horst sehr aggressiv gestimmt.

Mir hängt dieser ganze Heilungsprozeß zum Halse heraus. Ich komme mir vor wie Sisyphus. Kurz vor dem Gipfel (ist der Gipfel eigentlich in Sicht? Ich glaube, ich sehe ihn noch lange nicht) rollt der Felsbrocken immer wieder zurück. Aber wie war das noch mit dem Schriftzeichen im Chinesischen für Krise und Chance? Es ist das gleiche Zeichen!

Ja sagen zum Leben
heißt auch ja sagen
zu sich selbst.
Ja - auch zu der Eigenschaft,
die sich am widerwilligsten
umwandeln läßt von Versuchung
zuKraft.
(HAMMARSKJÖLD/ZIMMERMANN 1992)

18.9.92
Ich stelle fest, daß sich die verschiedenen Gefühle auch unterschiedlich anfühlen. Dieser "Einheitsbrei" an Gefühlen fühlt sich immer gleich an. Ich erzähle dies voller Freude Horst und er erwidert lakonisch, "na klar, Äpfel und Birnen schmecken auch nicht gleich". Sehr witzig.
Ich habe offenbar wieder etwas gelernt. Dies ist ja ganz schön, aber auch erschreckend, so was offensichtlich Elementares mit fünfzig Jahren zu lernen. Aber immer noch besser als diese Unterschiede nie zu bemerken.
Wenn ich ärgerlich bin, dann schimpfe und fluche ich aus tiefstem Herzen, das wirkt sehr erleichternd.
Bei auftretender Traurigkeit weine ich und werde gerne getröstet und in den Arm genommen.
Wenn ich Angst habe, dann werde ich auch gerne in den Arm genommen, aber häufig habe ich dann das Bedürfnis, mich einzuigeln.
Meine Wut äußert sich körperlich, indem ich sie im Bauch spüre und herauslassen muß. Ich werfe mit Kissen, schlage um mich und schreie und weine. Ich sehe dabei immer die Gesichter der Täter vor mir.
Aggressive Impulse sind dagegen stark zielgerichtet und *man* will auf denjenigen zugehen, der die Verletzung zugefügt hat.
Beim Lesen des letzten Satzes fällt mir auf, daß sich diese Formulierung anhört, als hätte ich sie aus dem Duden abgeschrieben! Außerdem habe ich über Aggressivität anonym geschrieben, im Gegensatz zur Beschreibung der anderen Gefühle. Ich glaube, mir stehen keine Verhaltensmuster für Aggressivität zur Verfügung. Wie soll ich mit Aggressivität umgehen? Besteht nicht die Gefahr, den anderen dabei zu verletzen? Ich weiß keine

Antwort und habe aktuell Gefühle der Hilflosigkeit und beginne zu weinen.

20.9.92
Gottfried macht bis zum 12.10.92 Urlaub. Ich beginne in LERNER (1992) zu lesen. Schon nach den ersten Seiten möchte ich am liebsten das Buch wieder zur Seite legen, denn solche Sätze wie *"ein bewußter Umgang mit Aggressionen ist eng mit einer klar umrissenen Ich-Vorstellung und einer besseren Selbsteinschätzung verbunden"* (LERNER 1992:17) wirken nicht gerade ermunternd auf mich, an diesem Thema weiter zu arbeiten. Das scheint mir ja ein ganz komplexes Problem zu sein - welch eine Weitsicht und neue Erkenntnis - ; ich spüre Verzweiflung.

21.9.92
Seit gestern habe ich starkes Hautjucken und seit drei Tagen eine Blasenentzündung.

22.9.92
Immer noch starkes Hautjucken. Die Innenseite der Oberschenkel schmerzt auch am Tage stark. Es ist jetzt nicht der typische entzündliche Neurodermitisschmerz, sondern ein sehr unangenehmer schneidender und punktueller Schmerz.
Horst sagt zu mir: "Mein Bauch ist ganz verspannt. Da liegst Du vielleicht drin." Ich sage ihm, daß er sich seinen Bauch "selbst macht". Er solle mich nicht wieder zum Sündenbock machen und nicht mir die Schuld zuweisen, wenn ihm sein Bauch weh tut. Horst sagt, "das mache ich doch gar nicht". Doch, erwidere ich. Früher war ich auch daran Schuld, daß es den Tätern widerfahren ist, mich sexuell mißbrauchen zu müssen. Die Ärmsten!
Uns fällt beiden gleichzeitig auf, daß ich schon immer sehr empfindlich reagiert habe, wenn Horst oder jemand anderes zu mir sagte, daß ich an einer Sache Schuld sei.

23.9.92
Ich mache einen "Cognac-Test". Mir wird immer noch schlecht. Einfach ein ekelhaftes Zeug.

29.9.92
Ich war heute auf dem Bezirksamt und habe einen Antrag zur Namensänderung abgeholt. Die Sachbearbeiterin war sehr nett und sagte mir, daß Inzest ein ausreichender Grund sei, seinen Namen, auch den Geburtsnamen, zu ändern.

Horst fragt mich, welchen Geburtsnamen ich annehmen will. Er schlägt SANTE oder BEHLER vor und sagt, das sei nur ein Tip. Ich bin sprachlos, überrascht und freue mich sehr. Ich zeige ihm meinen Tagebucheintrag vom 30.7.92.
Ich möchte gerne BEHLER heißen, weil dieser sehr intensive Heilungsprozeß mit Gottfried begann, als er noch nicht verheiratet war, so daß ich mich mit dem Namen BEHLER verbundener fühle, als mit dem Namen SANTE.
Ich werde Gottfried nach seinem Urlaub fragen. Ich denke und hoffe, daß er zustimmen wird.

2.10.92
Heute vormittag klingelt es. Ich gucke durch den Spion und sehe die Mutter kommen. Mein Adrenalinspiegel steigt. Ich fühle mich ausgeliefert und ohnmächtig. Dann mache ich mir klar, daß ich sie jederzeit rauswerfen kann. Ich muß auch daran denken, daß ich vor kurzem schrieb, daß die Eltern durch ihre Machtausübung mein Selbst von außen gelenkt haben und daß diese Zeit jetzt vorbei ist. Mir fällt die Geschichte "Selina, Pumpernickel und die Katze Flora" ein. Die Mutter wird nicht so groß werden wie die Katze Flora, wenn ich mutig auf sie zugehe. Mit diesen Gedanken und Bildern vor Augen werde ich immer sicherer, daß sie keine Macht über mich zurückerlangen wird. Dies alles ging mir innerhalb von vielleicht zwei oder drei Sekunden durch den Kopf, und ich werde ruhiger und öffne die Tür.

Je treulicher
du nach innen lauschst
um so besser
wirst du hören,
was um dich ertönt.
Nur wer hört,
kann sprechen. (HAMMARSKJÖLD/ZIMMERMANN 1992)

Wir grüßen uns nur kurz mit "Guten Tag" und ohne Handschlag. Die Mutter sagt: "Ich möchte mit Dir mal von Frau zu Frau sprechen" und *fragt* "darf ich mal auf die Toilette gehen?".
Sie beginnt die ganze Litanei zu erzählen, die ohnehin in den Briefen steht. Sie überschüttet mich mit den gleichen Vorwürfen wie in der Konfrontation vor fast einem Jahr. Warum ich ihnen nichts "vom Onkel" erzählte und ich hätte ja ohnehin kein Vertrauen zu ihnen gehabt, nur sie zu mir. *Ich* hätte *Ihr* Vertrauen mißbraucht, weil ich ihnen nichts von dem sexuellen

Mißbrauch erzählte. (In Gedanken: Sie versucht immer noch, mir Schuldgefühle zu machen.)
In Niemegk sei der Onkel zur Einsegnungsfeier auch eingeladen gewesen. Sie zeigt mir ein Gruppenfoto. Den Mann, der mein Onkel sein soll, halte ich für einen Bruder des Onkels. Da ich aber unsicher bin, sage ich es nicht. Ich sage zu ihr, auch wenn der Onkel in Niemegk anwesend war, ändert das nichts daran, daß Vater mich in Niemegk mißbrauchte. Sie streitet das ab und sagt, ich hätte dort nicht im Bett gelegen (wieder einmal nicht) und ich hätte den ganzen Abend auf ihrem und dem Schoß der Oma (Vaters Mutter; eine neue Variante zum Drama) verbracht.
Sie fragt mich, wann Vater mich angeblich noch mißbraucht hätte. Ich sage ihr, daß meine Erinnerungen bis zu einem Alter von viereinhalb Jahren zurückreichen (zu dieser Zeit war ich noch nicht in der Psychodrama-Therapiegruppe und hatte die Regression zur zweijährigen noch nicht erlebt). Das hält sie für vollkommen unmöglich, "soweit kann sich kein Mensch zurückerinnern" (In Gedanken: Da scheint mir der Wunsch der Vater des Gedankens zu sein). Außerdem möchte sie von mir noch wissen, wieso ich sie der Mitschuld bezichtige. Ich antworte, daß sie während des sexuellen Mißbrauchs im Bett daneben lag (In Gedanken: Die längste Zeit meines Lebens hieß ich SCHWARZ). Sie beginnt zu schimpfen und leugnet alles. "Nie im Leben wäre ich so ein Schwein". Ich sage: "Doch Mutter, da hilft auch alles leugnen nicht. Du befindest Dich in guter Gesellschaft mit allen anderen Müttern, deren Männer die Kinder sexuell mißbrauchen". Sie erwidert, daß sie Vater nie mehr an ihren Körper gelassen und sich selbstverständlich von ihm getrennt hätte. Sie hätten auch noch bis vor kurzem sexuell verkehrt. "Na und, soll dies etwa ein Indiz gegen den sexuellen Mißbrauch durch Vater sein?" frage ich sie. "Ja, natürlich". Ich lache.
Ich zeige ihr meine Kinderfotos und weise besonders auf das Bild Nr 5 hin. Sie sagt sofort, ganz spontan, ohne auch nur eine Sekunde zu zögern "das ist eine schlechte Aufnahme". Diese Bemerkung zeigt, daß ihr die Veränderung sehr wohl auch aufgefallen ist! (Vielleicht nach der Konfrontation? Sie werden sich bestimmt nach der Trennung Fotografien von mir angesehen haben) Ich: "Nein, zu dieser Zeit begann der sexuelle Mißbrauch durch Vater. Diese Veränderung deckt sich genau mit meinen zeitlichen Erinnerungen".
Sie beginnt wieder, mir Vorwürfe zu machen und ich frage sie, was sie will. Ich fordere sie auf, sich jetzt sofort konkret zu äußern, weshalb sie gekommen sei. Ich hätte langsam genug von dieser Art "Gespräch". Sie sagt: "Ich erwarte, daß Du Dich entschuldigst, alles zurücknimmst und Vater nicht weiterhin zum Opfer machst. Du bist die Täterin, die in in-

famster Art und Weise Vater und auch mich beschuldigt. Dann sind wir bereit, Dir zu verzeihen. Dann könnte wieder alles wie vorher werden". Außerdem sei meine angeblich kaputte Ehe und meine durch die Wechseljahre bedingte Aggressivität ein weiterer Grund für diese unhaltbaren Vorwürfe. Ich sage ihr, daß ihre Macht, die sie auf mich bis zum 30.11.91 ausübten, beendet ist und sie diese auch nicht mehr zurückerlangen werden. Ihr habt im letzten Jahr nichts, aber auch gar nichts dazugelernt.
Mir fällt der Vers ein:

Andere als Ziel
- und nicht -
als Mittel behandeln
(HAMMARSKJÖLD/ZIMMERMANN 1992)

Dies haben die Eltern nie in ihrem Leben begriffen und andere immer als Mittel für ihre Machtausübung (Vater als "Häuptling" der Familie) benutzt. Und dies noch unter dem Heiligenschein der Hilfsbereitschaft. Dieser Vers unterstützt mich in meiner Wahrnehmung und weist mir den Weg, daß meine Entscheidung, sie jetzt rauszuwerfen richtig und sehr wohl berechtigt ist.
Dann sage ich: "Raus, und zwar sofort und schnell". Sie sagt, sie sei noch nicht fertig und holt die BILD ZEITUNG aus der Tasche. Eine Stieftochter hätte ihren Stiefvater wegen sexuellen Mißbrauchs verklagt und nach der Verurteilung hätte sie alle Aussagen widerrufen. Sie hätte es nur gemacht, weil sie ihn haßte. "Übrigens, Deine Karte (Abb.1) haben wir nicht angenommen". Ich hätte sie voller Haß geschrieben. Ich sage, daß sie nicht zurückgekommen ist. Sie will nachforschen. Ich hatte keinen Absender auf die Karte geschrieben. (Viel Spaß bei deinen Nachforschungen, Mutter). Ich sage noch einmal: "Raus". Sie: "Nein". Ich stehe auf, nehme den Zettel mit den Stichworten, die BILD-ZEITUNG und die Brille von ihrer Nase und stopfe alles in ihre Handtasche. "Du gehst jetzt sofort, aber schnell". Sie steht tatsächlich auf mit den Worten "ich hätte meine Tochter nie hinausgeworfen". Ich: "Ich habe euch ja auch nicht mißhandelt". Ich knalle die Tür hinter ihr zu und sage "alte Ziege".
Uff, das ist geschafft. Ich atme erst einmal tief durch. Es klopft heftig an der Tür. Ich überlege ob ich öffnen soll. Sie hat vergessen, das Gruppenfoto mitzunehmen. Ich öffne, und sie verlangt das Foto. Ich lasse sie vor der geschlossenen Tür warten. Ich gebe es ihr dann. Im nachhinein denke ich, ich hätte nicht öffnen und das Foto behalten sollen. Na ja, auch egal, was änderts? Nichts.

Was du wagen mußt -
du selbst zu sein.
Was du erreichen kannst -
in dir des Lebens Größe
nach dem Maß deiner Reinheit
zu spiegeln.
(HAMMARSKJÖLD/ZIMMERMANN 1992)

Die Reflexion über diese unfreiwillige Mini-Konfrontation fällt - nachdem der erste Schock überwunden ist - gar nicht so negativ aus. Ich habe, als die Mutter vor mir saß, immer wieder in mich hinein gehorcht und auf meine Gefühle geachtet. Ich spürte fast keinen Haß mehr. Meine wiederholten Feststellungen vor einiger Zeit, daß ich die Mutter kaum noch hasse und sich beiden gegenüber Gleichgültigkeitsgefühle eingestellt haben, war also - zumindestens auf die Mutter bezogen - doch richtig. Ich hatte nichts verdrängt oder beschönigt. Allerdings bin ich in meinen Gefühlen dem Vater gegenüber nicht so sicher. Aber auch an ihn denke ich überwiegend mit Gleichgültigkeit.

Ist das Leben arm?
Ist nicht vielmehr
deine Hand zu klein,
sind deine Augenlinsen nicht zu trübe?
Du bist es,
der wachsen muß.
(HAMMARSKJÖLD/ZIMMERMANN 1992)

Ich bin aber sehr wohl wütend. So was Unverfrorenes, hier einfach aufzutauchen mit der Absicht und in der Hoffnung, wieder Macht ausüben zu können. Ich merke, wie der "Dampfdruck" in mir steigt. Weinen muß ich auch, aber gleichzeitig spüre ich auch große Erleichterung darüber, daß sie für mich ganz weit weg ist. Einfach gleichgültig.
Kurzzeitig dachte ich auch, fast kann sie mir leid tun in ihrer Unfähigkeit zu fühlen, zu lernen oder sich anderen zu öffnen und nachzudenken. Ihre Zeit ist wirklich abgelaufen. Auch wenn ich jetzt noch sehr wütend werden sollte, ändert das nichts daran, daß der Zauber vorbei ist. Die längste Strecke des äußerst schwierigen Verrates ist zurückgelegt. Ein wirklich spürbarer Therapieerfolg, der mich sehr froh stimmt. Ganz lieben und innigen Dank meinen Verbündeten.

Während dieser Mini-Konfrontation mußte ich auch wiederholt an die viele Inzestliteratur denken, welche ich innerhalb des letzten Jahres las. Die Erinnerung daran, daß fast ausschließlich alle Täter und Mütter in gleicher Weise mit Verdrängungen, Verleumdungen und Schuldzuweisungen reagieren, half mir ebenfalls, bei mir zu bleiben und mich nicht an meinen eigenen Wahrnehmungen zweifeln zu lassen. Es gab schon Momente, in denen ich unsicher wurde. Ich stellte mir dann die Gesichter von Gottfried und Horst vor, und sah, wie sie mich damals im November unterstützten und bei mir waren. Dies projizierte ich auf die aktuelle Situation und spürte ihr Da-sein und Mit- mir- sein in dieser Situation. Es war enorm hilfreich.
Immer noch dasselbe: leugnen, wegdrücken, Macht ausüben wollen, um wieder "heile Familie" spielen zu können. Aber nicht mehr mit mir!!! Und ich habe mir vor und am 30.11.91 Gedanken gemacht, daß sie während der Konfrontation sterben könnten. Verrückt! Die denken nicht daran.
Nachher werde ich die zweite satirische Karte (Abb.2) in den Briefkasten stecken.

Ein alter Mann, den Dalan der Abenteurer auf seinem Weg zum See des Lebens trifft, sagt ihm:
"*Die Schattenwölfe sind das Gesicht deiner Angst. Sie können dich nur hetzen und jagen. Niemals anfallen und beißen. Wenn du dich ihnen stellst, sie ansiehst und auf sie zugehst, sind sie machtlos. So wie viele Ängste klein werden, wenn du ihnen ins Gesicht schaust.*" (KÜBLER a.a.O.)

Die Schattenwölfe (die Eltern) können mich nicht mehr hetzen und jagen. Der Anfang ihrer Entmachtung hat am 30.11.91 begonnen, und im letzten Jahr habe ich die Arbeit daran fortgesetzt. Dazu gehörte u.a. auch die Zeremonie der Bilder- und Briefeverbrennung.
Der Besuch der Mutter hat mich wieder einmal an eine Grenzsituation herangeführt. Dies ist wahrlich nicht die erste. Über weite Strecken der Therapie hatte und habe ich immer noch das Gefühl, mich an meiner physischen und psychischen Grenze der Leistungsfähigkeit zu bewegen. Dies erfordert nach wie vor viel Kraft.

In Grenzsituationen gestellt
offenbart sich mir
meine Wirklichkeit
wie Staub
zerfällt die Fassade -

was sich mir
als Felsen darbot
ist nichts
als ein Haufen Sand

Wenn alle Täuschungen
verweht sind
mir noch die Wahrheit
den Atem nimmt
ahne ich den Sinn
darf ich den Weg
wiederfinden
(BICKEL/MEILINGER 1984)

Gottfried hat mich jedenfalls dem "See des Lebens" ein Stückchen näher gebracht.

Ein unglaublich schöner Gedanke: erbauend, wohltuend, toll, himmlisch, herrlich, phantastisch und was weiß ich noch alles, die Namensänderung zu beantragen. Ein richtiger Schritt in die richtige Richtung. Ich will mit dieser Sippschaft nicht mehr das geringste zu tun haben. Ich will nie mehr irgendwo meinen bisherigen Geburtsnamen schreiben müssen. Höchstens noch, um die Änderung bekannt zu geben: Bitte ändern sie meinen Geburtsnamen von SCHWARZ in BEHLER (Gottfried wird hoffentlich einverstanden sein). Das hört sich erfreulich an und schreibt sich gut. Ich freue mich, aber ehrlich, etwas schmerzt es doch. Ich muß weinen.

Ich muß noch einmal über die Konfrontation im November nachdenken, und der Besuch der Mutter hat es sehr deutlich werden lassen: Ich hatte mich Jahrzehnte unterworfen und die falsche Liebe nicht als solche erkannt oder schlimmer noch, nicht erkennen wollen, da es sehr schmerzhaft ist, festzustellen, nicht geliebt worden zu sein. Ihre Macht, ihre Bevormundungen und Repressionen hatte ich für richtige Liebe gehalten.
Ich kann mich nicht erinnern, wann ich begann, mich selbst zu hassen, aber schon als kleines Kind konnte ich micht nicht selbst lieben. Jetzt habe ich nochmals gehandelt, und dieser Raußschmiß war vor allem für *mich* notwendig, da ich nur so mir selbst gegenüber ehrlich war, mir treu blieb und meine Selbstachtung, die ich langsam beginne aufzubauen, in der Therapie, sonst wieder verloren hätte. Damit verbunden wäre wieder ein erneut aufkeimender oder sich verstärkender Selbsthaß, denn so richtig vollständig annehmen kann ich mich immer noch nicht, und ich habe erst

teilweise Frieden mit mir geschlossen. Auch der Mutter sollte dadurch klar werden, daß sie mich nicht mehr steuern können. Verflucht, dafür habe ich fünfzig Jahre gebraucht, aber endlich arbeite ich an meinem Wachstum.

"Der erste Friede, der wichtigste, ist jener, der in die Seelen der Menschen einzieht, wenn sie ihre Verwandtschaft, ihr Einssein mit dem Weltall und allen seinen Mächten gewahren und inne werden, daß im Mittelpunkt des Weltalls Uakan-Tanka (Großer Geist) wohnt und diese Mitte tatsächlich überall ist; sie ist in jedem von uns. Dies ist der wirkliche Friede, und die anderen sind lediglich Spiegelungen von ihm. Der zweite Friede ist der, welcher zwischen Einzelnen geschlossen wird, und der dritte ist der zwischen Völkern. Doch vor allem sollt ihr verstehen, daß nie Friede zwischen Völkern bestehen kann, bevor nicht der wahre Friede vorhanden ist, der, wie ich schon oft sagte, innerhalb der Menschenseelen wohnt." (SCHWARZER HIRSCH 1980:161).

Ich hoffe, daß auch ich irgendwann in meinem Mittelpunkt ankommen und mit mir wirklichen Frieden schließen werde, um dann die Blüte des Lebens pflücken zu können. Meine Bereitschaft, weiterhin heilen zu wollen, wird mich, so hoffe ich zumindestens, zu diesem Therapieziel führen. Unter der immer noch sanften und liebevollen Führung Gottfrieds wird es mir sicher eines Tages gelingen. Ich werde jedenfalls nie aufgeben, auch wenn es manchmal verflixt schwierig erscheint und häufig viel Energie kostet. Das bin ich nicht nur mir selbst schuldig.

3.10.92
Das von der Mutter mitgebrachte Gruppenbild beschäftigt doch noch meine Gedanken. Ich kann mich nicht erinnern, daß Peter, der Junge, der eingesegnet wurde, auf dem Foto abgebildet war. Ich war auch nicht auf dem Foto. Ob das überhaupt ein Foto von der Einsegnung war?
Ich stelle fest, daß es mir gut getan hat, daß Mutter kam. Ich bedauere, daß Vater nicht dabei war. Jetzt weiß ich wenigstens, wo ich mit der Aufarbeitung dieses schweren Traumas stehe. Ich müßte der Mutter eine Danksagung schicken. Mal sehen, ob ich eine passende satirische Karte finde.

7.10.92
Ich sage zu Horst, wenn ich denke, daß Mutter vielleicht auch ein Opfer ist, dann bin ich sehr hart mit ihr umgegangen. Aber ich denke, daß ich darauf keine Rücksicht nehmen kann. Ich frage Horst, wie er es sieht. Er

sagt mir, daß ich mich befreien müßte, um zu heilen und es richtig und vollkommen in Ordnung wäre, wie ich mich verhielte.
Diese Rückkoppelungen sind nach wie vor für mich wichtig. Darin schwingt Unsicherheit mit, aber diese ist sicher nicht mehr elementar für mich.
Ich denke darüber nach, ob ich eines Tages den Eltern vergeben kann. Ich glaube, daß es für *mich* ein sehr schönes Gefühl wäre, wenn ich irgendwann einmal den Eltern vergeben könnte. Dies ist nicht mein Ziel und darauf kann ich auch nicht hinarbeiten. Dies muß sich von allein einstellen. Die Vorstellung, daß es mir aber eines Tages gelingt zu vergeben, löst in mir sehr angenehme Gefühle aus. Ob in dem Gedanken, daß sie mir eigentlich leid tun können, sich das erste Mal die Möglichkeit des Vergebens andeutet? Aber erst muß ich mir selbst vergeben und mit meiner Vergangenheit Frieden schließen.

Vergebung -
zu neuem Leben
erwachen
an der Wurzel
heil werden
gesunden
erblühen
(BICKEL/MEILINGER 1984)

11.10.92
Horst und ich waren heute in der Prenzlauer Allee. Wir sind in der Nähe des Alexanderplatzes aus dem Bus ausgestiegen und dann die Prenzlauer Allee entlang gelaufen bis zur Nr 221. Ich wohnte bis zum Tage des Mauerbaues am 13.8.1961 im Ostteil der Stadt. Kurz danach sind die Eltern und ich nach West-Berlin geflohen. Wir haben uns das Wohnhaus angesehen. Die Großeltern hatten dort das Lokal. Heute ist dort ein Friseurgeschäft. Der Hausflur und der Hof sehen noch genauso aus wie vor dreißig Jahren. Die Fenster der Küche, des ehemaligen Vereins-, Wohn- und Schlafzimmers sind auch heute noch vergittert. Ich erinnerte sofort die Mißbrauchssituation im Vereinszimmer mit dem Onkel, als ich als Vögelchen auf den Innenhof des Nachbarhauses geflogen bin. Dieser Baum steht nicht mehr. Aber die Kastanie vor dem Haus steht heute noch. Von diesem Baum hat der Opa im Mai eines jeden Jahres mit einer Leiter Blätter gepflückt, damit ich meine Maikäfer füttern konnte. Als ich Kind war,

konnte man in Zoo-Handlungen im Frühjahr für einige Groschen Maikäfer kaufen. Das waren die einzigen "Haustiere", die ich pflegen durfte.
Wir sind die Prenzlauer Allee noch ein Stückchen entlang gelaufen. So kamen wir auch an den zwei Apotheken vorbei, in denen ich als Dreizehn- oder Vierzehnjärige Brechmittel kaufen wollte. Ich war in diesem Alter sehr dick und habe mir häufig, wenn die Mutter nicht zu Hause war, einen Pudding gekocht, den ich dann sofort auch aufgegessen habe. Einen Pudding ganz allein! Dann wollte ich ihn wieder "loswerden". Mit dem Finger konnte ich keinen so starken Brechreiz auslösen, um den Pudding wieder herauszubringen. Denn ich wollte bestimmt nicht nur den Pudding auskotzen. Da gab es entschieden mehr, was mir im Magen lag. Also ging ich in die Apotheke und wollte Brechmittel kaufen. Dies hatte ich mehrmals in verschiedenen Apotheken versucht, aber immer erfolglos. Aus heutiger Sicht drängt sich der Gedanke auf, daß das erste Ansätze zur Entwicklung einer Bulimie waren. Schon der Gedanke allein, daß ich das, was ich gerade gegessen hatte, wieder loswerden will, um mich dann in die nächste "Freßorgie" zu stürzen, ist sehr bedenklich.

13.10.92
Ich berichte Gottfried, daß ich jetzt fest entschlossen bin, meinen Geburtsnamen abzugeben und die entsprechenden Schritte eingeleitet habe und daß ich gerne seinen Geburtsnamen annehmen würde. Gottfried ist überrascht und einverstanden. Wir freuen uns beide über meine Initiative und die bevorstehende Namensübergabe.
Gottfried und ich sprechen über meine Reaktion auf den Besuch der Mutter. Gottfried war ebenso überrascht über das Auftauchen der Mutter wie ich und Horst es auch waren. Während dieser Mini-Konfrontation hätte ich endlich eine Möglichkeit gehabt, meine Wut und meine Aggression konstruktiv umzusetzen, und ich hätte das Schwert geschwungen. Die Eltern hätten sich eine Scheinwelt aufgebaut, in der sie sich nicht stören lassen, die sie erhalten bzw. wieder herstellen wollten.
Gottfried erinnert mich an meinen vor einiger Zeit geäußerten Wunsch, eine zweite Konfrontation zu initiieren. Die hätte ich jetzt gehabt und mit Erfolg bestanden.
Gottfried sagt mir wieder, daß ich erst durch das Fühlen und insbesondere durch die Gefühle der Aggression und Wut fähig geworden bin, mich geistig auseinanderzusetzen und in neue Dinge einzudringen. Aggression heißt, auf etwas unerschrocken zugehen oder einzudringen. Unfreiwillig hätte ich durch diesen Besuch die Möglichkeit gehabt - und ich hätte diese Chance auch gut genutzt - ,meine Gefühle konstruktiv zu äußern. Die

Besitzansprüche, die die Eltern an mich hätten, wirkten nicht mehr angstauslösend.
Mit unendlicher Geduld (von uns allen!) arbeiten wir daran, die Akzeptanz für diese lebensnotwendigen und für mich exzessiven Gefühle (sie sollen tatsächlich lebensnotwendig sein!) aufzubringen. Ich beginne, die andere Hälfte in mir hervortreten und leben zu lassen, weil Gottfried - für mich zu Beginn der Kontaktaufnahme zu diesen Gefühlen fast unmerklich - mich mit meiner männlichen Hälfte vertraut (na ja, vertraut sind mir diese Gefühle und mein Animus wahrlich noch nicht) gemacht und mich gelehrt hat, daß zu meinem Wachsen und Werden und Reifen sehr wohl auch das Wachsen meiner männlichen Anteile gehört. Meine Güte, ist das anstrengend, lebendig zu sein und sich auseinanderzusetzen!

Ich habe
Grund zur Hoffnung
auch
wenn mir das Wasser
bis zum Halse steht
Ich habe Grund (SCHWARZ 1992)

16.10.92
Ich berichte Gottfried, daß mir die Mutter für einen kurzen Augenblick auch leid tat. Ich war von dieser Gefühlsregung ebenso überrascht, wie von meiner Distanz, die ich zur Mutter hergestellt habe. Die Loslösung von den Eltern ist wesentlich schneller und vollständiger gelungen, als ich erwartete. Ich kann mir jetzt vorstellen, daß ich den Eltern irgendwann einmal vergeben könnte. Ich halte es zumindestens nicht mehr für ausgeschlossen. Dies muß aber von allein kommen und langsam wachsen.
Gottfried erwidert, daß die Distanz und diese Gefühlsregung die ersten Schritte seien, die andeuten, daß meine Entwicklung dahin gehen könnte. Erst einmal müßte ich mir aber selbst vergeben, das sei das Wichtigste. Ich müßte mir selbst vergeben für das, was ich als Erwachsene unterlassen (nicht heilen zu wollen) und weiter erduldet hätte (von den Eltern gegängelt und weiterhin gesteuert zu werden), obwohl ich schon viele Jahre die Möglichkeit gehabt hätte, mich zu wehren. Außerdem hätte Vergebung auch eine spirituelle Dimension, und sie würde aus einem Gefühl der Freiheit heraus erfolgen.

17.10.92
Ich muß mir vergeben, daß
- mein Körper beim Mißbrauch reagierte

- ich lange Zeit der Opferrolle verhaftet war (und bin)
- ich den Opa trotz Mißbrauches sehr liebte
- ich viele Jahre nichts zur Heilung getan habe
- ich den Eltern weiter hörig war
- ich nicht selbständig werden wollte
- ich meine Gefühle verleugnet habe
- ich meine Erlebnisse z.T. verdrängt habe
- ich zur Heilung Zeit brauche (manchmal habe ich ein schlechtes Gewissen, daß der Heilungsprozeß so lange dauert und nach 15 Monaten Therapie eine Beendigung noch immer nicht in Sicht ist)
- ich die Gefühle Wut, Aggressivität und Angst immer noch nicht entmengen kann
- ich diese Gefühle immer noch auf einer eruptiven, exzessiven und regredierten Form lebe (endlich mal ein elaborierter Sprachstil. Quatsch, Sprachcode natürlich)
- ich über Ohnmachtsgefühle Macht auf andere ausübe.

Ich glaube, ich muß aufhören. Dies ist eine deprimierend lange Liste. Am besten wird sein, ich vergebe mir mein ganzes Leben. Verdammter Mist, das ist wirklich Galgenhumor, aber *"das Lachen ist der Anfang der Veränderung"* (SCHELLENBAUM 1991a:21)

Ich glaube, ich muß noch viel lernen, aber nur durch die Lösung meiner Probleme kann ich lernen. Probleme - also Aufgaben, an denen ich wachsen kann - sind für mich häufig noch negativ besetzt, so daß jede Problematisierung mir als unüberbrückbares Hindernis erscheint. Ich denke dann, ich werde daran scheitern und dieses oder jenes Problem nicht "überleben". Ich muß mir immer wieder verdeutlichen, daß lernen das Ziel ist, denn Entwicklung schlechthin ist das Produkt eines Lernprozesses.

Meine Angst vor Problemen ist nicht nur auf den Mißbrauch zurückzuführen, sondern ist auch ein elterliches Introjekt. Problemen auszuweichen, sie zu verdrängen, zu vertuschen - also "heile Welt" zu spielen - , dies war die Devise der Eltern. Aber Probleme zu lösen, heißt Verantwortung zu übernehmen. Ich finde, es wird langsam Zeit, für mein Leben selbst die Verantwortung zu übernehmen und mich endgültig aus der Opferrolle zu befreien.

21.10.92

Horst liest am Abend meine Bemerkung vom 20.10, die ich nachträglich dem Tagebucheintrag vom 30.7. zufügte. Er sagt, daß auch er darin eine Abhängigkeit sähe und fragt mich, warum ich diese nicht auch gegenüber Gottfried erkennen würde. Meine Unabhängigkeit und Selbständigkeit müßte sich irgendwann einmal auf alle Personen erstrecken.

Ich erwidere, daß ich nicht einfach ohne Rückfrage einen Namen annehmen könnte von jemandem dem ich mich verbunden fühlte und zu dem eine enge persönliche Beziehung bestehe. Dies sei vollkommen unabhängig von der Person. Ich wählte hier nicht eine Aneinanderreihung von Buchstaben aus dem Telefonbuch, sondern diese Entscheidung hätte sehr wohl auch eine symbolische Bedeutung. Hierin drücke sich keine Abhängigkeit aus, sondern Respekt vor der Zustimmung oder auch Ablehnung meines Wunsches. Ich hätte ebenfalls Freunde oder Bekannte um Zustimmung gebeten, allerdings nicht bei einer Nachbarin oder einem seiner Kollegen.
Horst fällt es schwer, diesen Standpunkt zu verstehen und zu akzeptieren. Er ist sehr gereizt und wütend und sagt mir, daß es überhaupt nicht vorwärtsgehe und der Heilungsprozeß ewig dauern würde. Das dauere noch Jahre. Gottfried hätte das auch nicht richtig eingeschätzt. Mein "Gefühlsmischmasch" aus Wut und Angst wäre unerträglich. "Wenn Du Angst hast, dann kann ich Dich in den Arm nehmen. Wenn Du wütend bist, dann können die Fetzen fliegen. Aber bei dieser Mischung ist kein Herankommen an Dich möglich. Du willst keinen an Dich heranlassen".
Ich fühle mich wieder einmal in die Verteidigung getrieben und merke, wie ich wütend werde *und gleichzeitig* Angst in mir aufsteigt.
Ich sage zu Horst, daß ich wirklich meist diese Gefühle nicht sortieren könne, aber daß das nicht daran läge, daß ich keinen an mich herankommen lassen wolle. Das hänge doch mit der Mißbrauchsituation zusammen, in der die Gefühle Wut, Aggression und Angst vorherrschend gewesen seien, und kein Gefühl davon hätte ich leben dürfen.
Als wir im Bett liegen, sagt Horst zu mir, wenn ich ärgerlich oder wütend auf ihn sei, dann solle ich es zeigen. Ich sage zu ihm: "Miststück". Er lacht mich an und sagt "Recht hast du". Ich verstehe wieder einmal die Welt nicht mehr. Ich glaube, das lerne ich nie, zu streiten mit astreinen Gefühlen. Oje, oje, ich schlafe lieber mal eine Runde, vielleicht kommt im Traum die Erleuchtung.

22.10.92
Ich spüre am heutigen Morgen den unbändigen Drang in mir, zur Prenzlauer Allee zu fahren. Ich hoffe, daß die Inhaber des Friseurgeschäftes mir die Möglichkeit geben werden, das ehemalige Lokal und die Zimmer der Großeltern anzusehen.
Dem Frisiersalon ist ein Kosmetikstudio angegliedert, so daß sie meinem Wunsch zustimmen, die Räume besichtigen zu dürfen.
Die kleine Kammer rechts auf dem Flur existiert auch noch. Die Großeltern hatten dort Lebensmittel bevorratet. Jetzt dient diese Kammer als Vorratsraum für Kosmetika. In der Küche, so wird mir bestätigt, ist der

Herd ausgebaut worden, da die Räume jetzt Zentralheizung haben. Aber der Wasseranschluß ist immer noch auf der linken Seite.
Auch die Einrichtungen des ehemaligen Wohn- und Schlafzimmers entstehen sofort ohne große Anstrengungen vor meinem geistigen Auge.
Das ehemalige Vereinszimmer erscheint mir in der Erinnerung breiter gewesen zu sein. Die linke Wand war weiter zurückgesetzt und lag in meiner Erinnerung auf gleicher Höhe mit dem Fenster. Meine Wahrnehmung wird von den Inhabern des Friseurgeschäftes bestätigt. Die Wand wurde ca 25 cm vorgezogen. Die letzte Mißbrauchssituation mit dem Onkel im Vereinszimmer ist verdammt gegenwärtig...
Es ist verblüffend, daß meine Erinnerungen so konkret und korrekt sind. Ich hatte das Gefühl, die Räume nicht vor ca. 37 Jahren das letzte Mal betreten zu haben, sondern vor 37 Minuten. Ich bin über meine Erinnerungen erschüttert und kann kaum noch die Tränen zurückhalten.
Beim Verlassen der Räume sehe ich mich im Vereinszimmer wieder als ca. Zweieinhalb- bis Dreijährige im Gitterbett stehen. Die Bilder werden deutlicher. Ich sehe die Mutter in der Tür zwischen Vereinszimmer und Wohnzimmer stehen und neben ihr stehen zwei oder drei Männer in Uniform. Ich höre die Mutter sagen: "Nicht hier, vor dem Kind, gehen wir nach nebenan". Ich höre undeutliche Stimmen und sehe mich verlassen, voller Angst und weinend im Bett stehen.
Ich verlasse weinend das Geschäft und gehe noch auf den Hof. Ich sehe zum dritten Stock hinauf und kann das Fenster der Küche, der Toilette und des Schlafzimmers sehen. Viele Bilder tauchen auf. Ich sehe die Einrichtung des damaligen Schlafzimmers der Eltern und sehe mich unvermittelt im Bett liegen, zwischen Mutter und Vater. Der Vater - wie könnte es auch anders sein - natürlich an meiner linken Seite. Ich höre mich sagen: "Nicht wieder wie jeden Sonntag".
Meine Erinnerungen - die Szene im Vereinszimmer geistert schon lange in meinem Kopf herum - versuchte ich auch schon in Trance zu vervollständigen. Es gelang nie. Jetzt war die Zeit reif dafür. Vor kurzem, als die Mutter da war, hatte ich festgestellt, daß ich eine große innere Distanz zu ihr aufgebaut habe. Vielleicht war dies die Voraussetzung, um die Erinnerung an eine mit großer Wahrscheinlichkeit erfolgte Vergewaltigung meiner Mutter durch russische Soldaten zulassen zu können. Mein atmosphärisches Gefühl sagt mir auch, daß eine Vergewaltigung stattgefunden hat. Das wird die Aufarbeitung der Mutterbeziehung nicht einfacher machen.
Die Mutter und ich lebten, nachdem wir im Kriege ausgebombt waren, einige Zeit zusammen mit der Oma (Vaters Mutter) in den Räumen, die zum Lokal gehörten.

26.10.92
Die Stimmung zwischen Horst und mir ist seit Tagen "geladen". Es ist immer das Gleiche: Ich habe immer noch Schwierigkeiten, meine Wut spontan und rein zu leben. Horst spürt die damit verbundene Angst und kann mit diesem "Gefühlsmischmasch" nicht umgehen. Mir scheint, ihm fehlen dafür die Verhaltensmuster so, wie sie mir für den Umgang mit der Aggression fehlen. Horst sagt jedenfalls, diese Gefühlskombination sei letztlich Machtausübung, da ihm jede Möglichkeit des Reagierens genommen würde. Die Täter hätten ihre Macht aus einer Ohnmacht heraus ausgeübt und auch ihre Schuldgefühle an mich weitergegeben. Genauso handele ich heute. Ich würde meine Schuldgefühle an ihn weitergeben. Horst: "Du kannst das letztlich nur allein aufbröseln, da kann Dir niemand helfen".
Ich sage zu Horst, daß ich ihm gegenüber Schuldgefühle entwicklen würde, da er unter dieser Situation leiden würde.
Ich habe bisher in der Inzestliteratur keinen Hinweis gefunden, daß diese Problematik des "Gefühlsmischmaschs" oder "Gefühlssalats" aus Wut und Angst existiert. Verdammt, ist das komplex.
Ich gebe zu bedenken, daß Horst's Einstellung, entweder ich bin wütend oder ich habe Angst, duales Denken sei. Ich sage ihm, daß ich ihm einen Schritt voraus sei, "Da könntest Du was von mir lernen". Horst: "Da könntest Du recht haben".

3.11.92
Gottfried und ich besprechen den Artikel "DER MISSBRAUCH MIT DEM MISSBRAUCH", der im letzten "TIP" erschienen war. In dem Artikel wird behauptet, daß die Diskussion über sexuellen Mißbrauch in Hysterie umgeschlagen sei, und daß sich häufig Mütter den sexuellen Mißbrauch an ihren Töchtern durch den Vater ausdenken würden, wenn sie im Trennungsprozeß vom Ehemann leben, um ihm damit zu schaden und seinen Kontakt zu den eigenen Kindern nach der Scheidung zu unterbinden. Auch die Stellungnahme der Psychoanalytikerin KATHARINA RUTSCHKY, die von sexuell mißbrauchten Kindern als einer "therapeutisch-pädagogischen Delikatesse" spricht, ist infam. Dieser Artikel schadet den sexuell mißbrauchten Kindern ebenso wie den erwachsenen Überlebenden.
Gottfried begrüßt meine Reaktion auf diesen Artikel. Ich schrieb einen Leserbrief und rief spontan den SFB (Redaktion "BERLINER PLATZ") an und schlug eine Sendung mit erwachsenen Überlebenden über sexuellen Kindesmißbrauch vor. Ich wäre für eine Diskussion in der Innenrunde bereit. Auch Gottfried sagt sofort und spontan zu, daß er mich begleiten

würde und daß wir dann gemeinsam in die Innenrunde gehen. Nach meinem Anruf beim SFB war ich über mich selbst erstaunt und hatte ein "mulmiges" Gefühl im Bauch. Na ja, festgelegt habe ich mich ja nicht. Gottfried sieht diese Reaktion als weiteren Beweis für meine teilweise erfolgte Aufarbeitung und eine zusätzliche Möglichkeit der Integration meines sexuellen Mißbrauches.
Ich bin immer noch verwirrt über die letzte Rückblende (Vergewaltigung der Mutter) und fühle mich verpflichtet, solidarisch zu sein. Ich kann es aber nicht und merke, wie in mir Haßgefühle bei dem Gedanken an Solidarität aufsteigen. Gottfried sagt mir, daß ich erst einmal heilen müßte, um solidarisch sein zu können mit der Mutter. Auch wenn sie traumatisiert wurde, wäre es trotzdem ihre Pflicht gewesen, mich zu schützen, auf mich aufzupassen und einzugreifen. Längst nicht alle Erwachsenen, die mißbraucht wurden, mißbrauchen später ihre eigenen Kinder. So hätte auch sie einen anderen Weg finden können und auch müssen, um das Trauma nicht an mich weiterzugeben.

5.11.92
Heute erwache ich wieder zur gewohnten programmierten Zeit in der Nacht mit starken Schmerzen an der Innenseite der Oberschenkel, die in den Bauchraum ausstrahlen. Es ist ein Gefühl, als "wenn einer auf mir draufliegt". Am Vormittag habe ich dann wieder einmal einen Wutanfall. Ich habe geschrien und gewütet und habe auch starke aggressive Impulse bei gleichzeitiger sexueller Erregung.
Ich bin auch furchtbar wütend auf eine Therapeutin, die mich seit April hinhält und mir immer wieder verspricht, daß jetzt in Kürze die Gruppentherapie mit Frauen über das Thema Sexualität beginnen würde. Es ist jetzt das vierte Mal, daß sie ihr Versprechen nicht einhält. Ich überlege, ob ich noch an dieser Gruppentherapie teilnehmen will.
Seit einigen Wochen liegen zwei satirische Karten bereit, und ich werde sie heute an den Onkel (Vaters Bruder und seine Frau) sowie an die Eltern abschicken (Abb.3 und 4). Bei diesem Gedanken klingt meine Wut ab, und ich fühle mich wohler und befreiter. Sehr gerne würde ich auch der Therapeutin eine satirische Karte schicken.

7.11.92
Im Frühjahr hatten meine Freundin Monika und ich uns vorgenommen, im Winter einen Kurs an der VHS über Frauenselbstverteidigung zu belegen. An zwei aufeinanderfolgenden Wochenenden nehmen wir jetzt an einem Kurs teil.

Wir diskutierten über Täterpsychologie, psychologisches Verhalten in "brenzligen" Situationen, und natürlich lernten wir die ersten Abwehrgriffe. Im Selbstverteidigungsprogramm waren Elemente aus den Kampfsportarten Judo, Karate und der speziell für Frauen entwickelten Technik Wendo enthalten. Wir übten den Einsatz unserer Faust und auch Fußtritte. Einen wesentlichen Zeitraum nahm die Übung von Würgeabwehrgriffen in Anspruch. Mir ging es sehr schlecht dabei, und ich mußte viel weinen, obwohl bei den Übungen nach meiner Intervention die Hände nur auf meinen Rücken, Brust oder die Schultern gelegt wurden und nicht mein Hals umfaßt wurde. Trotzdem hatte ich ein Würgegefühl - ein deutliches Druckgefühl am Kehlkopf - , das den ganzen Tag und auch noch am Abend anhielt. Mein Hals war wie zugeschnürt und teilweise hatte ich das Gefühl, als wenn ein immer enger werdender Ring um meinem Hals liegt (als ich dies Mitte Dezember schreibe, habe ich aktuell wieder diesen Phantomschmerz).

8.11.92
Zweiter Tag des Selbstverteidigungskurses für Frauen. Heute ging es mir wesentlich besser. Wir wiederholten nur einmal die Würgeabwehrgriffe und lernten weitere Abwehrmaßnahmen bei Umklammerungen.
Zum Abschluß des Seminars wurden zwei Holzbretter mit Kunststoffteilen, die ein Gewicht von 20 kg tragen, zusammengestöpselt. Mit der Faust sollten wir die Bretter durchschlagen. Nach einigen tiefen Atemzügen und in voller Konzentration auf das zu durchschlagende Brett merkte ich, wie die Kraft im Arm zunahm. Mit einem Schrei durchschlug ich das Brett nach dem dritten Atemzug. Es kostete Überwindung, aber ich schaffte es, da ich es schaffen wollte. Es war ein tolles Gefühl, mit eigener Kraft und dem Willen ein Brett auseinanderzusprengen. Wir Frauen sind wirklich nicht das schwache Geschlecht!!!
Diese simulierten Gewaltszenen aushalten zu können, wenn auch mit großen Schwierigkeiten, ist eine wichtige Erfahrung für mich. Ich bin nicht klein, hilflos und schwach, und in meiner Faust steckt eine Menge Kraft. Dies kann ein weiterer Schritt sein, um aus meiner Opferrolle herauszukommen.
Als ich nach Hause fahre, stelle ich fest, daß ich mit der Gruppensituation (wir waren zwölf Frauen) ganz gut zurechtkam. Allerdings wurde ich auch nicht gefordert, irgendwelche Konversation zu machen, dies fällt mir immer besonders schwer. Ich heftete mich jedenfalls nicht an Monikas Fersen, wie ich es sonst in solchen Situationen machte. Mir bekannte Personen waren dann immer mein einziger Halt, und ich "klammerte" dann, sonst wären Gruppensituationen für mich unerträglich gewesen.

Ich hatte und habe in Gruppen immer das Gefühl, für alle und alles verantwortlich zu sein, und wenn Disharmonien auftraten, dann fühlte ich mich sofort schuldig. Zum einen könnte ich es durch falsches Handeln verursacht haben, und zum anderen sah ich es als meine Aufgabe an, Situationen richtig einzuschätzen und für Harmonie sorgen zu müssen. Dahinter verbirgt sich die Vorstellung, die Gefühle anderer Menschen manipulieren zu können, genauso wie früher die Täter meine Gefühle manipulierten. Die Kontrolle der Gefühle erzeugt ein Gefühl von Macht und damit die Illusion von Selbstwertgefühlen. Für alle Mißstände verantwortlich zu sein, hängt auch mit der Opferrolle zusammen, so daß ich hoffe, daß meine veränderte Wahrnehmung über mein Verhalten in Gruppen kein Zufall, sondern Fortschritt ist. Die Zukunft wird es zeigen.

9.11.92
Heute habe ich das Gutachten zum Bezirksamt gebracht. Der Sachbearbeiter versicherte mir, daß er der beantragten Namensänderung zustimmen wird. Bis zum Ende des Monats wird er meinen Antrag bearbeitet haben. Vielleicht heiße ich zum 1. Jahrestag der Befreiung (Konfrontation) schon BEHLER. Das wäre phantastisch, wenn es zeitlich so gut klappen würde.

10.11.92
Die Therapeutin, die mir versprach, in Kürze die Anzeige im TIP aufzugeben, um Frauen für eine Gruppentherapie zu suchen, hat sich immer noch nicht gemeldet. Jetzt sind schon fünf Wochen vergangen. Die Anzeige sollte vor drei Wochen erscheinen. Ich glaube, ich werde an dieser Gruppe nicht mehr teilnehmen. Vorher werde ich aber auf ein persönliches Gespräch drängen und vom Verlauf des Gespräches meine Entscheidung abhängig machen.

12.11.92
Ich hatte für Horst "VERBÜNDETE" (DAVIES, L. 1992) gekauft und hoffte, da wir beide in einer schwierigen Phase sind, daß das Buch ihm helfen könnte mit unserer und seiner Situation als Partner einer Überlebenden, die heilt, besser zurechtzukommen.
Leider hat das Buch die gegenteilige Wirkung auf Horst. Horst ist deprimiert und in aggressiver Stimmung. "Es wird nie eine 100%ige Heilung möglich sein". Besonders betroffen gemacht hat ihn die Fallgeschichte zweier Lesben: Die eine Frau hat von ihrem sexuellen Mißbrauch geheilt. Ihre Partnerin erinnert dann im Zusammenleben mit ihr den eigenen sexuellen Mißbrauch. Sie beginnt eine Therapie. Die geheilte Überlebende trennt sich daraufhin von ihrer Partnerin, weil sie das alles nicht noch

einmal durchmachen will und kann. Horst: "Richtig, das einzige Vernünftige was sie tun kann".
Ich bin erschüttert über Horst's Reaktion. Ich meine, daß sie als geheilte Überlebende soviel Verständnis aufbringen könnte (und müßte?), um diese schwierige Zeit durchzustehen. Der Grund war nicht mangelnde Liebe oder Entfremdung, sondern sie wollte das nicht noch einmal durchmachen. Ich kann intellektuell die Entscheidung nachvollziehen, aber ich meine, sie hätte durchhalten sollen, gerade *weil* sie eine Überlebende ist. Ich hätte für diese Reaktion von einer Frau, die nicht mißbraucht wurde, mehr Verständnis. Horst zeigt für meine Stellungnahme kein Verständnis und gibt auch noch zu bedenken, daß meine Idee, in Selbsthilfegruppen für sexuell mißbrauchte Frauen mitzuarbeiten, nur eine Deutung zuläßt, nämlich die, daß ich aus dem ganzen Schlamassel nie herauskomme und nicht heilen werde. Wenn jemand davon geheilt ist, so argumentiert Horst, dann wird er von dieser "ganzen Sache nie wieder etwas hören wollen und wird ganz schnell ganz weit laufen". Mir verschlägt es die Sprache, ich fühle mich in die Verteidigung gedrängt.
Ich widerspreche und sage zu Horst, daß es einen großen Unterschied ausmacht, ob der Heilungsprozeß von einem Partner oder von einem Therapeuten miterlebt und begleitet wird. Der Therapeut kann, muß und wird sich viel stärker abgrenzen, als dies dem Partner möglich sein wird. Fehlt diese Abgrenzung, dann wird der Therapeut irgendwann in Selbstmitleid verfallen und ist dann selbst therapiereif. Das ist nicht sinnvoll. Ich bin davon überzeugt, wenn ich meine Problematik weitgehenst aufgearbeitet habe, werde ich auch zur Abgrenzung fähig sein. Hierin liegt nach meiner Einschätzung auch der wesentliche Unterschied zu meinem damaligen Entschluß, Sonderpädagogik zu studieren. Ich hatte damals in den Praktika Abgrenzungschwierigkeiten, und gleichzeitig wollte ich durch die Arbeit mit Behinderten mich selbst aufwerten, um die eigenen Minderwertigkeitsgefühle zu kompensieren und eine Möglichkeit finden, meine Machtproblematik "zu bearbeiten"; ich sollte wohl schreiben, um zu leben.

14.11.92
Heute ist das zweite Wochenende "Selbstverteidigung für Frauen". Die Schwierigkeiten liegen wie schon beim vergangenen Kurs darin, daß ich mit den simulierten Gewaltsituationen nicht umgehen kann. Für alle Teilnehmerinnen ist es ein Spiel, nur mir vergeht der Humor, und es wird alles bitterer Ernst. Im Prinzip muß ich zwei Hürden nehmen:
- Ich muß mich auf die Aggressionen einlassen und sie von anderen annehmen können

- Ich muß meine eigene Aggression spüren, sie ebenfalls annehmen und fähig sein, sie im Kampf auszudrücken.
Beides ist für mich sehr schwierig. Ich denke, daß es für mich sehr sinnvoll sein würde, im Frühjahr einen VHS-Kurs "Frauenselbstverteidigung" zu buchen. Vielleicht gelingt es mir, durch eine kontinuierliche Auseinandersetzung mit diesem komplexen Bereich einen angstfreien Zugang zu diesen Gefühlen zu finden.
Ich komme in weinerlicher Stimmung nach Hause, und so ist die Auseinandersetzung mit Horst über meine Gefühle und vor allem diesen "Gefühlsmischmasch" schon vorprogrammiert.
Wir müssen bald einen Weg finden, unsere emotionale Distanz zu überwinden. Die Auseinandersetzungen sind unfruchtbar und destruktiv.

15.11.92
Heute ruft die Therapeutin - na endlich - an, die mir seit April versprach, eine Gruppentherapie über Sexualität anzubieten. Die Anzeige ist in der Zeitschrift "TIP" erschienen. Ich bitte sie um ein persönliches Gespräch.

20.11.92
Ich hatte heute das Gespräch mit der Therapeutin. Sie konnte meine Argumente, daß ich Engagement bei ihr vermisse und sie mich über Monate hinhielt, nicht anerkennen. Sie entgegnete, daß sie noch nicht meine Therapeutin sei und ich zu hohe Ansprüche stelle und schließlich auch noch die formale und emotionale Ebene vermischen würde. Auf Ihre Frage, warum ich mich nicht selbst um eine andere Möglichkeit gekümmert hätte, antwortete ich, daß es mir unvorstellbar erschienen sei, über neun Monate immer wieder vertröstet zu werden. Nach jedem telefonischen Kontakt hoffte ich, daß sie den angegebenen Termin einhalten würde und die Gruppenarbeit nun doch endlich beginnen könnte. Ich sei wohl zu vertrauensvoll und gutgläubig gewesen. Die Atmosphäre war zum Zerreißen gespannt. Ich habe mich während des Gespräches entschlossen, an der Gruppentherapie nicht teilzunehmen. Ich begründete meinen Entschluß ihr gegenüber auch offen und ehrlich: Ich würde sie emotional als unsicher und unehrlich erleben, und ich würde mit sehr vielen negativen Übertragungen in die Therapie gehen. Ich sage ihr ebenfalls noch, daß ich eine negative Erfahrung mit einer Therapeutin verhindern möchte, da ich meine Mutterbeziehung aufarbeiten und nicht zementieren wolle.
Ich gehe doch etwas enttäuscht nach Hause, obwohl mir schon bewußt war, daß mehr Gründe gegen die Teilnahme an einer Gruppentherapie bei ihr sprachen, als dafür.

Na ja, jedenfalls habe ich mich auseinandergesetzt und die Chancen ausgelotet. Vor allem aber: ich bin dieser Aussprache nicht ausgewichen, habe ihr meinen Zorn gezeigt, so daß ich jetzt wohl die Nackenrolle nicht mehr werde einsetzen müssen. Dies ist Umwandlung von heißer Wut in kalte Wut (ebenso wie das Schreiben der satirischen Karten). Es scheint so, als wenn dies wenigstens manchmal ansatzweise beginnt zu funktionieren. Vieleicht ist in Bezug auf die Integration meiner Gefühle Wut und Aggression doch noch nicht Hopfen und Malz verloren.
Gottfried mit seiner empathischen Begleitung scheint mir wieder einmal ein Geschenk des Himmels zu sein.

25.11.92
Nachdem ich tagelang "durchhing" und mich über die Therapeutin ärgerte, bin ich heute aktiv geworden und habe erste Kontakte geknüpft, um doch an einer Gruppentherapie teilnehmen zu können. Die ersten Versuche lassen sich sehr erfolgversprechend an.
Das INSTITUT FÜR SEXUALWISSENSCHAFTEN bietet keine Gruppentherapien an. Sie verweisen mich an SPI (SELBSTHILFE PROJEKT INITIATIVE). Hier besteht die Möglichkeit, über eine Anzeige Frauen für eine Zusammenarbeit zu gewinnen. Die Gruppe würde dann in der Anfangsphase therapeutisch begleitet werden.
WILDWASSER bietet im Januar eine "Gruppengründungsparty" an. Aus den interessierten Frauen würden sich dann eine oder auch zwei Gruppen rekrutieren. Von Wildwasser erhalte ich noch die Telefonnummer von FRAUENTRAUM.
FRAUENTRAUM bietet eine Gruppe "Erfahrbarer Atem" an. Ich sage spontan zu und melde mich an.
Eine zweite Gruppe soll ab Januar mit zwölf Überlebenden eröffnet werden. Mit den Methoden des Psychodramas soll der sexuelle Mißbrauch aufgearbeitet werden. Ich vereinbare einen Termin für ein Vorgespräch am 30.11.92.

28.11.92
Ich bemerke beim Aerobic im Joggingteil, daß ich immer noch bei temperamentvollen Arm- und Beinbewegungen die Eltern und den Onkel "bearbeite". Es besteht aber kaum noch die Gefahr, daß ich dadurch einen Wutanfall auslöse. Die Gesichter, die vor meinem geistigen Auge entstehen, sehen jünger aus als vor einigen Monaten. Ich habe zwar immer noch keine konkreten Erinnerungen, wie die Eltern aussahen, als ich Kind war, aber ich stelle mir die jüngeren Gesichter so vor, wie sie auf den Fotogra-

fien aussehen, und ich sehe mich dann auch als kleines Kind, das auf die Eltern und den Onkel einschlägt.
Der Opa ist bis zum jetzigen Zeitpunkt noch nie in meinen Wutanfällen "aufgetaucht".
Meine Güte, wieviel Wut ist eigentlich in mir gespeichert, daß ich seit nunmehr vielen, vielen Monaten immer noch während des Trainings diese verdammten Alten durchprügeln muß? Ob dieses Reservoir an alter aufgestauter Wut jemals erschöpft sein wird?
Wenn ich meine Wut in dieser Form lebe sowie in meinen Wutanfällen, spüre ich Wut als reines Gefühl. Aber wenn ich wütend bin und dies anderen Menschen gegenüber zeigen will, spüre ich Wut *ausschließlich* im Zusammenhang mit massiven Ängsten.

28.11.92
Ich rufe die Rechtsabteilung beim Bezirksamt an und frage nach, wann ich mit der Übergabe der Urkunde zur Namensänderung rechnen kann. Die Antwort: Der "Vorgang" wird bearbeitet. Spätestens in einer Woche könnte ich die Urkunde abholen.
Horst freut sich mit mir und begrüßt die Namensänderung.

29.11.92
Ich nehme Kontakt zum WIB (WEITERBILDUNGSINSTITUT IN BERLIN / WEITERBILDUNG IN PSYCHODRAMA UND GESTALTTHERAPIE) auf und frage nach, ob ich an der Selbsterfahrungsgruppe der Grundstufe teilnehmen kann. Der Einstieg in die Grundstufe dient der Selbsterfahrung und ist sofort möglich. In der Gruppe arbeiten 12-15 Teilnehmer/Innen mit. Nach Abschluß der Mittel- und Oberstufe endet die Weiterbildung mit einer Graduierung zur Soziotherapeutin. Ich vereinbare ein Vorgespräch zum 30.11.92 und sage das Vorgespräch bei FRAUENTRAUM ab.

30.11.92
Die Weiterbildung am WIB ist eigentlich für im sozialen Bereich arbeitenden Personenkreis konzipiert. Ausnahmen werden aber zugelassen. Da ich einige Semester Sonderpädagogik studiert habe, kann ich an dieser Fortbildungsmaßnahme teilnehmen.
Ich hoffe, daß ich mit der Therapie bei Gottfried und dieser Selbsterfahrung in einer Gruppe meinen sexuellen Mißbrauch so weit aufarbeite, daß ich an der Mittel- und Oberstufe ebenfalls teilnehmen kann, um mit der Graduierung abzuschließen. Hiermit eröffnet sich eventuell eine berufliche

Perspektive, und meine Vorstellunng, einmal Selbsthilfegruppen für sexuell mißbrauchte Frauen anzuleiten, könnte ich verwirklichen.

2.12.92
Horst ist für zwei Tage dienstlich verreist. Da unser Verhältnis z. Z. gespannt ist und ich Horst häufig vorhalte, daß er mir in Gesprächen zu wenig Raum läßt, um meine Gedanken zu formulieren und auszudrücken - so auch gestern abend wieder - , fallen mir einige Gedanken dazu ein, was Reden für Horst bedeuten könnte:
Horst redet, kleidet alles in Worte. Ich habe oft das Gefühl, daß seine Reden ein Rettungsring für ihn sind.
Auch wenn er nicht redet, redet er doch, weil er häufig innerlich nicht bei dem ist, was andere sagen und hemmungslos unterbricht.
Er redet zwar mit Gefühl, aber ohne "Selbstaufgabe", ohne Verschmelzungstendenzen, oft ohne Nähe herzustellen, eben grandios.
Ich denke, er fängt sich mit seinem Reden selbst auf.
Was würde eigentlich passieren, wenn man Horst für eine bestimmte Zeit verbieten würde, zu reden?
War Sprache ein Weg für ihn, als Kind Nähe zu suchen?
Horst redet an Konflikten vorbei, an seinen Konflikten. Meine kennt er immer sehr gut.
Horst hat für alles eine Erklärung, und verbaut er sich somit seinen Zugang zu dem Kind in ihm?

3.12.92
In den letzten Wochen phantasierte ich, den Eltern eine Kopie meiner Namensänderung genau zum 24.12.92 zu schicken. Nachdem ich mich aber in meinen Phantasien ausgelebt habe, ist es mir zur Zeit nicht mehr wichtig, daß die Eltern sofort von meiner Namensänderung erfahren. Vielleicht kommt wieder einmal ein Brief von Ihnen, dann schicke ich als Antwort die Kopie der Namensänderung.

4.12.92
Endlich, unfaßbar, unglaublich, aber wahr: Ich habe die Urkunde vom Bezirksamt abgeholt. Seit heute heiße ich: *MARLEN SCHUMANN geb. BEHLER.*
Ich könnte die ganze Welt umarmen und die Eltern können mir mal ...

Problemfeld Sexualität und Intimität

Sexualität und Intimität sind bei Inzestüberlebenden mit sehr viel Unsicherheiten, Verunsicherungen und Verwirrungen verbunden, die nur durch ein offenes und vorbehaltloses Aussprechen integriert werden können.
Viele Fragen sind offen und werden aufgeworfen, und häufig ist es schwer, Antworten zu finden. Alles was wir als Inzestüberlebende über Sexualität erlebt und erfahren haben, müssen wir wieder verlernen, um zu völlig neuen Bewertungen zu gelangen. Wir müssen umlernen, um grundlegende neue Erfahrungen zu machen, und die Partner müssen bereit sein, sich in enorm viel Geduld zu üben und mitzuarbeiten, um Veränderungen zu ermöglichen; kurz: wir müssen unsere Sexualität erobern! Wir müssen uns mit den möglicherweise erlebten Körpersensationen während des Mißbrauches auseinandersetzen, auch mit denen, die während der Aufarbeitung des sexuellen Mißbrauches aufgetreten sein können, und zwar vorbehaltlos, offen und bejahend, um heil zu werden.
Dies ist mein eigenes Erleben, meine eigene intime Geschichte und Erfahrung mit der Sexualität, aber vermutlich werden andere Inzestüberlebende in vielen Bereichen mit ähnlichen Schwierigkeiten zu kämpfen haben. Um meine Isolation zu überwinden, darf ich mein Erleben nicht verschweigen, darf ich keinen Erfahrungsbereich ausschließen, werde ich mich offen, vertraut und ohne falsche Scham äußern, um auf diesem Wege Erkenntnisse, Erfahrungen und Erlebnisse weiterzugeben. Alle meine Empfindungen und Gefühle waren möglich, verwirrend und peinlich zugleich, sie gehören aber zu meinem Menschsein.
Wegen des bestehenden Vaginismus (Scheidenkrampf) hatte ich zu Beginn unserer Ehe (1963) mehrere Ärzte (Frauenärzte, Nervenarzt) aufgesucht. Auf Anraten einer Nervenärztin stimmte ich einer Einweisung in eine neurologisch-psychiatrische Klinik zur genauen Diagnosestellung zu. Mir wurde nach dem sechswöchigen stationären Aufenthalt eine Psychonanlyse empfohlen, die ich auch begann. Nach ca. 170 Stunden habe ich die Analyse abgebrochen. Ich habe an verschiedenen Stellen darauf hingewiesen, welche Gründe zum Abbruch führten.
Nach dem Klinikaufenthalt und noch vor Beginn der Psychoanalyse hatten wir neben den oben genannten Ärzten u.a. auch einen Chirurgen konsultiert. Er hatte 1956 die Assistenz bei meiner Herzoperation. Er empfahl Horst, ebenso wie einige andere Ärzte, beim Geschlechtsverkehr nicht zu vorsichtig zu sein. Eine Psychoanalyse sei ein viel zu großer Aufwand im Verhältnis zu den vorliegenden Beschwerden. Sollten alle Bemühungen

scheitern, so schlug er vor, in einer Vollnarkose eine Untersuchung auf ev. anatomische Besonderheiten vorzunehmen und dabei dann die Defloration zu machen, um bestehende Ängste davor auszuschalten. Mir waren solche Ängste eigentlich nicht bewußt, aber in meiner (unserer) Verzweiflung stimmten wir zu. Nach erfolgter Untersuchung erklärte er mir, daß er eine "Verdickung" in der Vagina beseitigt hätte. Dies deute auf eine Verletzung im Kindesalter hin. Es folgten keine weiteren Nachfragen von seiner Seite auf ev. erlebten sexuellen Mißbrauch, obwohl ich ihn darauf hinwies, daß der Onkel mich "belästigte" (das sexuellen Mißbrauch zu nennen, war mir damals unbekannt). Nach seiner Ansicht waren durch die Beseitigung dieser "anatomischen Besonderheit" und die erfolgte Defloration alle Hindernisse beseitigt und einer erfüllten Sexualität stand nun - aus seiner Sicht - nichts mehr im Wege.
Im Februar 1993 erinnerte ich mich, daß dieser Chirurg mir nach dem Erwachen aus der Narkose nicht nur sagte, daß er eine "Verdickung" beseitigt hätte, sondern daß das Hymen eingerissen war. Sein Kommentar: Der Verkehr sei doch möglich und ich solle mich nicht so anstellen. Wir hatten aber bis zu diesem Zeitpunkt eben wegen des Vaginismus keinen vaginalen Geschlechtsverkehr, so daß diese Verletzung aus einer Vergewaltigung in der Kindheit stammen muß. Diese Erinnerung hat mich tief betroffen gemacht, weil ich keine Erinnerung an eine vaginale Vergewaltigung habe.
Der sexuelle Mißbrauch ist Ausdruck des Hasses und Selbsthasses des Täters und für die Opfer auch eine schlimme Körpererfahrung, die sich bei mir u.a. im Symptom des Vaginismus äußerte. So muß auch ich lernen, auf meinen Körper zu hören, was ich wünsche (dies ist schon häufig schwierig genug festzustellen), was ich ersehne, erhoffe und begehre. Solange wie es mir immer noch schwerfällt ohne Ängste und Scham zu äußern, an welchen Körperstellen ich geküßt und/oder gestreichelt werden möchte, lasse ich den Sexualakt nur über mich ergehen, und es war eben nicht mein Erlebnis.
Lernprozesse in der Sexualität sind für mich immer noch stark angstbesetzt, denn ich weiß nicht, was danach kommt. Ich habe Angst, daß meine Sexualität außer Kontrolle gerät, genauso wie die Täter über ihre Sexualität die Kontrolle verloren hatten, ich habe Angst, aktiv werden zu müssen, ich habe Angst, daß ich es nicht schaffe, ich habe Angst, daß Horst sich von mir trennt, ich habe Angst vor Rückblenden, wenn ich mich auf Neues einlasse, ich habe Angst, daß ich immer - mein gesamtes Leben - dissoziieren werde und daß letztlich doch alles nur noch schlimmer werden kann. Die sexuelle Schädigung aufzuarbeiten ist für mich der schwierigste und schmerzhafteste Punkt. Hier macht sich der Einfluß der Täter immer noch am deutlichsten bemerkbar.

"Dein Schmerz ist das Aufbrechen des Panzers, der dein Einsichtsvermögen umschließt.
KHALIL GIBRAN, *Der Prophet*

Ich mußte und muß mir meiner Berührungs- und Beziehungsängste im Zusammenhang mit der Sexualität bewußt werden, das Aufbrechen aller Gefühle (Scham, Ängste, Zweifel, Freude, Liebe, Verwirrung u.a.) zulassen, ich muß meine Bedürfnisse formulieren, ich muß mich mit Erinnerungen herumplagen (flash backs), ich muß die Angst vor der Macht der Sexualität verlieren, ich muß meinen Körper kennen und lieben lernen und nicht zuletzt mich in Ehrlichkeit und Offenheit auch und gerade Horst gegenüber üben und lernen nein zu sagen.
Dies alles liegt wie ein nicht zu bezwingender Berg vor mir, und der Vergleich mit Sisyphus drängt sich förmlich wieder einmal auf, aber:
Eine Reise von 1000 Meilen beginnt mit einem Schritt (TAO TE KING).
Vor allem die vaginale Penetration, die ich häufig noch mit Schmerzen und völligem Kontrollverlust assoziiere, ist deutlich angstbesetzt. Wenn es mir aber nicht gelingt, die Sexualangst abzubauen und meine sexuelle Schädigung zu überwinden, werde ich nie über eine Bedürfnisbefriedigung hinauskommen. Orgasmusfähigkeit ist zwar sehr schön, aber längst noch keine erfüllte und erfüllende Sexualität, auch für den Partner nicht. Vielleicht - hoffentlich - liegt gerade in dieser Angst wiederum die Chance, eines Tages zu einer wirklichen Hingabe an das Du zu gelangen.
Mit dieser Hingabe an das Du ist eine zeitweilige Aufgabe des Ich verbunden. Dies ist genau der Punkt, warum Sexualität für mich so angstbesetzt ist. Meine Ich-Integrität wurde durch den sexuellen Mißbrauch permanent verletzt, und mein Selbst habe ich auch verloren, weil ich Lust während des Mißbrauches ausschließlich als unkontrollierbare Macht erlebte, verbunden mit Schmerz, Ekel, Angst, Gewalt und Demütigung. Deshalb ist es so schwierig, mich vom Ich zu lösen.
Die Entwicklung meines Selbst, meiner Persönlickeit mit meinen Wünschen, Bedürfnissen und Werten wurde verhindert. Ich hatte keine eigenen Wünsche und Bedürfnisse zu haben, sondern ich mußte die Bedürfnisse der Täter befriedigen. Ich konnte mich für meine ureigensten persönlichen Belange nicht einsetzen und dadurch zu keiner Persönlichkeit reifen.
Die unbekannten Teile des Selbst, die ich als Kind nicht erkunden und spielerisch finden durfte, jetzt zu finden und zu hinterfragen, zu erfahren, was will ich, was brauche ich, diese unbekannten Teile sind letztlich die Quellen der Angst.

Das Selbst ist im Persönlichen begrenzt, während das Ich sowohl nach außen als auch nach innen gerichtet ist. Mit meinem Ich wende ich mich zum Du und bleibe doch mit meinem Innersten verbunden. Ich bin getrennt und doch wiederum eins. Dies wird auch im Wort "allein" ausgedrückt. Ein von mir häufig gebrauchtes Wort, wie ich beim Korrekturlesen des Textes feststellte. Ich bin all-ein. Also eins in allem.

Allein
Es führen über die Erde
Straßen und Wege viel,
Aber alle haben
Dasselbe Ziel.
Du kannst reiten und fahren
zu zweien und zu dreien,
Den letzten Schritt mußt du
Gehen allein.
Drum ist kein Wissen
Noch Können so gut,
Als daß man alles Schwere
Alleine tut.
(HERMANN HESSE)

Meine Außengelenktheit hat mein gesamtes Leben beherrscht und beherrscht es z.T. immer noch. Dadurch war es mir nicht möglich, nach innen zu gehen und mein Ich zu finden. Ohne Ich gibt es keine Hinwendung zum Du.
Der sexuelle Mißbrauch hat nicht nur meinen Körper verletzt, sondern auch meine Seele getötet und mich damit meiner kosmischen Dimension der Liebe beraubt. Das unbefangene Zugehen auf Menschen wurde durch den mehrfachen Verrat in meinen engsten Beziehungen unmöglich.
Alle Kinder - wenn ungeschädigt - sind eins mit dem Kosmos, und gerade das Verströmen dieser allumfassenden Liebe mit ihrer Offenheit und Unbefangenheit macht den Umgang mit Kindern immer wieder zu einem die Seele tiefberührenden Erlebnis. Der Verlust dieser kosmischen Dimension der Liebe und damit auch des sprirituellen Lebens und Erlebens verhinderten und verhindern zum Teil immer noch eine Öffnung meiner Seele an die Hingabe an das Leben überhaupt und letztlich auch an die Hingabe an das Du, auch in seelisch-geistiger Hinsicht. Eine Ich-Du-Begegnung aufzubauen, vor allem in Bezug auf das sexuelle Erleben ist deshalb so verflixt schwierig. Statt vereint in Körper, Geist und Seele wurde ich zerrissen und zerstört, und der dadurch bedingte Verlust der Spiritualität, der Fähigkeit

mich als Teil des Ganzen und den eigentlichen Sinn des Lebens zu fühlen und gleichzeitig mit mir selbst in Verbindung zu bleiben und zu sein, macht es mir unmöglich, eine erfüllende und erfüllte Sexualität zu leben. Ich war und bin mir zum Teil immer noch selbst fremd. Ohne diesen Zugang zum Ich kann ich nicht zum anderen finden. Die Verbundenheit mit mir selbst, ja sagen zu mir selbst, ja sagen auch zu meinen Schattenseiten, dann kann ich sicherlich auch ja sagen zu anderen Menschen und in tiefe Beziehungen eintreten, in seelisch und geistiger Hinsicht ebenso, wie im sexuellen Erleben.

Als wir früher
Verstecken spielten,
dachten wir nicht daran,
daß dies eine Vorübung sein könnte.
Wir hatten Spaß am Spiel,
das heute Ernst geworden ist
und soviel Wut und Leid erzeugt.
So mancher duckt noch immer
und rennt umher
und sucht.
Andere haben sich so gut versteckt,
daß sie sich selbst
nicht mehr finden.
(KRISTIANE ALLERT-WYBRANIETZ)

Der Inzest war für mich nicht nur ein brutales psychisches Erleben, sondern auch eine eklige und abscheuliche Körpererfahrung. Die Täter benutzten zu ihrer Befriedigung meinen Körper, und ich war ihnen physisch, psychisch und emotional hilflos ausgeliefert. Die Machtausübung erfolgte auch über den Mißbrauch des Körpers. Wann immer es den Tätern danach gelüstete, hatte ich zur Verfügung zu stehen. Es wurde an Stellen meines Körpers manipuliert, die zu berühren mir selbst verboten war. Ich kann mich noch gut erinnern, daß autoerotische Betätigungen für mich verboten waren. Die Kontrolle der Mutter ging sogar so weit, daß sie mehrmals, nachdem sie mir Strafe androhte und Krankheit voraussagte, wenn ich an mir herumspiele, nach dem Mittagsschlaf an meinen Fingern roch, um zu prüfen, ob ich ihr Verbot auch befolgte. Sie hätte lieber mal an den Fingern vom Onkel, Vater und Opa riechen sollen.... Dieses Verbot allein wäre schon ausreichend gewesen, um mit der Berührung - auch der eigenen Berührung - der Klitoris und Vagina Demütigung, Angst und Scham zu verbinden. Mir laufen heute noch Schauer des Entsetzens bei der Vorstel-

lung über den Rücken, daß ich mittags dafür bestraft wurde, meinen eigenen Körper zu berühren und zu erkunden, und kurze Zeit später dann einer der Täter genau diese Stellen nach seinem Belieben manipulieren durfte.
Ich wuchs in einer sexuell total verklemmten Familie auf. Sexuell verbale Zweideutigkeiten und eindeutige Handlungen auf Familienfeiern, deren Zeuge ich als kleines Kind wurde, kamen häufig vor. Der Onkel und eine Tante saßen einmal nackt auf dem Ofen, oder im Garten wurden Kerzen ausgepinkelt (fast noch das Harmloseste), und einmal steckte der Onkel eine Bockwurst in seine Badehose. Wen kann es da noch wundern, daß ich Jahrzehnte keine Bockwurst essen konnte, ohne daß mir speiübel wurde. Oder ich mußte fast zwanghaft Bockwurst essen, was natürlich mit starken Ekelgefühlen verbunden war und als aggressiver Akt gegen den Penis zu interpretieren ist.
Sexuelle "Anmache" durch den Onkel, seine gelebten exibitionistischen und voyeuristischen Züge und seine lüsternen Blicke verfolgten mich als Kind ständig. Dies wurde auch von den Eltern nicht verhindert, ja vielleicht nicht einmal bemerkt, weil sie es nicht merken wollten. (Im Sommer 1993 erinnerte ich, daß ich am Tage nach der Einsegnungsfeier in Niemegk vom Onkel im elterlichen Schlafzimmer in meinem Bett in Anwesenheit des Vaters mißbraucht wurde). Oder haben sie es als normal und selbstverständlich empfunden? Auch das ist sexueller Mißbrauch. Konkrete Erinnerungen an diese Art des sexuellen Mißbrauches durch den Vater habe ich nicht, aber viele Träume dieser Art, so daß ich mit Sicherheit davon ausgehen kann, daß diese Art des Mißbrauches auch durch den Vater stattfand.
Als ich sechs Jahre alt war, fragte ich meine Mutter, nachdem wir eine hochschwangere Frau auf der Straße sahen und meine Schulkameradin Astrid mir sagte, daß diese Frau ein Kind bekäme, wo die Kinder herkämen und wie man Junge und Mädchen unterscheiden könne. Die Mutter antwortete mir, daß die Kinder vom Klapperstorch gebracht würden und die Jungen einen größeren Kopf hätten. Gleichzeitig fragte sie mich, ob ich wüßte, was eine Vergewaltigung sei. Diese Frage konnte ich bejahen und habe dies auch getan. Dies hier ist wahrlich kein schlechter Witz!
Unmmittelbar nach dieser "gelungenen" Aufklärung besuchte uns der Onkel. Die Mutter stand mit ihm in der Küche, und ich lauschte an der geschlossenen Wohnzimmertür, weil ich vermutete, daß sie ihm von unserem Gespräch erzählen würde, was sie auch tat.
Ich hatte wahnsinnige Angst, daß der Onkel ihr bestätigen würde, daß ich wüßte, was eine Vergewaltigung sei, da ich ihn schon mehrmals verführt hätte. Als ich diese Sätze schreibe entsteht die Situation sehr real in allen Einzelheiten vor meinem geistigen Auge mit den dazugehörigen Gefühlen

der Angst, der Scham und den Schuldgefühlen.
Vor diesem Hintergrund und dem sexuellen Mißbrauch als "Krönung" konnte es überhaupt nicht möglich sein, zu einem offenen und aufgeschlossenen Verhältnis zur Sexualität zu gelangen. Ich konnte mich nicht als sexuelles Wesen begreifen. Die Wortkombination "sexuelles Wesen" war mir bis vor kurzem "fremd", da ich mich nie so verstanden hatte, und auch heute fällt es mir schwer, zu akzeptieren, daß auch ich ein sexuelles Wesen bin. Ich war (bin) im besten Falle ein Wesen, daß eine Sexualität hat, die im Grund ja doch nicht mir gehört(e). Hierzu fällt mir die Parallele ein: Ich habe einen Körper und nicht ich bin ein Körper. Wie konnte ich ein Körper sein? Mein Körper wurde mißbraucht und bereitete mir soviel Unannehmlichkeiten beim sexuellen Mißbrauch, so daß ich mich fast zwangsläufig von meinem Körper distanzieren mußte.
Auch ohne Mißbrauch hätte sich diese repressive Erziehung traumatisierend ausgewirkt.
Bis zum Beginn meines Aufarbeitungsprozesses habe ich häufig gedacht, daß es den Tieren gut geht. Am liebsten wäre ich auch in Bezug auf meine Sexualität ein Elefant gewesen. Diese werden nur alle zwei Jahre heiß, und die übrige Zeit haben sie ihre Ruhe.
Sexualität war für mich gleichbedeutend mit Zwang, Feindseligkeit, Ekel, Gewalt und Machtausübung, so daß die Vorstellung von einer "Läufigkeit" beim Menschen mich zu Phantasien anregte, in denen ich mir eine sehr harmonische und liebevolle, von allem Streit und Zwist befreite Partnerbeziehung ausmalte. Wenn es bloß diese verdammte Sexualität nicht geben würde, dann wäre alles gut.... Heute lache ich in gewisser Weise über diese Naivität, denn meine dunklen Seiten in mir wollen sehr wohl auch leben, wie ich in meinen Wutanfällen immer wieder zu spüren bekomme.
Ich durfte meinen Körper nicht berühren, aber unter den Bedingungen des Zwanges, des Geheimnisses und der Drohungen manipulierte der Onkel meinen Körper so, daß mein Körper mit einer sexuellen Erregung reagierte. Das dadurch in mir ausgelöste Chaos ist nicht mit Worten zu beschreiben. Ich denke, daß diese schmachvolle, verwirrende und von mir damals als böse empfundene Reaktion in letzter Konsequenz wirklich nur von Betroffenen verstanden werden kann, denen das gleiche widerfahren ist.
Ich bitte jetzt Nicht-Inzestüberlebende und Partner von Inzestüberlebenden sich einmal in folgende Situation hineinzuversetzen:
Ich stehe als 14jährige im Vereinszimmer der Großeltern, und ich bin unter Anwendung von Gewalt dorthin gebracht worden. Der Onkel beginnt an meinen Genitalien, insbesondere an der Klitoris zu manipulieren. Nie-

mand sonst ist in der Dreizimmerwohnung, der angeschlossenen Kneipe und dem Keller. Die Nachbarn in der Wohnung darüber sind alt und schwerhörig, so daß eventuelle Hilferufe nicht gehört worden wären. Er droht, mich umzubringen, wenn ich um Hilfe rufen oder etwas den Eltern erzählen würde. Er manipuliert währenddessen an mir weiter herum. Ich bemerke eine zunehmende Erregung und dissoziere und fliege als kleines Vögelchen auf die Kastanie, die auf dem Innenhof des Nachbarhauses steht. Mein Körper wird zum "Elefanten", und ich habe Todesangst. Seine Morddrohungen läßt er immer wieder einfließen, und gleichzeitig merke ich, wie sich meine sexuelle Erregung steigert. Ich bemerke, daß ich feucht werde (das erste Mal; ich kann diese Körperreaktion nicht einordnen und denke, daß der Onkel einen Samenerguß hat, denn ich bin dissoziiert und merke nicht einmal, ob er mich mit dem Penis oder den Fingern mißbraucht), und er sagt mir, daß es mir auch Spaß macht. Dann folgen wieder Morddrohungen. Zum Glück klingelt dann die Oma.
Ich fürchte, nein eigentlich ist es Gewißheit, daß er mich bis zum Orgasmus hätte reizen können, wenn nur genügend Zeit zur Verfügung gestanden hätte.
Auch frühere Situationen waren teilweise mit - wenn auch sehr geringer - Erregung verbunden gewesen. Diese Reaktionen habe ich aber nur beim Mißbrauch durch den Onkel erlebt. Beim Vater habe ich solche Erinnerungen bis heute nicht, und die Erinnerungen an den Mißbrauch durch den Opa sind zu diffus. Ich hatte - und dies gilt für alle Kinder die sexuell mißbraucht werden, und dabei schöne Gefühle haben - keine Chance, diese Reaktionen zu vermeiden . Wenn sie der Täter für seine eigene Befriedigung braucht, wird er in der Regel so geschickt sein, diese körperlichen Reaktionen hervorzulocken. Welche Möglichkeiten hätte ich gehabt, diese Reaktionen meines Körpers zu verhindern? Dies ist ein so schmachvolles Erlebnis, daß es mit Worten nicht auszudrücken ist, und es löste bei mir massive Ekelgefühle gegenüber meinem Körper auslöste. Ich haßte meinen Körper dafür. Die Schuldgefühle wurden ins Unermeßliche verstärkt. Ich fühlte mich schuldig, daß ich mich in dieser Situation nicht genügend und in allen anderen davor liegenden Mißbrauchsituationen nicht gewehrt, nichts gesagt, alles über mich habe ergehen lassen. Dieses "über sich ergehen lassen" ist eine passive Haltung des Körpers und auch der Seele. Aber diese Passivität habe ich im Moment sexueller Erregung nicht mehr als Passivität erlebt, sondern als aktives Mitmachen. Ich wurde sozusagen zur Komplizin. Ich fühlte mich nicht nur von den Eltern verraten und verkauft, sondern auch von meinem Körper. Der Körper als Tempel der Seele wurde nicht nur von den Tätern zerstört, sondern jetzt auch noch von mir. Mit dem Auftreten dieser Gefühle war es jetzt für mich völlig klar: *ich* wollte

den Mißbrauch, *ich* habe den Onkel verführt, *ich* allein bin schuldig, *er* ist das Opfer, der meinen Verführungskünsten unterlag und sich nicht widersetzen konnte, *ich* ganz allein bin schuldig und sonst niemand.
Ich befürchtete ja sogar, daß *er* auf dem Sterbebett seine Seele erleichtern und seine Unschuld beteuern wollte und erzählen könnte, was ihm mit mir widerfahren sei. Wie sehr *er* darunter gelitten und daß ich ihn verführt hätte.
Als ich las, daß dies auch anderen Inzestopfern passierte, löste dies eine Flut heftigster Emotionen aus. Ich weinte stundenlang vor Erleichterung, aber auch immer noch vor Scham und Ekel über diese Reaktionen. Das wirkte erleichternd, aber letztlich erst das Sprechen darüber mit Gottfried und die Trauer und den Schmerz darüber wieder und immer wieder zu erleben, brachte die Befreiung.
Kein Kind der Welt ist schuldig am sexuellen Mißbrauch, auch dann nicht, wenn dabei sexuelle Erregung gespürt wird. Der Körper re-agiert auf geschickte Manipulationen, sonst nichts.
Gottfrieds Reaktion damals "sei zufrieden, daß Du überhaupt etwas gespürt hast", verblüffte mich, war aber dann ungemein wohltuend. Keine Ablehnung, keine Verurteilung (später auch von Horst nicht), volles uneingeschränktes Verständnis, das war unfaßbar und wirkte gleichzeitig so sehr befreiend, daß ich Gottfried damals dafür fast umarmt hätte. Was diese Reaktion für mich bedeutete, ist nicht mit Worten zu beschreiben. Als ich dies im November 1992 schreibe, habe ich Tränen der Dankbarkeit in den Augen.
Ich möchte diesem Aspekt, da er mit so viel Scham und Schuldgefühlen verbunden ist, durch einige Zitate aus BESEMS / VUGT v.(1990 : 191-196) ergänzen. Sie haben in ihrem Beitrag "UND ES WAR AUCH SCHÖN" zu dieser Problematik sehr eindeutig, unmißverständlich und engagiert Stellung genommen:
"Es gibt keinen der sie aus ihrem Alptraum herauszieht. Im Gegenteil gibt es viele, die sie noch weiter hinein schieben, und nicht zuletzt die Psychotherapeuten." (Dies kann ich leider aus eigener bitterer Erfahrung mit der Psychoanalyse bestätigen). *"Es wäre wohl sehr komisch zu erwarten, daß ein Kind auf eine positive Körperberührung ein negatives Gefühl hat oder zu erwarten, daß es überhaupt nichts fühlt. Was macht eine Gesellschaft hier mit Kindern, indem sie ihm seine schönen Gefühle verbietet oder wenigstens übelnimmt" (....) "Es wird doch wirklich die Welt auf den Kopf gestellt, wenn man dem Kind übelnimmt, daß es die Berührungen gespürt hat und daß das bei ihm positive Empfindungen hervorgerufen hat, wie es bei jedem anderen Menschen der Fall sein würde" (...) "Jede Erwartung, daß das Kind dieses Gefühl nicht hat bzw.*

nicht haben darf, ist eine Perversität. Jeder, der diese Erwartung hat, glaubt, daß das Kind schon frigide ist, bevor es entdeckt hat, was Sexualität ist" (...) "Es war grausam oder es war schön", dieses dualistische Denken hilft nicht weiter und ist zur Erklärung ungeeignet. *"Um zu verstehen, was sie durchlebt haben, hilft nur das dialektische Denken, worin Platz für die Einheit der Widersprüche ist. Hier gibt es keine Entweder-oder-Wahl, sondern eine und-Möglichkeit. Das eine schließt das andere nicht aus. Widersprüche beinhalten einander (...) und sind oft gleichzeitig vorhanden (...)". "Es war einfach grausam, und es war auch schön"* (Hervorhebung von uns).
Nachdem ich diese Erfahrung nun aus einem anderen Blickwinkel betrachten und verarbeiten konnte, hoffte ich, die für mich sehr peinlichen Erlebnisse irgendwann auch akzeptieren und integrieren zu können. Während der Auseinandersetung und Aufarbeitung meines eigenen Mißbrauches stellte ich dann sehr bald (Anfang Oktober 1991) fest, daß alle auftauchenden Erinnerungen mit sexueller Erregung unterschiedlicher Intensität verbunden waren. Diese Reaktionen waren kaum zu ertragen und wiederum sehr peinlich. Ich kaufte Anfang Oktober eine Autobiographie in Romanform (MOGGACH 1990) und bemerkte beim Lesen eine zunehmende sexuelle Erregung. Zuerst konnte ich diese Reaktion nicht einordnen. Ich war entsetzt und wie gelähmt. Die Tatsache, daß ich mich beim Lesen über Mißbrauchserfahrungen anderer aufgeilte, durfte einfach nicht wahr sein. Diese Reaktionen trieben mich in die totale Verzweiflung. Ich hatte mich nicht nur mit meinen Erinnerungen und den sexuellen Reaktionen während des Mißbrauches herumzuplagen, jetzt auch noch diese widerwärtige, abscheuliche und von mir als pervers empfundenen Reaktionen, über die ich keinerlei Kontrolle besaß. Mir wurde dann aber innerhalb kürzester Zeit klar, daß ich hier mit konditionierten Reaktionen zu kämpfen hatte. Zu diesem Zeitpunkt hatte ich in der Literatur aber noch keine Hinweise über solche möglichen konditionierten sexuellen Reaktionen gelesen. Trotzdem war ich mir dessen sicher, denn ich hatte sexuelle Erregung nur im Zusammenhang mit Gewalt kennengelernt. So re-agierte ich auch hier, wie damals beim Mißbrauch. Diese Reaktionen nicht vor mir selbst zu verleugnen und darüber mit Gottfried zu sprechen, fiel mir sehr schwer. So mußte ich mich überlisten und sprach auf seinen Anrufbeantworter, daß ich ein Problem habe und bat ihn, in der nächsten Sitzung einmal danach zu fragen.
Dieser Zustand hielt bis Anfang Februar an. Ich befand mich in einer permanenten unterschwelligen, manchmal auch recht intensiven sexuellen Erregung. Diese war durch nichts zu lösen, weder durch Streicheln und Zuwendung, noch durch Onanieren. Der Vibrator lief in dieser Zeit auf

Hochtouren. Zur gleichen Zeit traten auch Orgasmusschwierigkeiten auf. Ich brauchte häufig bis zu einer Stunde, um zum Orgasmus zu kommen, und dann hatte ich immer noch keine Erleichterung. Die sexuelle Erregung blieb bestehen. Es war einfach die Hölle, ich war fix und fertig. Dieser Zustand war so außerordentlich quälend und physisch sowie psychisch extrem belastend, daß ich während dieser Zeit häufig dachte, ich würde diese erlernten Reaktionen nie mehr in meinem Leben verlieren. Insgesamt waren es fast fünf Monate ununterbrochener sexueller Erregung. Danach normalisierte sich dieser Zustand recht schnell. Innerhalb weniger Tage wurden diese konditionierten Reaktionen immer schwächer und verschwanden. Auch mit diesen Reaktionen stieß ich bei Gottfried auf volles Verständnis. Nur mit diesem Verständnis und der rückhaltlosen Unterstützung der Verbündeten ist eine solche Erfahrung zu verarbeiten und durchzustehen. Teilweise ekelte ich mich vor meinem eigenen Körper.
Am 17.2.92 hatte ich meinen ersten erotischen Traum, und parallel dazu traten erste erotische Phantasien auf. Und das mit fünfzig Jahren! Zuerst waren es nur kurze Momente, die meine andere Phantasie ablösten. Diese Blitzlichter waren die erste positive Erfahrung im Hinblick auf meine Sexualität.
Die einzige Phantasie, die mir bis dahin zur Verfügung stand, waren Zoophantasien. Ich phantasierte immer Begrüßungszenen mit Hunden. Als ich vor ca. zwanzig Jahren feststellte, daß ich nur mit dieser Phantasie zum Orgasmus gelangen konnte, war ich entsetzt. Ich habe lange Zeit darunter gelitten, bis ich mir klarmachte, daß ich niemandem damit Schaden zufügte, auch mir selbst nicht. Lieber mit dieser Phantasie orgasmusfähig, als ohne diese Phantasie orgasmusunfähig. Ich war vor allem deshalb so entsetzt darüber, weil es die einzige Phantasie war, die mir zur Verfügung stand. Hierin spiegelte sich mein total gestörtes Sexualverhalten. Wenn es eine Phantasie neben vielen anderen erotischen und sexuellen gewesen wäre, hätte ich darüber gelacht und gedacht, total ver-rückt ...
Über viele Monate hinweg versuchte ich nun, diese Phantasie durch erotische Phantasien abzulösen. Mit wahnsinnig viel Geduld habe ich diese Bilder immer wieder weggeschickt und durch schönere ersetzt. Heute spielt diese Phantasie überhaupt keine Rolle mehr. Ich brauche sie nicht mehr, sie hat ausgedient. Dies gehört bisher zu den schönsten und befriedigendsten Erfolgen - neben der Trennung von den Eltern - in der Therapie.
Ich hatte über viele Jahre über die Funktion dieser Phantasie nachgedacht. Zum einen dachte ich an eine erlernte "Erstreaktion". Ich hatte als Kind häufig Kontakt zu Hunden, so daß ich vielleicht beim Lecken am Hals eine sexuelle Erregung hätte spüren können. Zum anderen war ich durch den

sexuellen Mißbrauch nicht fähig, erotische Phantasien zu entwickeln, so daß diese dann vielleicht eine Ersatzfunktion hatte.
Kürzlich las ich, daß sich in der Selbstverachtung die introjizierte entsetzte Mutter spiegelt. Durch die rigide und repressive Sexualerziehung (ich sehe noch heute das entsetzte Gesicht der Mutter vor mir, als sie an meinen Fingern roch) und den sexuellen Mißbrauch war meine psychosexuelle Entwicklung unterbrochen worden. Sexualität konnte ich nur im Klima der Selbstverachtung erleben. Ich habe mich sehr wohl auch für diese Phantasie selbst verachtet und geschämt, und eklig war es auch noch und manchmal mit auftretender Übelkeit verbunden und zudem noch eine recht einsame Angelegenheit. Der sexuelle Mißbrauch war immer mit Selbstverachtung und Ekel gekoppelt. Auch die auftretenden sexuellen Gefühle beim Mißbrauch waren ebenfalls mit Selbstverachtung und Ekelgefühlen verknüpft. Vielleicht liegt hier ein Wiederholungszwang vor: Sexualität, Selbstverachtung und Ekel waren über Jahrzehnte miteinander verknüpft, und so mußte ich durch diese Phantasie diese Verknüpfung immer und immer wieder reinszenieren. Einfach demütigend.
Vielleicht wollte ich aber auch durch diese Phantasien Mißbrauchsphantasien ausschließen.
Ich vermute, daß von allen Komponenten etwas zutreffen wird. Es war schwierig, diesen - ebenfalls konditionierten - Zusammenhang aufzulösen. Wie dem auch sei, es ist vorbei, wirkungslos, ich habe es nicht mehr nötig. Einfach toll!
Auch das gehört offensichtlich zu meinem Menschsein, wenn es auch schwer fällt, es zu akzeptieren und öffentlich zu machen. Aber verflixt, ich habe mir dies alles nicht ausgesucht!!! (Über meine sexuelle Phantasie so offen zu schreiben, fiel mir sehr schwer. Ich überlegte viele Monate, ob ich diese Textstelle nicht doch "zensiere". Über alles andere konnte ich mich ohne Schwierigkeiten mitteilen, und es tauchten zu keiner Zeit Überlegungen auf, den einen oder anderen Aspekt aus dem Text herauszunehmen.)
Nachdem ich nun diese Zoophantasien ausrangiert hatte, dachte ich, daß endlich alle konditionierten Zusammenhänge aufgelöst seien und ich atmete auf. Aber weit gefehlt, es schien eine Geschichte ohne Ende zu sein!
Anfang Mai hatte ich kurz vor einem Orgasmus eine Rückblende an die letzte Mißbrauchsituation mit dem Onkel im Vereinszimmer. Danach hatte ich noch mehrmals Rückblenden, die mit sexueller Erregung verbunden waren und diese sogar noch steigerten. Ich konnte diese Bilder nie wegschicken, sie drängten sich einfach auf und wirkten auch noch erregend auf mich. Es ist doch total verrückt, solche demütigenden Situationen zu reproduzieren. Da waren mir Rückblenden mit gleichzeitigem Verlust der sexuellen Erregung wirklich angenehmer.

Es schien sich eine Eigendynamik zu entwickeln. Ich fühlte mich als Opfer des Heilungsprozesses und als Opfer dieser perversen Phantasien. Um diese Phantasien nun noch "abzurunden", traten Gewaltphantasien auf. Er (der Onkel) demütigt mich, hält mich fest, manipuliert an mir herum, droht, mich umzubringen, meine sexuelle Erregung steigt, ich schlage um mich und trete ihm in die Eier und das alles mit steigender sexueller Erregung. Ich bin vollkommen verzweifelt, weine und tobe hinterher. Nimmt denn das gar kein Ende? So langsam hängen mir die konditionierten Reaktionen (hätte Pawlow bloß nicht diese konditionierten Reflexe entdeckt!) zum Halse heraus. Ich will nicht mehr. Manchmal habe ich in dieser Phase bereut, mit der Aufarbeitung begonnen zu haben. Muß ich durch die gesamte Hölle des sexuellen Mißbrauchs, um zu heilen?
Zum Glück dauerte diese Phase nur vier bis fünf Wochen, und ich mußte auch nicht regelmäßig phantasieren und reinszenieren.
Ich empfinde es heute noch als schmachvoll, pervers, eklig, widerwärtig, dies so erleben zu müssen. Manchmal kann ich es akzeptieren und sage auch mit einem gewissen Trotz: Es ist mir gegen meinen Willen aufgedrängt worden, ich habe daran keine Schuld.
Wirkliche Aufarbeitung ist und war mir nur dadurch möglich, weil ich auf vorbehaltloses und uneingeschränktes Verständnis bei Gottfried und dann später, als ich leichter darüber sprechen konnte, auch bei Horst, stieß. Von ungeheurer Wichtigkeit war und ist das Gefühl zu wissen, daß es nichts gibt, worüber ich nicht sprechen kann, nicht ver- oder beurteilt zu werden, sondern Trost und Ermunterung zu erfahren, um dies durchzustehen.
Wenn eine Überlebende im Gespräch nicht mit der gesamten Bandbreite ihrer sexuellen Reaktionen und Probleme vom Therapeuten/tin angenommen, verstanden, getröstet, aufgefangen und ermuntert wird, durchzuhalten, sollte sie schleunigst den Therapeuten/tin wechseln. Die Verstrickung in Schuldgefühle ist eh so groß (ich sehe wirklich ein Strickmuster vor Augen, wie die einzelnen Maschen miteinander verknüpft sind), daß nur ein Aufräufeln zur Befreiung führen kann. Sonst rutscht die Überlebende in so tiefe Schuldgefühle ab, daß eine Befreiung fast unmöglich werden wird.
Schuldgefühle entstehen durch Unterwerfung und helfen so, an der Opferrolle festzuhalten. Unterwerfung sollte in der Therapie nun wirklich ein absolutes Tabu sein, alles andere ist wiederum Machtmißbrauch! Wenn sich der Therapeut/in hier nicht nur distanziert, sondern womöglich urteilt oder schlimmer noch, verurteilt, wird das alte Muster der Unterwerfung wiederholt und führt somit um so tiefer in dieses Drama und nicht etwa hinaus.
Ich möchte es noch einmal sagen, da es so wichtig und auch schmerzvoll ist und zum Heilunsprozeß gehört: Es kann Monate dauern, bis diese

konditionierten sexuellen Reaktionen, die über sehr viele Jahre, bei mir über ein Jahrzehnt, "eingeübt" wurden, sich verlieren. Es kann Monate dauern, aber es geht vorüber. Ganz bestimmt!!!
In der Literatur gibt es nur sehr kurze Hinweise, daß solche Gewaltphantasien auftreten können und daß sexuelle Stimulation durch das Lesen autobiographischer Berichte über erlittenen sexuellen Mißbrauch möglich ist. Aber wie lange diese Reaktionen anhalten und mit welcher Intensität sie auftreten, darüber fehlen konkrete Angaben. Ganz sicher wird dieser Prozeß zeitlich unterschiedlich verlaufen und verschieden empfunden werden. Aber es ist wichtig zu wissen, daß es lange dauern *kann* und daß diese Zeit vorübergehen wird. Ich hatte Momente in diesen Monaten, wo ich ernsthaft bereute - wenn auch immer nur für kurze Augenblicke -, mit der Aufarbeitung des sexuellen Mißbrauches begonnen zu haben, so schmerzhaft - im doppelten Sinne des Wortes - waren diese Zeit und meine körperlichen Reaktionen. Es war manchmal die Hölle, aber auch diese Zeit ist vorbei.
Zugleich wußte ich aber auch, daß der Entschluß zur Aufarbeitung eine Einbahnstraße ist. Es gibt kein Zurück mehr. Ich hatte und habe mich für die Freiheit entschieden, und so mußte und muß ich immer noch hart daran arbeiten, um frei zu werden. Aber einen anderen Weg gibt es für mich nicht, wenn ich Verlogenheit gegen Offenheit und Einsamkeit gegen Gemeinschaft tauschen will. Und ich will, immer noch, nicht weil ich muß, sondern weil *ich will*, um irgendwann zu sein.

Sorge nicht,
wohin dich
der einzelne Schritt führt:
nur wer weit blickt,
findet sich zurecht.
(HAMMARSKJÖLD/ZIMMERMANN 1992)
Na ja, hoffentlich diese Worte in Gottes Ohr!

Wie soll es Überlebenden unter diesen Umständen möglich sein, zu einer vorurteilsfreien und offenen Einstellung zur Sexualität zu gelangen? Es muß zwangsläufig alles schief laufen. Es bereitet sehr viel Schmerzen und kostet sehr viel Kraft, diese traumatischen Erlebnisse zu verdrängen, es kostet unendlich viel Kraft, sie zuzulassen, und es kostet schon fast unmenschlich viel Kraft, sich damit auseinanderzusetzten und es aufzuarbeiten. Dies erfordert nicht nur Kraft, sondern auch sehr viel Mut. Zu Beginn der Therapie konnte ich es nicht annehmen, wenn Gottfried und Horst mir Mut bescheinigten. Aber jetzt kann ich es langsam doch und empfinde es manchmal selbst auch so. Es braucht aber auch sehr viel Verständnis von den Verbündeten, insbesondere vom Partner.

Mut haben
das Unüberwindliche
anzugehen

Mut haben
die Angst
auszusprechen

Mut haben
den Weg
weiter zu gehen

Mut haben
die Wirklichkeit
zu erkennen

Wage es -
du überwindest
die Angst
vor dem Weg
deine Wirklichkeit
liebenzulernen
(BICKEL/MEILINGER 1984)

Sexuelle Botschaften, die für "normale" Menschen der Auftakt zu einer intimen Berührung sind, lösten in mir Panikgefühle, Angst und Ekel aus. Bis vor ca. fünf Jahren konnte ich mir nicht vorstellen, nur "so" umarmt zu werden. Bei jeder Umarmung fürchtete ich, daß das "dicke Ende noch kommt" und ich im Bett lande. Konnte ich dann bei Horst noch den gewissen "Blick" erkunden, dann war es für mich erst recht undenkbar, eine Umarmung zu genießen oder gar zu erwidern. Als Kind zeigte mir dieser "Blick", daß der nächste Mißbrauch angesagt war. Diesen Blick rechtzeitig zu entdecken, räumte mir vielleicht eine geringe Chance ein, zu flüchten (meistens nicht).
Über viele Jahre, eigentlich muß ich Jahrzehnte schreiben, löste der "Blick" bei mir Ekelgefühle aus. Diese Hürde habe ich dann genommen,

indem ich die Augen schloß. Auch eine pragmatische Betrachtungsweise, daß der Blick hormonell gesteuert ist und auch ich in einem gewissen Erregungszustand diesen "Blick" aussende, führte nur dazu, daß ich mich vor mir selbst ekelte und dachte, daß ich unmöglich aussehe und half mir natürlich - wie schon öfters - auch nicht weiter.
Vor ca. fünf Jahren sind wir dann dazu übergegangen, nachdem wir ein Buch (BARBACH 1988) gemeinsam gelesen hatten und die Anregung aufgriffen, feste Termine zu vereinbaren. Der Erfolg war verblüffend, nach genauerem Überlegen auch wieder nicht verblüffend, denn der erotische Auftakt entfiel, und somit konnte ich unsere täglichen Umarmungen angstfrei genießen, denn die Erwartungsangst, gleich im Bett zu landen, war von mir genommen worden. Dies geht natürlich auf Kosten der Spontaneität, aber andererseits kam aus eigenem Antrieb sowieso keine sexuelle Begegnung zustande. Ich fühlte mich freier und unbefangener, und es ist immer noch besser - letztlich für beide Partner - tägliche Umarmungen, schmusen und kuscheln ohne Angst annehmen und geben zu können. So lernte ich, daß nicht jede Umarmung auf dem kürzesten Wege ins Bett führt und schon gar nicht immer "das Letzte" gefordert wird.
Gleichzeitig war mir die vielleicht allerwichtigste Erfahrung möglich geworden, daß ich auch ohne Sex wichtig bin und daß auch Horst häufig das Bedürfnis verspürt, "nur" Zärtlichkeiten auszutauschen. Selbst wenn dabei eine gewisse sexuelle Erregung eintritt, was ja auch nicht zwangsläufig sein muß - auch eine neue Erfahrung - daß diese Erregung durchaus nicht dazu führen muß, miteinander zu schlafen.
Dies sind Erfahrungen, die normalerweise jede/r Jugendliche/r in der Pubertät macht. Als Inzestüberlebende muß ich lernen, wie Erotik, Flirten, Intimität und Sexualität buchstabiert werden. Überflüssig darauf hinzuweisen, daß ich als Jugendliche keine Idole - auch keine weiblichen! - hatte und auch nicht flirtete. Dies erschien mir immer als etwas Verwerfliches und als "Anmache" (den wesentlichen Unterschied konnte ich überhaupt nicht feststellen!), da es nur dazu führen konnte, im Bett zu landen.
Für mich war und ist es gut zu wissen, daß auch für Horst unsere Umarmungen wichtig sind, daß auch er nicht immer "alles haben will", sondern sehr wohl auch diese Form der Zuneigung braucht und genießt. Horst sagte mir erst kürzlich, daß dies für ihn oft wichtiger als Sex sei.
Jedenfalls macht mir der Blick heute kaum noch Schwierigkeiten. Sicher werde ich dadurch noch hin und wieder an den sexuellen Mißbrauch erinnert, aber sehr viel seltener und meistens auch nur kurz. Ekelgefühle und Angst werden nicht mehr ausgelöst. Am ehesten läßt sich meine Reaktion darauf mit indifferent beschreiben, und manchmal erlebe ich auch Unsicherheit oder Verwirrung, so daß ich die wohl berechtigte Hoffnung habe,

diesen "Blick" vielleicht schon in nicht so ferner Zukunft als angenehm, freudig und schmeichelhaft zu erleben und mit positiven Gefühlen zu verbinden, nämlich (auch) sexuell begehrenswert zu sein.
Dies sehe ich für mich als einen weiteren kleinen aber wichtigen Schritt an, möglicherweise doch noch einmal ein unbefangenes Verhältnis zur Sexualität zu entwickeln. Aber Ekelgefühle zu verlieren, ist eine Voraussetzung, denn mit dem Auftreten der Ekelgefühle war für mich immer "alles gelaufen", da mir jegliche Lust verging. Die sexuelle Lust verging und vergeht mir, weil ich Angst vor der "totalen Aufgabe" habe, mich zu verlieren und dadurch sehr, sehr verletzlich zu werden.
Auch in anderen Bereichen haben wir Kompromisse schließen müssen. So war ich über sehr viele Jahre nicht zu oralem Sex bereit, obwohl es auch für mich eine aufregende Sache ist. Diese Form der Sexualität zu leben, war immer verbunden mit der unbewußten und jetzt in der Therapie erinnerten oralen Vergewaltigung durch den Vater. *Bevor* ich die konkrete Erinnerung an den oralen Mißbrauch durch den Vater hatte, träumte ich häufig, daß mich ein dunkelhaariger mittelgroßer Mann auch oral vergewaltigt. Auch dies spiegelte im Traum die Realität. Ich erinnere nur an die Bedeutung der "weißen Soße" für mich. Über viele Jahre, bis in die jüngste Vergangenheit, traten hin und wieder Kaugummi-Träume auf. Im Traum kaute ich Kaugummi und die Masse wurde immer dicker und dicker, und mit massiven Erstickungsgefühlen erwachte ich dann. Dies ist ebenfalls ein Hinweis auf die erfolgten oralen Vergewaltigungen. Das Küssen des schlaffen Gliedes machte mir nie Schwierigkeiten, im Gegenteil. Dies war mit Lust verbunden, und ich hatte ausgesprochen zärtliche Gefühle und konnte den Penis küssen und knuddeln. Aber wehe..., sofort reagierte ich mit Ekelgefühlen. Samenflüssigkeit kann ich aber auch heute noch nicht schlucken.
Oraler Sex, also das Lutschen und Küssen an Brustwarzen, Penis oder Vagina ist ursprünglich eine regressive Form der Sexualität, da der Ursprung für diese Lustempfindungen im Saugen des Säuglings und Kleinkindes mit der wärme- und nahrungspendenden Mutter verankert ist, ebenso wie Zungenküsse Nahrung- spenden symbolisieren.
Das Problem ist, daß ich kaum einen Bereich der Sexualität, ja nicht einmal der Intimität, frei, unbeschwert und unbefangen leben kann. Selbst an welcher Seite Horst neben mir liegt, ist nicht ohne Bedeutung.
Die als Kind erhaltenen Signale ("Blicke", verbale "Anmache", Befingern) und Botschaften (Onanieverbot), der offene und unverhohlene Ausdruck der Mißbilligung und des Abscheus der Mutter gegenüber meinem Körper (Riechproben), dadurch bedingte Strafängste einerseits und andererseits das sehr distanzierte Verhältnis der Eltern untereinander bei gleichzeitigem

sexuellen Mißbrauch *mußte* zur Angst vor Sexualität und Intimität führen, d.h. zur Angst vor einer enger werdenden Beziehung. Intimitätsangst ist auch im mangelnden Selbstvertrauen und mangelnder Selbstachtung begründet.
Lust sollte die Voraussetzung für guten Sex sein, und Liebe sollte Sex zu einem sinnvollen und erfüllenden Akt machen. Beide Gefühle konnten nur in äußerst rudimentären Anlagen bei mir erhalten bleiben. Meine kindliche Liebe wurde mißbraucht, und meine Lust auf Berührungen und Körperkontakt führte zur Unterwerfung. Mich nicht selbst lieben zu können, keine Selbstachtung zu haben, resultiert eben aus dieser Unterwerfung unter die Macht. Ich wurde - so empfand ich es, erst recht nach Auftreten meiner sexuellen Gefühle während des Mißbrauches - zur Komplizin der Inzesttäter, auch zur Komplizin der Destruktivität anderer. Ich glaube, das werden vermutlich alle Kinder so spüren, wenn sie sexuell mißbraucht werden.
Die Wechselwirkung zwischen dem Machtmißbrauch der Täter und meiner empfundenen Ohnmacht als Opfer wird dadurch verstärkt, daß ich als Kind im gewissen Sinne - jedenfalls aus der Sicht der Täter - auch Macht auf die Täter ausüben konnte. Von mir hing es letztlich ab, ob der Mißbrauch aufgedeckt wurde oder nicht. Genau davor haben die Täter natürlich Angst und setzen dann ihr Opfer unter Druck. Während des Mißbrauches nicht zu weinen, zu Holz, zu Stein oder einem Elefanten zu werden, war ein hilfloser Versuch, mich der Genugtunung nicht unterworfen zu haben und mich nicht völlig machtlos zu fühlen. Diese unheilvolle Verstrickung zwischen Macht und Ohnmacht einerseits und Unterwerfung unter die Macht führt dann häufig zu massiven Machtproblemen in vielen Lebensbereichen, und dies ist nur mit viel Geduld wieder aufzulösen.
Das Machtproblem äußert sich nicht nur im Vaginismus, sondern auch bei der Promiskuität und erst recht bei der Prostitution kommt es beim sexuellen Akt zum Machtzusammenstoß: Der Mann wird nur soviel Macht über mich bekommen, wie ich bereit bin, auf meine Macht zu verzichten.
Jahrzehnte begriff ich auch nicht, daß ich mir die Lust selber schenke, daß ich die Lust für mich selbst mache, und nicht für den Partner. Als Horst mir vor ca. zwanzig Jahren eines Tages einen Vibrator zeigte (das war damals fast eine Mutprobe, solch ein "Ding" zu kaufen. Heute werden diese "Massagegeräte" in der Regenbogenpresse als "Augenfältchenverhinderer" angepriesen) und erklärte, damit könne ich sicher leicht zum Orgasmus gelangen, löste dies Panik und Todesangst in mir aus. Ich befürchtete, beim Orgasmus am Herzschlag zu sterben. Hier bestand ein Zusammenhang zu meiner Herzerkrankung. Außerdem erschien mir dies total pervers, und es war für mich völlig klar: Horst

brauchte meinen Orgasmus zu *seiner* Zufriedenheit. Ich solle ihn für ihn erleben, nicht etwa für mich sollte es eine lustvolle Angelegenheit sein. Im nachhinein - aus heutiger Sicht- erschien mir das damals wie die Fortsetzung und Reinszenierung des sexuellen Mißbrauches. So hatte ich es auch erlebt, wenn auch nicht unbedingt so formuliert. Als Horst und ich jetzt darüber sprachen, meinte er, das sei das Positivste - aus damaliger Sicht - gewesen, was er für mich tun konnte. Trotzdem war es natürlich Machtausübung und für mich nur eine weitere Bestätigung, daß alle Männer nur das eine wollen, nicht sensibel und nur auf Sex fixiert sind. Ich brauchte dann Monate, bis ich dieses mir unheimliche und Angst auslösende "Gerät" ausprobierte. Nach vielen vergeblichen Versuchen, weil ich zu früh abgebrochen hatte aus Angst dabei zu sterben, kam ich eines Tages dann damit wirklich zum Orgasmus und war über die schönen Gefühle sehr erstaunt und konnte es gar nicht fassen, daß ich das sogar überlebt hatte. Aus diesen Worten spricht keine Ironie! Es wird vermutlich für viele kaum verständlich sein, aber mein erster Orgasmus war von furchtbarer Todesangst begleitet. Diese Todesangst wird noch verständlicher, nachdem ich erinnerte, daß ich auf meiner Einsegnungsfeier im Alter von fast 14 Jahren vom Onkel sexuell mißbraucht wurde, und er mich bis zum Orgasmus reizte. Da der Onkel mir während des Mißbrauches früher immer drohte, mich umzubringen, wird er auch in dieser Situation gedroht haben. Ein Orgasmus unter Morddrohungen! Unfaßbar, und ich schäme mich - wenn auch nur für kurze Augenblicke - wieder einmal dafür. Ich denke aber schon, daß ich die auftretenden schönen Gefühle integriert habe.

Ich dachte all die Jahre wahrhaftig immer, daß ich meine Lust für Horst empfinden muß und daß ich nicht mir selbst einen Orgasmus mache, sondern Horst mir und daß dieser nicht für mich ist, sondern für ihn. Dies ist geradezu schizophren!

Beim Korrekturlesen spüre ich dem Inhalt dieses Satzes noch einmal nach und muß feststellen, daß diese Aussage z. T. von mir immer noch nicht voll *gefühlt* werden kann. Erst vor kurzem dachte ich wieder einmal, daß ich Horst wieder nicht zufrieden gestellt habe und daß ich *meine* eigene Sexualität *für ihn* verändern muß. Damit wird deutlich, daß ich in diesem Punkte auf jeden Fall immer noch der Opferrolle verhaftet bin und das alte Mißbrauchmuster wiederhole: ich habe zur Verfügung zu stehen und die Bedürfnisse anderer (hier von Horst) zu erfüllen. Nein, verdammt, ich sollte *meine* Bedürfnisse erfüllen. An meinem sexuellen Selbstverständnis muß ich wahrhaftig noch hart arbeiten. Habe ich überhaupt schon ein eigenes sexuelles Selbstverständnis entwickelt? Es scheint nur rudimentär ausgeprägt zu sein. Eine intakte intime Beziehung werde ich nur dann

entwickeln können, wenn ich zuerst an mich und an meine Bedürfnisse denke.
Unsere schlimmsten Auseinandersetzungen hatten wir immer über das Thema Sexualität. Horst "rastete" in größeren Zeitabständen immer wieder einmal aus, weil sich in unserem sexuellen Verhältnis überhaupt nichts änderte und von mir nie irgendeine Initiative ausging. Seine Vorwürfe, die von ihm immer voller Wut vorgebracht wurden, lösten in mir wahnsinnig viel Angst aus. Ich dissoziierte und blieb stumm, unfähig darauf zu reagieren. Ich erlebte diese Situationen immer als weitergeführten Mißbrauch. Obwohl mir klar war, daß Horst in gewisser Weise recht hatte, konnte ich dennoch nichts ändern. So hatten mich diese unfruchtbaren und im höchsten Maße destruktiven Auseinandersetzugen nur in meiner Einstellung bestätigt und bestärkt, daß alle Männer nur dasselbe wollen.
Sexuelle Lust habe ich ausschließlich als Unterwerfung und innere Zerrissenheit erlebt und dies auch bei den Tätern gespürt und so interpretiert. Vor allem bei dem Onkel ist mir dies sehr bewußt. Beim Vater kann ich mich an solche Empfindungen nicht erinnern, aber hier hatte ich auch viel verdrängt.
Der Machtmißbrauch meines Körpers und meiner Seele führte nicht nur zu späteren Macht- und Ohnmachtsproblemen, sondern auch zur Verzahnung mit den Problemen des Vertrauens, des Selbstvertrauens und der Kontrolle und dies nicht nur im Bereich der Sexualität, sondern in allen Lebensbreichen.
Seelische und körperliche Reaktionen sind im Bereich der Sexualität miteinander verknüpft. Das vegetative Nervensystem beeinflußt die körperlichen Reaktionen und ist nicht willentlich steuerbar. Aber die Entscheidung, ob dem sexuellen Verlangen nachgegeben wird, ist sehr wohl willentlich steuerbar. Der Kontrollverlust der Täter, dem sexuellen Verlangen nachzugeben, ist ein psychischer Defekt und kein körperliches Handicap. Dies ist für Kinder im Wut- und Aggressionspotential der Täter deutlich zu spüren. Daraus resultierte - neben den Morddrohungen - meine Todesangst beim sexuellen Mißbrauch und später der äußerst problematische Umgang mit Wut und Agressionen.
Da beim Sexualakt auch aggressive Impulse auftreten können (ich erlebte ja selbst Wutanfälle mit sexueller Erregung, was mich völlig aus der Fassung brachte), und das Eindringen des Penis ist vom Prinzip her aggressiv, werden durch diese vorhandenen aggressiven Impulse die sexuellen Probleme verschärft.
Das spielerische Kennenlernen meines Körpers wurde unterbunden, und auch mein ganz legitimes und lebensnotwendiges Bedürfnis nach Körperkontakt wurde nicht nur nicht erfüllt, sondern aus spielerischem Umgang

wurde sofort bitterer Ernst. Berührungslust, d.h. berührt zu werden und berühren lassen, ist ein Urtrieb. Babys und Kleinkinder brauchen diese Nähe, sonst verkümmern sie und ihre Entwicklung stagniert. Wärmende Nähe und Berührungen zu erfahren, ist ein Urbedürfnis und die Voraussetzung, sich zu einem liebenden Menschen entwickeln zu können. John Bowlby führte einen interessanten Versuch mit Menschenaffenkindern durch. Er stellte einer Gruppe von Menschenaffenbabies eine behaarte Attrappe zur Verfügung und der anderen Gruppe eine Drahtattrappe. Die Affenbabies beider Gruppen konnten sich jederzeit von der Attrappe Nahrung beschaffen. Diejenigen Affenkinder, denen nur die Drahtattrappe zur Verfügung stand, erkrankten in kürzester Zeit an Hospitalismuserscheinungen, da die wärmende Nähe fehlte, während die andere Gruppe sich "normal" entwickelte.
Die Mutter berichtete, daß ich schon als Baby bei der Fütterung "Schwierigkeiten" gemacht hatte, d.h. meine Lustgewinnnung in der oralen Phase durch Saugen und Lutschen - ich nuckelte bis ins Schulalter hinein an drei Fingern - war ebenso gestört wie die Lustgewinnung durch Erregung der Analschleimhaut durch eine sehr rigide Reinlichkeitserziehung (ich war mit 9 Monaten sauber). So wurde meine Libidoentwicklung nicht nur durch den Inzest, sondern in allen kindlichen Phasen verhindert. Diese von der Mutter und vom Vater sowie ebenfalls vom Onkel und Opa erfahrene und übertragene Lustfeindlickkeit (die Täter können unter Ausübung eines solchen extremen Machtmißbrauches, wie es der Inzest ist, allenfalls eine perverse Lust an der Machtausübung, nicht aber an ihrer Sexualität empfinden) kann ich nur abbauen, wenn ich mich in allen Bereichen mit dem Kind in mir versöhne.
Hierin spiegelt sich selbstverständlich auch die schon im frühesten Alter schwer gestörte Mutterbeziehung mit der Folge, daß es mir bis heute nicht gelungen ist, mich mit einem Frauenbild identifizieren zu können.
Mit vier bis fünf Jahren erfährt die alles verschlingende Liebe des Kindes eine Wandlung. Das Kind beginnt sich mit seinen Bezugspersonen zu identifizieren und merkt, daß es auch lieben kann, daß Liebe Geben und Nehmen ist, also Austausch. Auch dieser Prozeß wurde durch den sexuellen Mißbrauch unterbrochen, bzw. diese Erfahrung konnte ich gar nicht machen, da der sexuelle Mißbrauch mit Sicherheit im zweiten Lebensjahr begann. Die daraus resultierende Angst, der Schock und der Schmerz über die Zurückweisung wurden unbewußt gespeichert. Diese Eindrücke ließen mich Angst vor Liebe, Nähe und Zuneigung haben und entwickeln, und als Erwachsene projiziere ich dann genau dies auf andere Menschen.
Unsere sexuelle Beziehung wird durch meine Schuldgefühle immer noch belastet. Ich denke häufig, daß ich Horst gegenüber meine Dankbarkeit,

daß er bei mir blieb und bleibt, dadurch zeigen muß, nicht "Nein" sagen zu dürfen. Auf der Verstandesebene ist mir natürlich klar, daß dies Unsinn ist. Horst meinte dazu, daß meine Schuldgefühle schon eine gewisse Berechtigung hätten, weil ich viele Jahre nichts für die Entwicklung unserer sexuellen Beziehung getan hätte, aber vielleicht "solltest Du sagen, Dein Verhalten hat Konsequenzen". Dies sei frei von Bewertungen und somit werde es für mich leichter, mich von den Schuldgefühlen zu befreien.

Ich denke schon, daß ich etwas "abzutragen" habe, aber andererseits hat es auch sehr viel mit Horst's eigener Biographie zu tun, daß er all die Jahre bei mir blieb. Dies ist keine Abwertung oder Verleugnung seiner Liebe zu mir, und ich weiß dies sehr wohl zu schätzen. Aber es wird eben "nicht nur" Liebe gewesen sein, was Horst veranlaßte, bei mir zu bleiben. Bei der Schwere meiner Problematik wären sicher viele andere Partner davongelaufen.

Zur Zeit (November 92) stecken wir beide in einer etwas schwierigen Phase unserer Beziehung. Dies ist sicher auch darauf zurückzuführen, daß sich Horst Gedanken macht, warum er all die Jahre bei mir blieb. Trotz aller Schwierigkeiten "funktionierte" unsere Partnerschaft in vielen Bereichen gar nicht so schlecht. Die meisten Schwierigkeiten und Auseinandersetzungen zwischen uns basierten fast immer auf sexuellen Problemen. Als wir über diesen hier von mir beschriebenen Aspekt reden, wird klar, wo für Horst die Probleme liegen. Horst dachte, daß mit der schrittweisen Heilung vom sexuellen Mißbrauch auch gleichzeitig und parallel die sexuelle Heilung erfolgt. Horst benutzte ein Metapher: "Ich dachte, das sexuelle Trauma würde wie Schuppen von Dir abfallen. Einige Schuppen würden vielleicht übrig bleiben, aber die können wir dann leicht abkratzen". Mir war bewußt, daß, wenn ich etwas Luft habe und die intensivste Phase der Trauer und des Schmerzes vorüber ist, wenn ich neue Kraft geschöpft habe, ich dann beginnen muß, die sexuelle Heilung einzuleiten. Sie fällt eben - leider - nicht so nebenher mit ab.

Im Bereich der Aufarbeitung der sexuellen Probleme ist von mir noch sehr viel Arbeit zu leisten und von Horst noch eine Menge Geduld erforderlich, trotz aller Fortschritte. Im Prinzip haben sich bisher aus der Sicht von Horst nur Kleinigkeiten verändert, obwohl ich dies anders sehe und diese Veränderungen für mich von sehr großer Bedeutung sind.

Da ich immer noch sehr leicht dissoziiere, auch bei Umarmungen - ich steige einfach aus meinem Körper aus, auch wenn *keine* Bilder aus Mißbrauchsituationen aufsteigen -, haben Horst und ich ein Zeichen verabredet. Horst meint, daß ich es in der Regel viel später bemerke als er. Er will jetzt mit dem Abstand zwischen Daumen und Zeigefinger die Stärke der Dissoziation anzeigen. Ein kleiner Abstand bedeutet, daß ich wenig dis-

soziiert bin und umgekehrt. Hoffentlich bekommt er keinen Krampf in seinen Fingern!
Aufgrund der dargelegten Zusammenhänge mit Macht/Ohnmacht, Kontrolle/ Kontrollverlust, Angst, Wut, Aggressivität und Vertrauen ist dieser Bereich wohl auch am sensibelsten für Beschädigungen, und diese sind dann in der Regel auch tiefgreifend. Wenn man bedenkt, mit wieviel Schwierigkeiten oft schon Menschen, die nicht sexuell mißbraucht wurden, zu kämpfen haben - und von diesen Schwierigkeiten lebt ein ganzer Industriezweig -, ist es nicht verwunderlich, wenn es hier zu so folgenschweren Schäden führt. Die Sexualität muß, wie ich schon zu Beginn feststellte, erobert werden.
Aber ich habe gelesen, daß die einzelnen sexuellen Entwicklungsstufen, die man als Kind bis zum Erwachsenen durchläuft, also ca. 18 Jahre, in der Aufarbeitung nicht so lange dauern sollen. Das läßt hoffen und hoffentlich nicht nur mich, sondern auch Horst.

Die Welt zerbricht jeden,
und nachher sind viele
an der zerbrochenen
Stelle stark.
(HEMINGWAY: "IN EINEM ANDEREN LAND)

Es geht eben nicht darum etwas zu erreichen, sondern aus dem Bestehenden auszubrechen.
Na ja, abwarten und Tee trinken, oder lieber springen?
Gottfried gab die Anregung, uns mit Tantra zu beschäftigen, um so leichter den Zugang zu einer befreite(re)n Sexualität zu finden.
Während der Bearbeitung dieses Teiles erschien ein sehr lesenswertes Buch zur sexuellen Problematik nach Mißbrauchserfahrungen: MALTZ (1993).

Abschließende Betrachtung und Selbsteinschätzung

Unversehrt
unberührt
unverletzt
ein Traum
haltlos
eine Sehnsucht
ungebrochen
ein Wunsch
unerfüllbar
was ich mir
nicht selbst zerstörte
zertraten andere
geschehenes
läßt sich nicht
rückgängig machen

Es bleiben
Schmerz
Hoffnung
Glauben
an eine größere
unantastbare
Reinheit
und ich ahne
hinter allen Narben
eine Schönheit
zu der wir
erblühen dürfen
die trotz allem
immer noch
in uns keimt
BICKEL/MEILINGER 1984)

Ursprünglich wollten wir das Buch schließen, wenn ich für mich entschieden hätte, die "Blüte des Lebens" gefunden zu haben, aber zwei sehr ent-

scheidende und einschneidende Schritte, die Namensänderung, die symbolisch die Distanz zu den Eltern vergrößert und unterstreicht, wodurch ich mich endgültig vom Vierten Gebot befreit habe sowie meine Teilnahme an der Selbsterfahrungsgruppe mit der Möglichkeit - wenn ich diese "Geschichte" genügend weit aufgearbeitet habe - in einigen Jahren als Soziotherapeutin selbst Gruppen anleiten zu können, veranlassen uns, jetzt eine Zäsur zu machen.
Den geplanten Beitrag über die Rolle der Mütter haben wir zurückgestellt, da ich hier noch eine Menge aufarbeiten muß. Ich könnte mir vorstellen, meine Erfahrungen und Entwicklungen in und mit der Gruppentherapie - die Therapie bei Gottfried läuft parallel dazu weiter - in einer weiteren Veröffentlichung darzustellen. Aber dies ist im Fluß und bleibt abzuwarten.
Zur Zeit bin ich mit den sich langfristig abzeichnenden Perspektiven jedenfalls zufrieden.
Zum Abschluß möchte ich eine Selbsteinschätzung meiner Entwicklung wagen und den Therapieverlauf reflektieren.
Mein Entschluß, einen nochmaligen Therapieversuch zu wagen, um neue Sicherheiten und Bewußtheiten zu suchen und zu finden, weil mein Leben durch die Neurodermitis unerträglich wurde, ließ mich aber nicht erkennen, daß ich gerade durch die Therapie meine Sicherheiten und Illusionen nicht nur aufgeben, sondern verlieren werde, meine Grenzen weiten und mein Gefängnis öffnen muß, um zu heilen und mich somit auf eine Reise ins Ungewisse begebe.
Ich war an einem Punkt angelangt, wo ich selbst mit meinem reduzierten Leben nicht mehr zurechtkam. Ich hegte die Hoffnung, meine Dogmen, Regeln und Gesetze einfach gegen ein paar neue, bessere auszuwechseln und schon wäre mein Leben auf wundersame Art und Weise in Ordnung und die heile Welt wiederhergestellt. Statt dessen mußte ich erfahren:

Der Sinn, der sich aussprechen läßt,
ist nicht der ewige Sinn.
Der Name, der sich nennen läßt,
ist nicht der ewige Name. (wie wahr, wie wahr!)
(LAOTSE)

Als ich merkte, daß ich meine (vermeintliche) Sicherheit gegen Unsicherheit eintausche, dachte ich immer noch an eine vorübergehende "Geschichte". Erst langsam begriff ich, nachdem der erste Schock über den erinnerten Inzest abklang und ich etwas Luft und Raum bekam und über die Tragweite des ganzen Dramas nachdenken konnte, daß Leben

Fluß ist, daß es nichts Feststehendes gibt; was heute Gültigkeit hat, kann morgen überholt sein. Aber eben das macht das Leben aus.
Nach und nach erkannte ich, daß meine festgeschriebenen Konfliktfelder (Macht/Ohnmacht, Vertrauen/Mißtrauen, Kontrolle und meine defizitären Gefühle) zwar meine verständliche Antwort auf die erfahrene sexuelle Ausbeutung waren, aber daß diese Konfliktfelder nicht einfach durch eine Katharsis wie eine Seifenblase in der Luft zerplatzten. Auch dies war eine - wenn auch schnell vorübergehende - Illusion. Zwar ist es richtig und aus meiner Sicht auch absolut notwendig, meine kathartischen Prozesse zuzulassen und zu leben, weil dies der erste Zugang zu meinen Gefühlen war, dann aber mußte ich beginnen, die gemachten Schmerzerfahrungen in Wachstum zu verwandeln, damit der Mißbrauch nicht lebensbeherrschend bleibt und ich mich aus der Falle befreien kann. So machte mich Gottfried immer wieder darauf aufmerksam, daß nur *ich* mich durch geduldiges Weiterarbeiten selbst befreien und er mich nur begleiten kann.
In meiner Verzweiflung hegte ich anfangs die Vorstellung und den Wunsch, gerettet zu werden. Es war ein anachronistischer Wunsch, denn als Kind wäre ich gerne von der Mutter oder einer anderen Person gerettet worden. Aber für mich als Erwachsene hat dieser - damals sehr wohl berechtigte - Wunsch keine Gültigkeit mehr, denn dies würde weiterhin nur zur Verleugnung führen, da ich nur durch das Leiden - durch das gelebte Leiden - am eigenen Leben zur Reife und Entwicklung gelangen kann. So werde ich auch nach Therapieende immer weiter um meine Entwicklung ringen müssen, wie jeder Mensch, denn nur wer sucht, der findet.

Was du zusammendrücken willst,
das mußt du erst richtig sich ausdehnen lassen.
Was du schwächen willst,
das mußt du erst richtig stark werden lassen.
Was du vernichten willst,
das mußt du erst richtig aufblühen lassen.
Wem du nehmen willst,
dem mußt du erst richtig geben.
Das heißt Klarheit über das Unsichtbare.
(LAOTSE)

Diese Weisheit Laotse's hat innerhalb einer Therapie erst recht ihre Gültigkeit.
Es ist doch geradezu paradox: *Ich* wurde mißbraucht, *ich* hatte Schuldgefühle, *ich* hatte die Neurodermitis - an Stelle der Täter. Diese Schuldgefühle versperrten mir den Zugang zu meinen Gefühlen. Ich kann mein

Schicksal nicht ändern, aber ich habe es angenommen, und damit ist der Weg bereitet für Veränderungen in der Gegenwart und für die Zukunft.
Um diesen Weg zu gehen, war und ist weiterhin eine empathische Begleitung unerläßlich, ein Geburtshelfer unabdingbar. Gottfried half mir, die Bewußtwerdung meiner Traumata zuzulassen, meine Wünsche und Bedürfnisse zu artikulieren, d.h. er führt mich von meiner Opferung als Kind durch die Eltern und von meiner Opferung der Triebtheorie der Psychoanalyse (MILLER) weg. Gottfried ließ mich davon Abschied nehmen und forderte mich auf, ein "inneres empathisches Objekt" zu errichten, um zu heilen.
Meine Opferung zugunsten der Triebtheorie und der außengelenkten narzißtisch bedürftigen Eltern erinnert mich immer wieder an das Gemälde Rembrandts, das die Opferung Isaaks durch Abraham darstellt. Dieses Gemälde ist eine symbolische Darstellung der Opferung mißhandelter Kinder.

"Alles was dort über die Haltung Abrahams gesagt wurde, kann im gleichen Maße für Mütter gelten, und Isaak symbolisiert selbstverständlich auch die Situation der Tochter, die sowohl von ihrem Vater als auch von der Mutter nicht nur an ihrer Bewegung, sondern gleichermaßen am Sehen, Reden und Atmen gehindert werden kann" (MILLER 1991:165).
Ich las kürzlich einen sehr eindrucksvollen Bericht über die Entwicklung von Kindern, die im Kontinuum aufwachsen. (LIEDLOFF 1992). Die Entwicklung dieser Kinder steht im krassen Gegensatz zu sexuell ausgebeuteten und mißhandelten Kindern und damit auch zur Opferung Isaaks.
"Das Kind sagte nur sanft: "Ahkay" - nein -, und die anderen gingen ihres Weges. Sie versuchten nicht, ihn zu zwingen oder auch nur zu überreden, mit ihnen zu gehen. <u>Er</u> gehörte, wie jeder andere auch, <u>sich selbst</u>. Seine Entscheidung war Ausdruck davon, daß er sein eigener Herr war. Keiner maßte sich an, sein Recht auf eigene Entscheidung außer Kraft zu setzen, nur weil er klein und schwach genug war, um körperlich beherrscht zu werden, oder weil seine Fähigkeit, Entscheidungen zu treffen, durch geringere Erfahrung bestimmt war." (LIEDLOFF 1992:124; Hervorhebungen von uns).

Ich habe endlich begriffen, daß die falsche Liebe der Eltern, die 45 Jahre mein Lebensinhalt war, dazu führte, daß ich meine Authentizität verlor. Als Kind konnte ich nicht sehen, daß die, die mir Leid zufügten, im Unrecht waren. Ich dachte immer, daß mein eigenes Inneres fehlerhaft sei, daß mit mir "etwas nicht stimmen konnte", wenn die Täter "so was mit mir machten" und folglich fühlte ich mich schuldig.

"Es den Menschen recht zu machen, die uns als Menschen eigentlich negieren, wird zur treibenden Kraft im Leben" (GRUEN 1989:39/40). Das war einmal!

Im weitesten Sinne gilt das auch für die orthodoxen Vertreter der Psychoanalyse. Sie fühlen sich ihren Gurus, den Lehranalytikern und Altmeister Sigmund Freud schuldig, die Triebtheorie zu vertreten und sich damit selbst zu verleugnen, weil sie ihre eigenen Traumata nicht aufarbeiten und geben dies - genau wie die Eltern - an die nächste (Analytiker)-Generation weiter.

Meine Entscheidung, zu einem Verhaltenstherapeuten zu gehen, war keine bewußte Entscheidung. Ich wollte nur nie wieder eine Psychoanalyse machen. Ich achtete bei meinen Kontaktgesprächen auf meine Übertragungen, d.h. ob ich positive Gefühle für den Therapeuten/in im Erstgespräch entwickeln konnte. Dies erleichterte später den Beginn des therapeutischen Prozesses, da ich sozusagen mit "Vorschußlorbeeren" die Therapie begann. Wie gut das war, zeigte sich bei Gottfried's Verdrängung. Hätte ich mit negativen Übertragungen und unsicheren Gefühlen die Therapie begonnen, dann hätte ich wohl mit ziemlicher Sicherheit nach diesem Vorfall damals die Therapie bei Gottfried abgebrochen. Gottfried hatte damals die Macht, mit mir (an diesem Thema) zu arbeiten - oder auch nicht. Ich hatte ihm vertraut und damit zumindestens ein großes Stück meiner Macht an ihn abgegeben, und somit mußte ich seine Verdrängung als Machtausübung erleben und fühlte mich zutiefst verletzt.

Verhaltenstherapeuten sehen sich Verhaltensweisen der Gegenwart an und versuchen dann, diese zu verändern. Sie fragen nur selten nach der Herkunft dieser Konflikte, sie arbeiten also symptomorientiert. Wenn ich bedenke, daß ich auch an einen dogmatisch arbeitenden Verhaltenstherapeuten hätte gelangen können, dann hätte ich mit Sicherheit dasselbe Fiasko erlebt, wie damals in der Psychoanalyse. Wie könnte ich wohl meinen sexuellen Mißbrauch aufarbeiten, ohne in die Vergangenheit zu gehen? Aber ich hatte mich auf mein Gefühl und auf meine positiven Übertragungen verlassen, dies war richtig. Ich hatte zudem verflixt viel Glück!

Mehrmals passierte es mir, als ich anderen Frauen - nicht nur Inzestüberlebenden - berichtete, daß ich bei einem Therapeuten von meinem sexuellen Mißbrauch heile, unverständliches Kopfschütteln und manchmal fast schon verletzende Kommentare erntete. Meinen Argumenten, wenn ein Therapeut fühlen kann, seine eigenen Traumata kennt und emotional verarbeitet hat, dann wird er auch empfindsam und somit fähig sein, die Schmerzen und Erniedrigungen, die mit solchen Erlebnissen einhergehen, nachzuvollziehen und sich einfühlen können. Von diesem Moment an ist dann die Aufarbeitung unter seiner empathischen Begleitung - weil er fähig und bereit ist zu folgen - gesichert. Ich kenne Frauen, die den Kopf schüttelten und mich fast für verrückt erklärten, um im gleichen Atemzug von ihrer gescheiterten Therapie bei einer Therapeutin zu berichten. Ich habe hierauf nur sehr zurückhaltend reagiert, weil mir klar ist, daß hier massive Verdrängungen und vielleicht sogar Reaktionsbildungen vorlagen, so daß eine eindeutige Stellungnahme meinerseits nur zu Verletzungen geführt hätte. Bei einer Frau eine Therapie zu beginnen, um diese Problematik aufzuarbeiten, ist wahrlich kein Garantieschein für eine erfolgreiche Aufarbeitung einer Inzesterfahrung, vor allem dann nicht, wenn sie womöglich selbst ein Inzestopfer ist und ihren Mißbrauch *nicht* aufgearbeitet hat. Dann wird eine Therapie zwangsläufig immer zum Scheitern verurteilt sein. Wie im laufenden Text und auch in der Danksagung von mir unmißverständlich ausgedrückt wird, habe ich eine äußerst positive Erfahrung machen dürfen, und ich empfinde - ohne Übertreibung - täglich eine neue tiefe Dankbarkeit, auch Horst gegenüber. Lieber eine Therapie bei einem Mann, der fühlen kann, als bei einer Frau, die es nicht kann, muß ich mit aller Deutlichkeit sagen.

Trotz aller negativen und schmerzvollen Erfahrungen, die wir mit dem anderen Geschlecht haben machen müssen - es gibt übrigens auch Frauen, die Kinder sexuell mißbrauchen -, führt der Weg zur Heilung aber sicher nur über das *gefühlsmäßige* Nachempfinden, daß Männer nicht schlechthin potentielle Vergewaltiger und gefühllose Machos sind, die Frauen ausbeuten. Es gibt sehr wohl auch andere. Diese Erkenntnis ist ein beachtlicher Therapieerfolg!

Erst wenn ich fähig geworden bin, zu Frauen *sowie* zu Männern ein offenes, vertrauensvolles, freundschaftliches und auch liebevolles Verhältnis aufzubauen, wenn ich also gelernt habe, zu *Menschen* Vertrauen haben zu können, wird für mich ein wesentlicher Schritt Richtung Heilung getan sein, denn gerade das mißbrauchte, zerstörte und verlorengegangene Vertrauen durch den Inzest ist das zentrale Trauma und verursacht die meisten zwischenmenschlichen Probleme und führt zu den "kuriosen" Überlebensstrategien.

Ich komme nicht umhin, an dieser Stelle zu verallgemeinern; vielleicht ist es ungerecht und anmaßend, aber das Vertrauen ist von Müttern *und* Vätern - wenn diese die Täter waren - gebrochen worden, so daß das Verhältnis zu beiden Geschlechtern gestört oder der Mutter gegenüber mindestens stark belastet ist und wohl auch sein muß. Und solange wie wir nicht lernen, uns selbst zu lieben, indem wir Vertrauen entwickeln - vorallem auch uns selbst gegenüber -, solange können wir keine Menschen lieben, und der Inzest wird weiter in uns zerstörerisch wirken.

Für mich steht jedenfalls nicht die Frage zur Debatte, ob ich Männer *oder* Frauen lieben kann - und damit ein Geschlecht ausgrenze -, sondern ob ich eines Tages fähig sein werde, Menschen zu lieben. Die ersten Schritte in diese Richtung bin ich gelaufen; ich bin auf dem Weg, auf dem einzigen richtigen Weg, der überhaupt möglich ist. Es gibt keine Alternative dazu!
Am 20.11.91 hatte ich in meinem Tagebuch notiert, daß Gottfried für mich zum Beziehungsmodell werden muß, wenn ich fähig werden will, Menschen zu lieben . Ich war in dieser Einschätzung damals unsicher und hatte es "nur" intuitiv erfaßt. Mir war es unvorstellbar, daß sich für mich jemals in meinen Beziehungen zu anderen etwas ändern könnte. Aber letztlich führen "realisierte Beziehungen" (SCHELLENBAUM) zur Heilung, und nicht irgendeine Therapietechnik, denn realisierte Beziehung bedeutet, daß der Therapeut mitfühlt und sich nicht nur einfühlt. Dies weckt verschüttete und schlummernde Energien und bewirkt Entwicklungsschübe. *"Wir erfahren, daß unsere Lebensprozesse in dem Maße aktiviert werden, als wir uns in intensiver Beziehung zur Umwelt befinden, und das ist in der Tat eine Grundwahrheit menschlichen Seins und menschlicher Entwicklung in allen Bereichen, vom Kleinkind bis zum Greis. Realisierte Beziehung ist der zentrale Entwicklungsfaktor."* (SCHELLENBAUM 1991a:42)
Wenn Männer mir durch ihre Nachdenklichkeit solidarisches Verhalten, gerade in Bezug zur Inzestproblematik, vermitteln, und ich habe mehrmals diese Erfahrung machen dürfen (ich spreche nicht nur von Gottfried und Horst), dann nehme ich dies genauso dankbar, tief berührt und erfreut an, als wenn dieses Verständnis von einer Frau signalisiert wird. Wenn Männer sagen können, ich fühle, ich spüre (es gibt auch Frauen, die nicht fühlen können und nichts spüren - auch ich gehörte einmal dazu), dann sind sie auf dem Wege zum Menschsein und nur das zählt und nichts weiter.
Wenn die Schätzungen stimmen, daß jede vierte Frau ein Inzestopfer ist, dann stellt der Inzest ein gesamtgesellschaftliches Problem extremen Ausmaßes dar. Alle Menschen einer Gesellschaft sind miteinander verbunden, und somit ist es unausweichlich, wenn jemals tiefgreifend an der Inzestproblematik etwas geändert werden soll, daß Männer sich der Macht- und Gewaltfrage ebenfalls bewußt werden müssen, denn sexueller Mißbrauch ist *kein* aggressiver Ausdruck von Sexualität, sondern *ist* der sexuelle Ausdruck von Macht und Aggressivität gegen Kinder. Somit sollten auch Männer bereit sein, sich mit den Inzestfolgen auseinanderzusetzen. Durch die Verdrängung der eigenen Traumata (die Mißbraucher waren ebenfalls in ihrer Kindheit schwer traumatisiert worden, sonst könnten sie keine Kinder mißbrauchen), d.h. die individuelle Erfahrung des Verlassenseins, der Ausbeutung und Schändung führt zum Getrenntsein nicht nur von

Körper, Geist und Seele, sondern auch zum Abgetrenntsein des Menschen von der Natur. Die Überheblichkeit der Menschen, sich über die Natur zu stellen, führt letztlich zur Ignoranz, daß Mensch und Natur im Grunde eine Einheit bilden (sollen). Ich wage die Behauptung, daß es ohne Inzesterfahrung dieses Ausmaß der Umweltzerstörung nicht geben würde, da der Mensch vor der Natur Respekt hätte, aber wenn Menschen nicht einmal Kinder respektieren können...

Der Inzest - aber auch die Inzestfolgen - müssen öffentlich gemacht werden, damit die Demütigung und Zerstörung unschuldiger Kinderseelen ein Ende findet. Und dies geht nur *gemeinsam* mit Männern und Frauen. Ich werde jedenfalls weiterhin öffentlich darüber sprechen (ich werde an einem Filmprojekt mitwirken, in dem insbesondere die schmachvolle Erfahrung der schönen Gefühle während des Mißbrauches und der Aufarbeitung filmisch dargestellt werden), und sollte ich jemals die Erfahrung machen, daß ich mit meinen Erlebnissen nicht respektiert werde oder sich womöglich jemand an meinen Berichten aufgeilt, werde ich hoffentlich stark genug sein, mich diesen Verletzungen widersetzen zu können. Für mich ist jedenfalls die Zeit der Verschwiegenheit und des Geheimnisses über meine Inzesterfahrung endgültig und für immer vorbei!!! Ich weiß, daß mich drei liebe Menschen (meine Verbündeten) weiterhin begleiten werden. Ihnen vertraue ich vorbehaltlos, und sie werden mich weiterhin unterstützen.

Wie wichtig gerade die Veröffentlichung der äußerst schmerzvollen Erfahrung der sexuellen Gefühle während des Mißbrauches ist, wurde mir vor kurzem vor Augen geführt. Eine Überlebende erzählte dies einer anderen ebenfalls sexuell mißbrauchten Frau. Sie stieß nicht nur auf totales Unverständnis mit dieser Erfahrung bei der anderen Überlebenden, sondern sie mußte sich auch noch sagen lassen, daß das dann gar kein Mißbrauch war, da sie es doch schön fand und mitmachte. Dies ist so unfaßbar, daß mir wirklich die Worte fehlen, hier an dieser Stelle Erklärungen für diese Reaktion abzugeben. Verdammt, ich bin empört und wütend und will auch in diesem Gefühl bleiben und nicht meinen Verstand einschalten!

Ich habe sehr wohl über viele Monate meine Rolle als Opfer genossen. Mir dies einzugestehen, fiel mir weder schwer, noch habe ich es jemals geleugnet. Endlich, nach 45 Jahren durfte ich Opfer sein! Ich hatte ein Recht darauf, so empfinde ich es auch heute noch, Opfer sein zu dürfen. Ich habe es mir jedenfalls genommen; aber meine Heilung ist dies natürlich nicht.

Anfangs hoffte ich auf Teilnahme, Anteilnahme und Rücksicht und darauf, verstanden zu werden und erwartete, daß jeder begriff, akzeptierte und respektierte, daß ich extremen Erfahrungen ausgesetzt war. Aber diese Phase war kurz (einige Wochen), danach wollte ich "es" nur noch mit-

teilen und darüber sprechen. Mit jedem Sprechen über den Mißbrauch habe ich ein Stückchen dieses fürchterlichen Dramas abgearbeitet und vor allem hat es mir geholfen, meine Schuld- und Schamgefühle abzulegen.
Es fiel mir leicht, über meine Gefühle während des Mißbrauchs zu erzählen. Bei konkreten Nachfragen zu Einzelheiten (wie es gemacht wurde) habe ich auf der Metaebene geantwortet. Also, keine szenischen Beschreibungen, sondern "orale Vergewaltigung", "Schenkelverkehr" usw. Damit habe ich vermieden, daß sich andere ev. im Gespräch an meinen Beschreibungen aufgeilen konnten, und ich habe eine Grenze gezogen, die auch immer anerkannt wurde. Auch in dem hier vorliegenden Text habe ich auf detaillierte szenische Beschreibungen verzichtet und damit eine Grenze - eine *ausschließlich* für mich stimmige Grenze - gezogen.

Als ich meine Selbsteinschätzung im Februar 1993 bearbeite, habe ich an zwei aufeinanderfolgenden Tagen eine Rückblende und eine Erinnerung an einen immer wiederkehrenden Traum.
Die Rückblende ergänzt die Mißbrauchsituation auf der Silvesterfeier (Rückblende vom 20.9.91). Ich will nach der Mutter rufen, als der Onkel mich mißbraucht. Er droht mir, mich umzubringen und legt die eine Hand an meinen Hals, während er mich mit der anderen Hand mißbraucht. Die Mutter kommt nach einer Weile, um zu sehen, ob ich schon schlafe. Ich sage der Mutter, daß ich allein sein möchte und daß ich auf dem Ofen sitze. Sie sieht daraufhin zum Ofen und schüttelt den Kopf.
Es ist wieder einmal unfaßbar für mich: Sie steht in der geöffneten Tür zum dunklen Schlafzimmer, nur vom Korridor fällt Licht ins Zimmer, und der Onkel hat eine Hand unter der Bettdecke in meinem Schlüpfer, und die andere Hand liegt an meinem Hals, und sie bemerkt nichts.
Diese "Würgeerinnerung" hat mich doch sehr erschüttert, weil ich bisher vermutete, daß ich solche Erfahrungen mit dem Onkel nicht habe machen müssen.
Ich werde wahrscheinlich immer wieder einmal mit Rückblenden rechnen müssen. Aber die Trauer und der Schmerz darüber sind lange nicht mehr so heftig und vor allem zeitlich kürzer. Die Erinnerung an die "Kaugummiträume" (ich berichtete im Teil Sexualität und Intimität darüber) hatte ich innerhalb einer halben Stunde "abgearbeitet".
Insgesamt ist meine Lebensqualität deutlich gestiegen. Die Neurodermitis ist weg, d.h. ich bin erscheinungsfrei, die Erinnerungen an den sexuellen Mißbrauch sind nicht mehr beherrschend, und weiblich zu sein, ist für mich kein Synonym mehr für Opfer. Manchmal, wenn ich "sexueller Mißbrauch" ausspreche, tauchen vor meinem geistigen Auge überhaupt keine Bilder aus Mißbrauchssituationen auf. "Sexueller Mißbrauch" ist in

diesem Moment zu einem abstrakten Begriff geworden, so wie für Menschen, die nie sexuell mißbraucht wurden. Ich sehe dies als deutlichen Fortschritt an, weil ich "es" z. T. aufgearbeitet habe, und somit kann ich "es" manchmal vergessen. Dies ist keine Verdrängung wie vor Therapiebeginn.
Sollten dennoch Bilder aus schon erinnerten und "abgearbeiteten" Mißbrauchssituationen aufsteigen, kann ich sie in der Regel auch recht schnell wieder wegschicken. Meistens bleiben die Bilder in großer Entfernung vor meinem geistigen Auge stehen und kommen nicht mehr auf mich zugelaufen. Bilder aus noch nicht bearbeiteten oder unvollständig erinnerten Mißbrauchsituationen - hier besonders solche Erinnerungsfetzen die mit dem Mißbrauch durch den Opa zusammenhängen - kommen dagegen auf mich zugelaufen. Ich habe dabei das Gefühl, in unmittelbaren (hautnahen) Kontakt mit diesen Bildern zu stehen. Es ist so, als wenn sie in mich eindringen würden.
Einige Ängste sind verschwunden oder wenigstens reduziert. Horst war kürzlich für einige Tage verreist. Während der Zeit der Psychoanalyse vor gut 25 Jahren und Jahre danach, als Horst in Braunschweig arbeitete, konnte ich nur angezogen und häufig auch nur sitzend im Sessel "schlafen", begleitet von massiven Angstzuständen. Diese versuchte ich unter "Kontrolle" zu halten durch "Festtagsbeleuchtung", Radiomusik und mit starkem Alkoholkonsum. Jetzt ließ ich nur eine Schreibtischlampe in der Diele brennen, damit es nicht ganz dunkel war, wenn ich nachts erwachte. Dies ist immer noch ein unangenehmes Gefühl. Ich habe aber sehr gut geschlafen.
Die Frage der Schuldgefühle kommt dagegen immer wieder einmal "auf den Tisch". Horst sagte kürzlich zu mir, nachdem das Keyboard trotz neugeladener Batterien nicht spielbereit war, "ist da Wasser rübergelaufen?". Ich interpretierte es sofort so, daß er meinte, *ich* hätte Wasser verschüttet. Ich sagte, "nein, davon weiß ich nichts". Nach einer Weile erwiderte ich, daß ich seine Frage als Schuldzuweisung erlebt hätte. Horst, "nein, Du fühlst Dich immer noch für vieles sofort schuldig, auch wenn es gar keine Schuldzuweisung gibt". Das sind immer noch Relikte aus meiner Kindheit.
Meine Schuldübernahme für den Inzest war für mich weniger bedrohlich als die Erkenntnis, daß mich die Menschen, die ich am meisten liebte, so stark verletzen konnten. Da ich mir als Kind die Schuld gab, konnte ich die Illusion haben, den nächsten Mißbrauch verhindern zu können, d.h. ich bildete mir ein, daß *ich* die Macht und damit die Kontrolle über den Mißbrauch hatte.
Es ist schwierig, mich von solchen eingefahrenen Verhaltensmustern -

einst eine Überlebensstrategie -, für alles verantwortlich zu sein, zu lösen.

Obwohl sich im Bereich der Sexualität für mich einige sehr wesentliche Dinge geändert haben, muß ich hier noch viel Arbeit leisten, um zu einer erfüllten Sexualität zu gelangen. Meine Angst aktiv zu werden, und "es" nicht zu schaffen und Sexualität häufig immer noch als unkontrollierbare Macht zu erleben und damit unfähig zu sein, die eigene Kontrolle beim Sex aufzugeben, sind hier meine Hauptprobleme.
Weitere Probleme sind die noch nicht vollständig aufgearbeitete Beziehung zum Opa und was der Mißbrauch durch ihn für mich bedeutet, welche Introjekte von den Eltern in mir noch wirksam sind, denn die Trennung ist nicht gleichbedeutend mit der Aufgabe und dem Erkennen der Introjekte. Ein wachsames Auge muß ich auf meine Schuldgefühle und meine Kontrollmechanismen werfen - beides erkenne ich häufig schon - und letztlich muß ich meine dunklen Seiten noch integrieren und lernen, diese Gefühle nicht auf einer regredierten Ebene mit ausschließlich kathartischen Effekten zu leben. Dann werde ich die Blüte des Lebens gefunden haben.
Die Beziehung zu Horst ist z.Z. immer noch schwierig, da Horst wesentliche Fortschritte im Bereich der Sexualität vermißt und befürchtet, daß meine Aufarbeitung eine Geschichte ohne Ende ist. So hat ihn die Erinnerung an meine Kaugummiträume, er war zu Hause als ich mich erinnerte, mehr mitgenommen als mich. Ich war nach ca. einer halben Stunde psychisch wieder fit, und Horst saß immer noch fassungslos da und konnte es nicht glauben, daß immer noch Erinnerungen auftauchen. Mich hat seine Hilflosigkeit und seine Angst vor der unendlichen Geschichte mehr belastet, als die Erinnerung.
Nach der Rückblende und der Erinnerung an den Traum habe ich meine Gedanken und Gefühle in Versform aufgeschrieben. Dies war ein Ventil für mich, mit den Erinnerungen sowie mit Horst`s Reaktion umzugehen.

Mauer, Mauern, Mauern
um mich herum,
vorne, hinten, oben, rechts und links
Gefängnis nennt man dies.
Stein um Stein trug ich ab und sah -
den blauen Himmel.
Aber dunkle Wolken ziehen auf.
Nur noch eine Mauer steht,
aber, wie mir scheint,
viel zu fest, felsenfest.
Da sitze ich nun,

verzweifelt
vor meiner Mauer,
hoch und unüberwindlich scheint sie,
lange Schatten wirft sie,
klein und hilflos fühle ich mich.
Nicht mehr hinsehen,
den Rücken kehren,
abwenden, vergessen, weglaufen,
nie mehr "daran" denken,
klingt verführerisch,
aber
nur wachsen, reifen,
auseinandersetzen,
sie überwinden,
dies ist der Weg.
Davor stehen,
anschauen,
lose Steine suchen,
sie ausbrechen und -
dann klettern
Loch um Loch,
zentimeterweise
oder
häufig auch nur
Millimeter um Millimeter,
unwichtig,
nur weiter, das ist wichtig.
Von oben hängen zwei Seile,
das eine immer noch straff gespannt,
gut verankert,
führt sicher, gibt Halt, ist stark,
fordert auf:
mach weiter, gib nicht auf,
suche lose Steine,
breche sie aus und setze,
Fuß um Fuß in die Lücken.
Aufwärts,
mal rüberschauen,
und dann doch wieder abstürzen,
macht fast nichts,
denn

das eine Seil ist stark,
die Verankerung sicher,
ich werde aufgefangen.
Unter halber Höhe hänge ich,
heute total verzweifelt,
hin und her geschleudert,
manchmal aber auch optimistisch.
Ein neuer Versuch
Höhe zu erklimmen,
wieder Absturz
macht nichts, das Seil hält,
nutzt sich nicht ab.
Gott sei Dank.
Das zweite Seil,
leider,
pendelt derweil locker weiter,
die Verankerung ist ausgerissen,
beschädigt - für immer???
Mein Gott,
bloß nicht,
ganz traurig schaut es aus,
so unnütz, so locker hängt es dort.
Schade!
Ich bin verzweifelt,
spüre großen Verlust.
Trotz allem!
Wenn auch unter Schmerzen,
ich werde wieder steigen,
wenn ich Kraft verspüre,
morgen, übermorgen, irgendwann,
wer weiß?
Wachsen, heil werden
oder als Alternative -
scheitern???
Nein, nein, nein,
ich hoffe nicht,
aber
die Schatten sind so lang und schwarz,
manchmal scheint es,
sie werden kürzer
oder doch nicht?

Heute war ich wieder ganz ganz klein,
die Schatten riesig,
die Einsamkeit groß,
die Vergangenheit hält mich gefangen.
Hin und hergeschleudert
zwischen Verlassenheit, Verlust und Ausbeutung,
haltlos,
so scheint es
hänge ich im Seil,
aber es hält immer noch,
das eine sicher,
das andere am seidenen Faden,
welch ein Wunder!
Die Schatten der Vergangenheit holen mich,
umklammern mich,
nehmen mir die Luft zum Atmen.
Ausgeliefert!!! Ausgeliefert???
Überwinden!
Geht dies?
Ist es zu schaffen?
Ja, Ja, Ja,
ich will, ich will, ich will
immer noch, immer wieder
wachsen unter Schmerzen,
Blessuren gibt es,
zahlreich sind diese,
aber werden keine Narben hinterlassen.
Und die Vergangenheit?
Hinterließ Wunden,
tiefe Wunden,
Narben,
aber diese werden blasser und blasser und blasser.
Wirklich?
Hoffentlich!

Wir beide, Horst als indirektes Opfer und ich als direktes Opfer des sexuellen Mißbrauches leiden z.Z. unter der Situation. Wir müssen beide viel investieren, um die Folgen des sexuellen Mißbrauches aufzuarbeiten. So hoffe ich, daß wir gemeinsam das Seil an der brüchigen Stelle wieder flicken können. Horst wird mir weiterhin helfen. Ein ganz liebes Danke dafür. (Seit Mitte März 1993 ist das Seil wieder geflickt, nachdem wir

beide das Buch von MALTZ: SEXUAL HEALING gelesen haben. Horst berichtet in seinem Beitrag darüber).
Die Aufarbeitung einer Inzesterfahrung stellt auch an den nicht direkt betroffenen Partner hohe Ansprüche an die Bereitschaft zur Auseinandersetzung und an die Geduld, denn viele Fortschritte sind für Horst nicht unbedingt gleich sichtbar. Außerdem gibt es auch Zeiten der Stagnation in der Therapie, wo sich keinerlei Entwicklungschritte abzeichnen. Aber plötzlich sind dann doch Veränderungen zu bemerken.
So spüre ich seit einigen Tagen (Mitte Februar 1993), wenn ich mich selbst verletze. Ich reiße oder beiße immer noch die Fingernägel und die Nagelhaut ab, was häufig zu blutenden Verletzungen im Nagelbettbereich führt. Ich habe dabei nie Schmerzen empfunden und es häufig erst bemerkt, wenn ich blutete. Jetzt greife ich zur Schere, oder wenn ich keine zur Hand habe, versuche ich die Haut ganz vorsichtig abzuknabbern, um Blutungen zu vermeiden. Das Abreißen schmerzt nämlich! Dies ist für mich eine gänzlich neue Erfahrung und ein deutlicher Fortschritt nach 18 Monaten Therapie. Ich hatte die Hoffnung schon aufgegeben, daß sich in dieser Hinsicht je etwas ändern würde. Horst war von dieser Veränderung ganz begeistert, weil dies ein erster Hinweis auf eine Reduzierung meiner Autoaggression ist.
Während ich diese Zeilen schreibe, erinnere ich, daß ich als Kind nicht nur sehr autoaggressiv war - dies fand im Zufügen von eigenen Schnittwunden mit dem Küchenmesser seinen stärksten Ausdruck -, sondern daß ich beim Spiel mit der Puppenstube häufig die Puppenkinder verhauen habe, weil sie sich "weigerten" ins Bett zu gehen, und meinen Puppen und Steiftieren habe ich immer die Augen ausgepult. Außer Schimpfen und Liebesentzug kam keinerlei Reaktion der Eltern auf diese zerstörerischen Handlungen.
Die Puppenkinder "wußten" sicher, warum sie nicht ins Bett wollten! Ich spüre eine tiefe Traurigkeit in mir und muß weinen.
Seit Dezember 1992 arbeite ich in der Selbsterfahrungsgruppe (Grundstufe und Mittelstufe) mit. Mein Verhalten in einer Gruppe hat sich nach meinem Empfinden im Lauf des Jahres deutlich verändert. Ich habe kaum noch Ängste - häufig treten natürlich (noch) stärkere Unsicherheiten auf - mich Gruppensituationen auszusetzen, und ich habe auch innerhalb der Gruppe (acht Frauen und drei Männer) schon eine Einzelarbeit - über das Thema Wut! - gemacht.
Meine Ängste vor Gruppen resultier(t)en nicht nur aus dem für mich allgegenwärtigen Kontrollzwang - wie kann ich eine Gruppe kontrollieren? Es ist ein unmögliches Vorhaben, das zwangsläufig zum Scheitern verurteilt sein muß -, sondern auch mein gestörter Individuationsweg verhinderte die Entwicklung meiner Ich-Identität, also die Übereinstimmung von

Werten, Zielen und Handlungen. Durch meine Außengelenktheit konnte ich mich der Realität des Wandels nicht stellen. Ich konnte "mein Leben nicht in wachsenden Ringen" (RILKE) leben und somit keine Autonomie entwickeln. Ich kann mich in einer Gruppe nur dann konstruktiv, bejahend, kritisch, offen, ehrlich und frei bewegen, wenn ich autonom bin. Gemeinschaft und Gemeinschaftsgefühl so sagt ADLER, sind für jede Individuation unerläßliche Voraussetzung.

Hier lernt der Mensch
mit den Augen des anderen zu sehen
mit den Ohren des anderen zu hören
mit dem Herzen des anderen zu fühlen (ALFRED ADLER)

Diese Erfahrungen habe ich als Kind nicht machen dürfen, denn durch frühesten Mißbrauch und den angeborenen Herzfehler depriviert und vereinzelt konnte ich kein Wir-Gefühl entwickeln. Da war ich - und dort die anderen. Ein Zwerg gegen Riesen.
Mit zunehmender Aufarbeitung und Integration des Geschehenen im therapeutischen Prozeß lernte ich ein Gemeinschaftsgefühl zu entwickeln. Angenommen zu werden, wichtig zu sein, eine Meinung haben zu dürfen, Grenzen ziehen dürfen, aus Stagnation und Eintönigkeit zu Echtheit und Direktheit zu gelangen und dies nicht nur in Gruppensituationen, sondern auch im Alltag, der ebenfalls möglichst perfekt kontrolliert werden mußte ("Mehr vom Gleichen" WATZLAWICK), führte und führt schrittweise zu mehr Autonomie und somit zur Gruppenfähigkeit. Nicht mehr spalten - ich und wir - hilflos und Mächtige, sondern wir. Dies sind sehr schwierige Prozesse, die große Ängste auslös(t)en und immer wieder geübt werden müssen, aber - so unmöglich wie es mir anfangs erschien - auch noch im "hohen Alter" erlernbar sind. Positive Erfahrungen können Veränderungen bewirken, aber das Elend und die Ohnmacht können nur ausgehalten und ausgetrauert werden, um zu vernarben.
Wir als Gruppe - diese Worte sind Balsam für meine Seele. Ich bin dabei, integriert, gleichberechtigt, ich gehöre dazu. Dies ist für mich häufig immer noch verwirrend und kaum begreifbar, aber offensichtlich dennoch wahr. Ich identifiziere mich mit "meiner" Gruppe. Ich denke, dies ist ein Riesenerfolg und viel mehr, als ich mir in Bezug auf die Entwicklung meiner Gruppenfähigkeit innerhalb eines Jahres erträumte. Seit Januar 1994 bin ich in der Mittelstufe, und ich bin selbst auf meine weitere Entwicklung gespannt.
In dieser Ausbildungsgruppe - sowie in der Atemtherapiegruppe (zehn Frauen) und der Psychodrama-Therapiegruppe (sieben Frauen, die alle

Überlebende sind) - stelle ich fest, daß sich offensichtlich meine Gefühle gegenüber Frauen beginnen zu verändern.
Die Atemtherapie habe ich aus finanziellen Gründen nicht mehr fortgesetzt und die Psychodrama-Therapiegruppe ist im Dezember 1993 nach dreißig Abenden ausgelaufen.
Im Grunde bin ich der Therapeutin, die mich über soviele Monate hinhielt, jetzt dankbar, denn sie hätte nach meiner heutigen Einschätzung mit ihrer emotionalen Unsicherheit und fehlenden Empathie meiner Entwicklung (vielleicht) eher im Wege gestanden, als diese gefördert.
Zu Männern in unserem Bekannten- und Freundeskreis (bis auf eine Ausnahme) habe ich jetzt das emotional bessere Verhältnis. Fremdheitsgefühle gegenüber Männern sind fast ganz verschwunden oder nur noch rudimentär vorhanden. Ich sehe mir dann diese Gefühle an und kann sie häufig abstellen.
Vielen Frauen gegenüber habe ich immer noch Fremdheitsgefühle; diese beginnen sich aber zu reduzieren. Ich wurde von allen Frauen (auch von den Männern) in der Ausbildungsgruppe ohne Vorbehalte angenommen und habe viel Verständnis für meine Probleme gefunden. Dies tat und tut mir immer noch gut und ich spüre Dankbarkeit. Was mir in gewisser Weise immer noch zu fehlen scheint, ist eine ebenso intensive und vertrauensvolle Beziehung zu einer Frau - eben eine realisierte Beziehung, nach der ich mich auch sehr sehne (als ich diese Worte im April 1994 zum endgültigen Abschluß des Manuskriptes tippe, spüre ich Druck auf meinen Augen), wie ich sie zu Gottfried habe aufbauen können und dürfen. Diese Erfahrung ist von unschätzbarem Wert und wird schließlich zu meiner Heilung führen.

Glaubt bloß nicht
ihr kriegt mich klein
heute
bestimmt nicht
morgen
naja vielleicht
und an einem besonders dummen Tag
sicher
aber
den verrat ich euch nicht (SCHWARZ 1992).

Ich fühle mich jedenfalls besser als vor Therapiebeginn, und obwohl ich die Blüte des Lebens bisher (noch) nicht pflücken konnte, hat es sich für mich gelohnt.

Mein Anliegen war, über meine Erfahrungen, nein, über meine zutiefst widersprüchlichen Erfahrungen, Erlebnisse, Gefühle und Gedanken während des Mißbrauchs und der Aufarbeitung in einer Weise zu berichten, die es anderen Überlebenden sowie deren Partnern, Freunden und Bekannten nachvollziehbar machen, daß *gleichzeitig* Wut und Angst, Schmerz und Lust, Kontrolle und Kontrollverlust, Macht und Ohnmacht, Vertrauen, Mißtrauen und Vertrauensmißbrauch, Schuld und Unschuld, Freude und Beklemmung, Lust und Ekel, Liebe und Haß, daß alle diese Ambivalenzen erlebt bzw. wiedererlebt werden können.
Wenn mir dies auch nur ein einziges Mal gelingen sollte, war mein Schreiben, die Darstellung meiner Geschichte, nicht umsonst.

ANSTELLE DES VIERTEN GEBOTES:
VON DEN KINDERN
Und eine Frau, die einen Säugling an der Brust hielt, sagte: Sprich uns von den Kindern.
Und er sagte:
Eure Kinder sind nicht eure Kinder.
Sie sind die Söhne und Töchter der Sehnsucht des Lebens nach sich selber.
Sie kommen durch euch, aber nicht von euch,
Und obwohl sie mit euch sind, gehören sie euch doch nicht.
Ihr dürft ihnen eure Liebe geben, aber nicht eure Gedanken, denn sie haben ihre eigenen Gedanken.
Ihr dürft ihren Körpern ein Haus geben, aber nicht ihren Seelen,
Denn ihre Seelen wohnen im Haus von morgen, das ihr nicht besuchen könnt, nicht einmal in euren Träumen.
Ihr dürft euch bemühen, wie sie zu sein, aber versucht nicht, sie euch ähnlich zu machen.
Denn das Leben läuft nicht rückwärts, noch verweilt es im Gestern.
Ihr seid die Bogen, von denen eure Kinder als lebende Pfeile ausgeschickt werden.
Der Schütze sieht das Ziel auf dem Pfad der Unendlichkeit, und Er spannt euch mit Seiner Macht, damit seine Pfeile schnell und weit fliegen.
Laßt euren Bogen von der Hand des Schützen auf Freude gerichtet sein;
Denn so wie Er den Pfeil liebt, der fliegt, so liebt Er auch den Bogen, der fest ist.
(aus: KHALIL GIBRAN: DER PROPHET 1989:16/17).

..... und was sagt der Partner dazu?

Es war ein seltsam schwüler, dunstiger aber recht sonniger Tag im Hochsommer. Meine Mutter ging mit meinem Bruder, gut vier Jahre alt und mir, knapp acht Jahre alt, im Schloßgarten Charlottenburg spazieren.

Urplötzlich zog eine dunkle Wand am Horizont auf, die sich blitzschnell näherte. In weniger als zwei Minuten hatte uns die Regenfront erreicht, wir wurden sofort pudelnaß. Es blitzte und krachte fürchterlich; ein äußerst starkes Gewitter hatte uns erreicht.

Meine Mutter begann laut zu kreischen und stürmte ohne Rücksicht auf uns kleine Jungen davon. Sie verlor ihre Schuhe und rannte völlig kopflos weiter in den Schloßpark hinein.

Ich stand vollkommen hilflos mit meinem Bruder an der Hand auf einem kleinen Weg mitten in diesem entsetzlichen Gewitter und wußte weder aus noch ein. In meiner Hilflosigkeit begann ich laut und hysterisch zu lachen. Ich wußte einfach nicht, wie ich hier hinaus und nach Hause kommen sollte. Ich wußte einfach nur, daß ich meinen kleinen Bruder heil nach Hause bringen mußte.

Wir wohnten damals nahezu zwei Kilometer entfernt in der Nähe des Kaiserdamms in Charlottenburg. Irgendwie gelang es mir, von einer dunklen Ahnung geleitet, meinen Bruder und mich doch zu unserer Wohnung zu führen. Meine Mutter war jedoch nicht da.

Später erfuhr ich, daß sie sich in der Aufregung vollkommen verlaufen hatte und während des Gewitters einfach nicht nach Hause fand.

Dieses Erlebnis wirkt heute noch sehr stark in mir nach und erlaubt es mir nur schwer, fehlende menschliche Wärme bei Frauen, die in Kontakt mit mir sind, ohne aggressive Reaktion hinzunehmen.

Rund fünfzehn Jahre später kam meine Mutter dann nicht zu meiner Hochzeitsfeier. Bereits als ich meine spätere Frau Marlen kennenlernte, drohte sie des öfteren mit Selbstmord.

Nun, wie fühle ich mich also, der ich eine Mutter hatte, die sich nicht in meine Bedürfnisse und Nöte und in die meines Bruders - als wir Kinder waren - einfühlen konnte? Was empfand ich, als meine Mutter stets auf Ordnung bedacht war und bei jeder passenden und unpasssenden Gelegenheit äußerte: "Die Männer wollen alle nur dasselbe!" und "Ein Elternpaar oder eine Mutter kann zehn Kinder versorgen, aber zehn Kinder sowieso kein Elternpaar"?

Wie fühlt man dann später, wenn man eine Frau kennenlernt, sie heiratet, mit ihr zusammenlebt und feststellen muß, daß auch diese Frau größte Probleme mit Nähe und Verbundenheit hat und sich in das, was einen beschäftigt und bedrückt, kaum oder gar nicht einfühlen kann? Ja, noch schlimmer, wenn man merkt, daß man selbst kaum fühlen kann und ich sie womöglich deshalb gerade gesucht und auch gefunden habe.

Ich spreche von Marlen und mir. Das Seltsame an unserer Beziehung war in der ganzen Vergangenheit, daß ich spürte und fühlte, daß sie zwar eine intensive Zuneigung zu mir empfand, aber andererseits, wenn ich ihr näher "auf den Pelz" rückte, also wenn ich Nähe suchte, geistesabwesend wurde und in eine andere Welt hinüberglitt, einfach dissoziierte. Sie wurde irgendwie ängstlich und wütend zugleich.

Nachdem wir als junge Menschen bei Marlens auftretendem Vaginismus *) weder von den Eltern noch von den Schwiegereltern Hilfe erwarten konnten, ja nur auf dumpfe Taubheit stießen, suchten wir mehrere Ärzte auf. Nachdem diese Konsultationen ergebnislos verliefen, hatte Marlen nach einem mehrwöchigen Klinikaufenthalt eine klassische Psychoanalyse begonnen, die zu allem Unheil auch noch die Vergewaltigungsstrategie fortführte, was ich damals jedoch nicht einmal erkannte. Es gab ja zu diesem Zeitpunkt in Deutschland fast noch gar keine anderen Therapieformen, und über sexuelle Probleme sprach man zumindest in unseren "lausigen" Familien nicht. Bei Marlens Eltern war dies ohnehin kein Wunder, da der Vater die Tochter sexuell mißbraucht hatte und ihre Mutter auf jeden Fall psychisch auch, da sie nichts dagegen tat. Dies geschah trotz aller Hinweise von Marlen, die sich als Kind sehr oft in die Finger schnitt, nicht mit dem Onkel (ebenfalls ihr sexueller Mißbraucher) allein sein wollte und aus ihren kindlichen Möglichkeiten alles nur Erdenkliche tat, um gerade ihre Mutter auf den sexuellen und Macht-Mißbrauch hinzuweisen. Der Mißbrauch durch die Eltern war uns beiden am Anfang unserer Ehe und auch sehr viel später keineswegs bewußt.

Jedenfalls war trotz der Orgasmusfähigkeit, die Marlen dann später erlangte, dennoch ein intensives und befriedigendes Zusammensein nicht möglich, weil ja nichts aufgearbeitet war und ich immer wieder spürte,

---

*) Scheidenkrampf

daß ich irgendwie eine Vergewaltigerrolle einnahm, obschon sie dies stets bestritt, aber dabei so fürchterlich ängstlich und wütend zugleich aussah, daß es gar nicht glaubwürdig sein konnte.

Als mein Vater dann vor einigen Jahren im Todeskampf lag, spitzte sich die Situation dadurch außerordentlich zu, weil er durch seine Hilflosigkeit eine extreme Macht insbesondere auf Marlen ausübte. Er wollte zu uns in die kleine Wohnung und wir sollten "das Sterben von ihm nehmen". Für Marlen wurde der Druck so groß, daß bei ihr intensivste Hauterscheinungen mit Entzündungen am ganzen Körper auftraten, die einen unbeschreiblich quälenden Juckreiz vor allem des Nachts auslösten. Nachdem dieser Zustand völlig unerträglich geworden war, entschloß sich Marlen, zum zweiten Mal einen Therapeuten oder eine Therapeutin zu suchen, da sie zu spüren begann, daß die Hautprobleme eine tiefere Ursache hatten. An den Mißbrauch durch ihren eigenen Vater konnte sie sich zu diesem Zeitpunkt absolut immer noch nicht erinnern; alle Erinnerungen waren weggedrängt und verschüttet. Es war unmöglich für sie, eine solche Erinnerung zuzulassen. Es hätte bedeutet, auch gleichzeitig den Schmerz und den Zorn auf ihren Vater und ihre Mutter, die ihr auch nicht geholfen hatte, und vor allem ihre eigene Hilflosigkeit zuzulassen. Als sie dann den Mut fand, begannen weitere Probleme - ja für uns beide -, die insbesondere für Marlen sehr schwer zu bewältigen waren, aber auch für mich große Belastungen brachten. Da Marlen ausführlich alles bereits in ihrem Tagebuch geschildert hat, möchte ich hier in diesem Beiwort möglichst nur auf das eingehen, was ich während des Heilungsprozesses erfuhr.

Da Marlen während der Therapie regredierte und wieder zum kleinen Kind wurde, das seine Ablehnungen zum Teil massiv ausdrückte, hatte ich oft sehr große Mühe, gerade durch meine Vorgeschichte (eben mit der Ablehnung, die auch ich gerade durch meine Mutter erfahren hatte und letztlich auch von meinem sehr verschlossenen Vater) damit umzugehen.

Ich hatte im Verlaufe von Marlen's Therapie einiges in der Literatur zum sexuellen Mißbrauch gelesen; zuerst "Trotz allem" von Ellen BASS und Laura DAVIS, dann "Rot vor Scham" von Deborah MOGGACH, "Weiterleben nach dem Inzest" von LISON und POSTON, aber auch weitere Literatur aus dem mystischen Bereich wie "Quellen der Nacht" von Werner ZURFLUH, "Gelebtes Sterben" von WHEELWRIGHT und vorerst zum Schluß "Verbündete" von Laura DAVIS.

Während ich nach der Lektüre der erstgenannten Inzestliteratur Marlen immer besser verstehen und mich wenigstens zu einem Teil in die Problematik einfühlen konnte, bekam ich allergrößte Probleme beim Lesen des

Bandes "Verbündete", obwohl Marlen mich oft als ihren Verbündeten bezeichnet hatte und mich dies sehr freute. Das Seltsame für mich war hier, daß der Heilungsverlauf und die Heilungsproblematik so optimistisch geschildert wurden, und mit dem Schlagwort "Nimm es nicht persönlich" nur so um sich geworfen wurde, daß ich es emotional einfach nicht mehr aushielt. Ich denke, es ist unmöglich, sich als Partner/in einer/s Inzestüberlebenden nicht außerordentlich stark persönlich betroffen zu fühlen. Man kann nicht zu jemand sagen "Nimm es nicht persönlich", wenn er/sie sich im elementarsten und intimsten Bereich zurückgestoßen fühlt, ja fühlen muß. Inzestopfer werden ja durch winzige Kleinigkeiten gerade beim Austausch von Zärtlichkeiten immer wieder an Ähnlichkeiten von Situationen mit dem Mißbraucher oder der Mißbraucherin (das gilt selbstverständlich auch für männliche Überlebende von sexuellem Mißbrauch) erinnert und geraten damit automatisch in eine Abwehrhaltung hinein.

Erst Wendy MALTZ′ sehr einfühlsam geschriebenes Werk "Sexual Healing" ermöglichte es mir, Marlen`s Schmerzen viel besser zu erkennen und mich auch gefühlsmäßig (nicht nur vom Verstand her) auf sie beim Austausch von Zärtlichkeiten und ihre oft abwehrende Haltung positiv einzustellen. Ich empfand es als wohltuend ehrlich, daß immer wieder sehr einfühlsam geschildert wurde, daß eine vollständige Heilung sehr lange auf sich warten lassen kann, aber eben doch die Zusammenhänge weitgehend bewußt werden können und dann auch Überlebende nicht automatisch abwehrend reagieren müssen, sondern wirklich Freude an Zärtlichkeit, an Sreicheln und an Zuwendung in weitestem Sinne haben können.

Das Hauptproblem für alle Mißbrauchsüberlebenden, gleichgültig ob weiblich oder männlich, ist, nicht befürchten zu müssen, daß jede Zärtlichkeit in den Sexualakt übergehen muß (obwohl gerade das nur natürlich ist). Dennoch ist es nun einmal so, daß für alle Überlebenden alles, was mit Sexualität zusammenhängt äußerst hilflos und schmerzhaft erlebt wurde, weil sie keinen Einfluß auf das Geschehen hatten, eben extreme Macht auf sie ausgeübt wurde. Darüber lag noch das Geheimnis; vielfach waren die Opfer auch noch großen körperlichen Schmerzen ausgeliefert. Dies war ganz sicher auch bei Marlen so, sonst wäre vielleicht der Vaginismus bei unserem Zusammensein in den Anfangsjahren unserer Ehe nicht so stark aufgetreten. Auch jetzt noch ist es so, daß bereits leise Berührungen an der Vagina für sie manchmal sehr schmerzhaft sind.

Das Hauptproblem ist wohl für beide Teile, die Möglichkeit zu finden, Zärtlichkeit ohne jede Verpflichtung zu sehen und ein zärtliches Zusammensein auch zu jedem - aber auch wirklich zu jedem - Zeitpunkt beenden zu können, ohne daß gerade ich mich emotional betroffen fühle und wütend werde, weil ich mich zurückgestoßen fühle. Es ist eben kein Zurückstoßen, es ist für Mißbrauchsüberlebende ohnehin schon ein außerordentlich hohes Vertrauen, überhaupt Zärtlichkeit zulassen zu können. Ich glaube zur Zeit, wie es auch von Wendy MALTZ sehr einfühlsam geschrieben wurde, daß tatsächlich nur durch einen "Urlaub von der Sexualität" vielleicht das erste Mal in ihrem Leben der Druck von Überlebenden genommen werden und damit sich das sexuelle Verlangen von allein ergeben kann.

Das Problem für mich war früher ja auch, daß ich glaubte, ich müsse ihr alles Mögliche beibringen; ich wußte ja nicht, daß sie längst alles kannte (leider äußerst negativ besetzt, aber für sexuell Mißbrauchte gar nicht anders möglich), was ich ihr da zeigen wollte. Sie hatte es auf eine so scheußliche Art und Weise durch extreme Machtausübung erfahren, daß ich schließlich auch völlig hilflos werden mußte.

Am Anfang unserer Ehe hatte mich schon sehr betroffen gemacht, daß sie nahezu kein Streicheln dulden konnte und keinen Orgasmus erfahren konnte; selbst durch eigene Stimulation nicht. Nach mehreren Jahren brachte ich dann in meiner Verzweiflung zwei Vibratoren mit nach Haus; das war eine zusätzliche enorme Belastung für Marlen, da sie glaubte, jetzt ginge es an ihr Leben, obwohl diese Geräte nur in der Schublade lagen, und sie die Möglichkeit hatte freiwillig ohne mein Beisein einen der Vibratoren zu probieren. Jedoch war auch das bereits nach den äußerst schlimmen Erfahrungen mit dem sexuellen Mißbrauch in ihrer Kindheit ein Anschlag auf ihr Leben, den ich nun unternommen hatte, aber selbst ganz und gar nicht so fühlen und einordnen mochte.

Das extreme Problem ist eben nach wie vor, daß die Opfer sexuellen Mißbrauchs, um überhaupt überleben zu können, sich schützen müssen. Sie schützen sich dadurch, daß sie dissoziieren, praktisch aus ihrem Körper herausgehen, nicht mehr sie selbst sind und dadurch Schmerzen kaum oder nicht mehr empfinden, um diesen seelischen und körperlichen Streß überhaupt überstehen zu können. Das Dissoziieren ermöglicht es dem Opfer, mit dem Täter zu kooperieren und dadurch weitere Gewalt und Schmerzen zu vermeiden. Sie schalten ab; auf diese Weise können sie dem Mißbrauchstäter vermitteln: "Du kannst machen, was Du willst, aber Du kannst mich nicht dazu zwingen, hier zu sein". Diese Reaktion ist für das Opfer eben überhaupt die letzte Möglickeit, sich ein gewisses Gefühl der eigenen Macht und der eigenen Identität zu bewahren. Diese Abspaltung, dieses Dissoziieren wird zur eingefleischten Reaktion und tritt später auch in anderen Lebensbereichen immer dann, wenn eine gewisse Gewalt gespürt wird, wieder auf. Das kann bei Prüfungen der Fall sein oder bei der hitzigen Diskussion nach Vorträgen oder bereits im persönlichen Gespräch. Dadurch werden bei sexuell mißbrauchten Kindern auch später Situationen, die für "normale Menschen" absolut keine Macht ausübung darstellen, bereits als äußerst bedrohlich empfunden.

Für Mißbrauchs-Überlebende ist das vorherrschende Gefühl die Angst. Diese Erzeugung von Angst und Hilflosigkeit macht eben das extreme Verbrechen aus. Dummerweise haben diese Angst und die Hilflosigkeit gerade auch die Täter und die Täterinnen früher erfahren, und sie geben zu allem Unheil durch ihre totale Hilflosigkeit als "gefährliche erwachsene Säuglinge" das gleiche weiter und werden wieder zu Mibrauchern. Es ist ein höllischer Kreis, ein "circulus vitiosus".

Die ungeheure Leistung von mißbrauchten Menschen liegt darin, den Mut zu finden, diesen Teufelskreis zu durchbrechen. Das erfordert wirklich einen extremen Mut, der weitaus größer ist, als das, was an Anforderungen sonst an "normale Menschen" im Leben herantritt.

Ganz wichtig erscheint es mir, daß wir laufend auch über geringe Fortschritte kommunizieren. Wir sprechen über auch kleine Fortschritte gerade im täglichen Leben, weil man sonst, gerade wie ich, geneigt ist, nur an den direkten erotisch-sexuellen Fortschritten den Fortschritt insgesamt zu messen. Gerade im sexuellen Bereich tut sich sichtbar im ersten Jahr der Heilung für den Partner noch nicht viel; jedoch sehr viel für das Mißbrauchsopfer.

Die Traumata sind viel zu groß, um in wenigen Wochen oder Monaten aufgearbeitet werden zu können.

Ich schwanke zur Zeit auch oft zwischen Hoffen und Bangen. Die Schwere von Marlens Verletzungen ist mir im vollen Umfang erst so richtig in den letzten Wochen bewußt geworden. Insoweit habe ich genauso wie fast immer auch die Mißbrauchsopfer reagiert; nämlich vieles überhaupt nicht wahrhaben wollen, um die Schmerzen nicht so stark zu spüren!

Marlen und ich hatten uns dann zu einem mehrmonatigen sexuellen Urlaub entschlossen. Jedoch erst nach mehr als einem Jahr konnte sie dann plötzlich die Umarmungen und die Nähe wirklich genießen, intensiv mitmachen und die Erregung fördern.

Ich denke jedoch, daß eine ganze Menge des Umgangs mit der äußerlichen Macht von Marlen im täglichen Leben bereits aufgearbeitet ist und bin zuversichtlich, daß sich in unsere Beziehung auch im Bereich der sexuellen Zärtlichkeiten in nicht allzu ferner Zeit noch weiter verbessern wird und sich für Marlen und auch für mich ganz andere Horizonte für unser weiteres Leben ergeben werden.

Brief des Therapeuten

Liebe Marlen!

Heute, wenn ich mich daran zurückerinnern will an den Tag, als wir uns kennenlernten, dann kommt mir das wie eine Ewigkeit vor. Wie viele Stunden haben wir zusammengesessen und gemeinsam gesprochen, geschwiegen, gefühlt, geweint, gelitten, waren ratlos, betroffen und haben nachgedacht, vermutet und gerätselt? Ich weiß es nicht mehr genau. Was ich aber genau weiß, ist, daß für uns beide sehr viel Wichtiges dabei in Deinem und meinem Bewußtsein und im Gefühl passiert ist und sich entwickelt hat an alten, uralten Erkenntnissen, denen wir in gemeinsamen Trancen erlaubt haben, ins Bewußtsein zu kommen und damit als Ressourcen für neues Verhalten zur Verfügung zu stehen, manchmal direkt im Zugriff, manchmal als potentielle Möglichkeit, die darauf wartet, sich mit weiteren wichtigen Erkenntnissen zu verbinden und zu konkreten Handlungsmöglichkeiten und Alternativen zu werden. Du hast dich dem mutigen und sehr anstrengenden Prozeß des Aufschreibens Deiner Geschichte, Deiner Erinnerungen und Gefühle, Deiner Verletzungen und Vermutungen, Deines Leidens und Deiner Hoffnungen sowie Deiner Schritte in die Freiheit unterzogen und damit ein für dich lebenswichtiges und notwendiges hartes Stück Arbeit bewältigt; Du hast es damit auch für Andere nachvollziehbar gemacht mit der Hoffnung, daß eine Veröffentlichung dir bei Deinem Heilungsprozess hilft, sowie anderen Betroffenen Mut macht, sich ihrer Heilungschance zu stellen.

Du hast mich gebeten, als Dein Begleiter (Therapeut = *griech.* Begleiter) in diesem Prozess aus meinem Blickwinkel aufzuschreiben, was sich in diesem Entwicklungsprozess ereignet hat, und ich will es versuchen. Ich tue das aus der Erinnerung und aus dem noch andauernden Zwiegespräch heraus.

Nun gehe ich noch einmal zurück zum Anfang unserer Begegnung. Es ist immer wieder ein bedeutsamer Augenblick für mich, wenn ich als potentieller Begleiter einen neuen Menschen kennenlerne. Du kamst zu mir, von einer Kollegin geschickt, um in einem Erstgespräch herauszufinden, ob Du bei mir eine Therapie anfangen möchtest. Ich hörte dir zu, der Darstellung Deiner Geschichte und Deiner Symptome und dachte mir, daß es für mich interessant werden könnte, mehr darüber zu erfahren, was sich hinter Deinem Hautsymptom verbergen könnte. Die Andeutung von möglichem sexuellen Mißbrauch, die in Deinem Bericht steckte, hörte ich zwar, aber vergaß sie ganz schnell wieder. Als dann die Therapie beantragt und bewilligt war und wir anfingen zu arbeiten und Du das Thema erneut angeschnitten hast, weiß ich noch, daß ich ein sehr intensives Gefühl der Verwirrung und der Peinlichkeit hatte, weil Du gemerkt hast, daß ich es "vergessen" hatte, d.h., für dich war das ein Schock, und ich habe das in Deinem Gesicht gesehen und konnte es in der Gegenübertragung sehr intensiv fühlen. Ich fing an zu merken, daß es dir in dieser Therapie sehr um dieses Thema gehen würde und Du die berechtigte Hoffnung hattest, daß ich in der Lage und Willens wäre, darauf einzugehen; zum anderen, weil ich mich daran erinnerte, daß ich diesem Thema zwiespältig gegenüberstand: ich fand es schon damals aus meiner therapeutischen Erfahrung und aus meiner Sicht als Mann sehr wichtig und hatte als beides schon Berührung damit: in Therapien und sonst in meinem Leben.

In den Therapien, in denen mir von Patientinnen von sexuellem Mißbrauch und sexueller Gewalt berichtet wurde, habe ich immer wieder dieses Zögern gespürt, mit mir als männlichem Wesen darüber zu sprechen und mir das ganze Ausmaß der Verletzung anzuvertrauen. Vielleicht lag es aber auch an den intensiven Gefühlen, die ich in der Gegenübertragung jeweils spüren konnte und denen mich zu stellen ich noch nicht in der Lage war, weil ich jedesmal als Basisgefühl soetwas wie eine "Kollektivschuld" empfand; mit dieser Empfindung habe ich mich selbst bis zu diesem Zeitpunkt daran gehindert, meine Wut und Ablehnung männlicher Gewalt zu spüren und auch meine Angst, mich mit meiner Rolle als Mann als ein liebesfähiges Lebewesen eindeutig geschlechtsspezifisch zu identifizieren aus Angst vor der ohnmächtigen und möglicherweise alle Männer verdächtigenden Wut der Frauen.

Da war aber noch ein dicker Hund begraben! Ich fühlte aufgrund einer alten Verletzung Angst mit diesem Thema. Die Verletzung bestand darin, daß ich in meiner vorherigen Arbeitsstelle von zwei Kolleginnen bezichtigt wurde, mit einer Patientin sexuellen Kontakt gehabt zu haben. Diese Verdächtigung hat mich tief getroffen, weil sie zu Unrecht und leichtfertig geschehen war. Ich weiß aber seitdem, wie sich das anfühlt, einer solchen Tat bezichtigt zu werden. Ich hatte diese Verletzung noch mit niemandem so richtig verarbeitet und fürchtete in dem Moment, daß das zwischen uns stehen könnte und die Aufarbeitung Deiner Geschichte behindern könnte.

Ich weiß, daß Du damals mit dir gerungen hast, ob Du mir überhaupt vertrauen kannst. Die ganze Tragweite dieses Ereignisses habe ich aber erst begriffen, als ich zum erstenmal Deinen Text gelesen habe, nämlich daß Du damals überlegt hast, ob Du die Therapie abbrichst. Ich bin froh, daß Du dich entschlossen hast, mir weiter zu vertrauen. Damals bin ich ebenfalls über meinen "Schatten" gesprungen und habe dir von meiner Verletzung und meiner Angst erzählt, habe mich dir ebenfalls anvertaut. Ich glaube, in diesem Moment haben wir unser Bündnis geschlossen. Wir hatten beide etwas zu bearbeiten, wobei Deine Verletzung natürlich unendlich viel größer war als meine, aber das war ja klar; wichtig war in dem Moment, daß wir Vertrauen zueinander bekommen haben. Jetzt, wo ich das so schreibe, wird mir bewußt, daß Du in diesem Moment den größeren Schritt getan und mir Dein Vertrauen geschenkt hast; dafür bin ich dir sehr dankbar. Ich habe das auch damals als große Erleichterung empfunden. Aber ich glaube, daß für Deinen weiteren Aufarbeitungsprozess der eigentliche Sprung vom " Dreimeterbrett"- oder von noch höher - von dir vollzogen wurde. Meine Verletzung ist durch diesen Deinen Entschluss sofort und augenblicklich so klein geworden, daß sie von diesem Moment an nur noch eine ziemlich kleine Narbe war, die ich , je mehr Du mit meiner Unterstützung vorangeschritten bist, mit mehr Würde tragen konnte als etwas, was mich daran erinnert, daß ich lebe und mich weiterentwikkeln kann. Aber das war ja erst der Anfang!

Jetzt, beim nochmaligen Lesen Deiner Tagebuchaufzeichnungen und meines Briefes wird mir nochmals deutlich, was damals angefangen hat: das Abenteuer einer menschlichen Beziehung!

Das klingt vielleicht hochtrabend, aber für mich ist es so. Ich habe sehr schnell gespürt, daß hier jemand nach etwas sehr Tiefem, Grundsätzlichem sucht und daß ich einer großen Herausforderung gegenüberstehe. Damals habe ich das mehr gefühlsmäßig als gedanklich erfasst und deshalb stand wohl auch als erstes in unserer Beziehung die Vertrauensfrage an. Fast hätte ich versagt durch meine Angst vor dem eigentlichen Thema des sexuellen Mißbrauchs. Ich habe gespürt, wie ich es in meiner Arbeit als professioneller Helfer immer wieder spüre und erlebe, daß ich die Macht zugewiesen bekomme, zu verändern. Aber kann ich das eigentlich?

Die Antwort ist eindeutig: Nein.

Ich kann mich nur selbst verändern, indem ich meine Gefühle lebe, meine eigenen Gedanken wahrnehme, meine eigenen Erinnerungen und Assoziationen zulasse, mich der Mühe des Sortierens unterziehe, Erkenntnisse gewinne und Kräfte und Fähigkeiten in mir aufspüre, mit denen ich mich selbst bewege auf ein selbstbestimmtes Ziel hinarbeite. Dazu brauche ich Selbstvertrauen, Mut, Glauben und Disziplin - also ein ständiger Selbsterziehungsprozess. Aber kann ich das alles allein, abgeschlossen in mir? Nein. Ich brauche andere Menschen, die sich selbst entwickeln und die sich über ihren Prozess mit mir austauschen, damit ich Impulse bekommen kann, um meine eigene Entwicklung immer wieder überprüfen und verändern zu können.

Nach diesem Verständnis ist es in meiner Rolle als professioneller Helfer meine Aufgabe, einem anderen Menschen zu erlauben und damit zu ermöglichen, sich in meiner Gegenwart selbst zu entwickeln und zu verändern.

Aber was ist das, meine Gegenwart, das sagt sich so einfach: ich muß mir also ständig meiner eigenen Entwicklung bewußt sein, gleichzeitig soll ich mich zurückhalten und dem Anderen das Recht einräumen, sich ausschließlich selbst zu reflektieren. Bin ich dann noch gegenwärtig? Wie genau findet dann der Austausch statt, der Entwicklung ermöglichen soll? Ist es dazu nicht notwendig, daß ich mich mit meiner Person zeige?

Ich meine definitiv: Ja.
Und hier beginnt das Abenteuer!
Wie weit darf ich, muß ich, kann ich gehen, ohne zu riskieren, Grenzen zu verletzen oder verletzende Grenzen zu ziehen? Hier entsteht sofort die Frage nach der Macht und Ohnmacht in einer zu begründenden Beziehung, in unserem Fall einer therapeutischen Beziehung. Sehr schnell wurde mir schmerzlich bewußt, daß es in meiner Macht lag, Deine Ohnmacht anzunehmen und dich zu unterstützen, Macht über Dein Leben zu entwickeln oder Dein eigentliches Anliegen zu übergehen und mich damit einzureihen in die Reihe derer, die Deine Ohnmacht ständig bestärkten; allerdings lag es auch in Deiner von dir sicherlich nicht als solcher empfundenen Macht, meine Ängste vor Deinem Thema zurückzuweisen und mich als Deinen Therapeuten abzulehnen, ohne daß ich gagegen etwas hätte machen können. An dieser entscheidenden Stelle habe ich beschlossen, mich zu zeigen.

Es ist nicht meine Absicht, an dieser Stelle eine Diskussion darüber zu führen, ob und wie weitgehend ein Therapeut sich selbst in das therapeutische Geschehen einbringt; mit Sicherheit kann das auch von niemandem endgültig beurteilt werden, weil es trotz aller therapeutischer Erfahrungen und theoretischer Lerhrmeinungen immer wieder notwendig ist, mit jeder neuen menschlichen Begegnung, aufgrund der vielfältigen persönlichen Unterschiede zwischen den Individuen, eine neue, einzigartige Beziehung herzustellen. Mit diesem Prozess habe ich sehr unterschiedliche Erfahrungen gemacht, dergestalt, daß manche therapeutische Begegnungen trotz aller emotionalen Offenheit sich gewissermaßen kurzfristig und im Vergleich zu anderen Begegnungen relativ distanziert gestalteten und im Gegensatz dazu eine mehr oder weniger dichte emotionale Beziehung, in der ich gefahrlos mehr von meinen persönlichen Erfahrungen und Gefühlen sowie eigenen Entwicklungsschritten zeigen konnte mit dem Ergebnis eines therapeutischen Gewinns für meinen Patienten und einer weiteren ermutigenden therapeutischen Erfahrung für mich.

Du, Marlen, kamst zu mir mit dem Wunsch nach Therapie und präsentiertest mir als Anlaß Deine Hautsymptomatik; gleichzeitig äußertest Du Deinen Wunsch, im Rahmen der Behandlung einen Versuch mit Hypnose zu machen; da ich eine Zusatzausbildung in Klinischer Hypnose durch erfahrene Therapeuten habe, konnte ich dir eine Zusage für einen Versuch machen. Allerdings mußten wir zuerst, wie eingangs schon beschrieben, durch unsere Anfangsschwierigkeiten hindurch, um das notwendige Vertrauen gegenseitig zu entwickeln. Wir verständigten uns über unsere Vorstellungen und Erfahrungen mit Trance und Hypnose und dabei vertraute ich dir an, daß ich zu diesem Zeitpunkt noch keine langfristigen Erfahrungen als Hypnotherapeut hatte. Ich hatte Bedenken, daß ich es nicht professionell genug machen könnte und Du enttäuscht werden könntest. Aber Du warst sehr entschlossen und ermutigtest mich, es doch zu versuchen. Auf der Grundlage des schon vorhandenen Vertrauens begannen wir mit einer Serie von Trancen, in denen sich herausstellte, daß es erstaunlich gut klappte und wir gemeinsam Trancen entwickelten: Du mit Deinen Fähigkeiten aufgrund Deiner Mißbrauchserfahrungen, in denen Du "rettende" Trancephänomene produziertest mit einem von uns so genannten "Elephantengefühl", d.h. Du fühltest dich irgendwie dick und schwer, ein dir nur zu vertrautes unangenehmes Phänomen, aber dennoch von uns als Anzeichen von sich entwickelnder Trance gewertet und Einstieg zu einer abenteuerlichen Entdeckungsreise vom Erinnern und Wiedererleben der von dir erlebten traumatisierenden Mißbrauchserfahrungen hin zur Auffindung von lösungsorientierten Kraftreserven, um auf Deine ureigene Art und Weise Deine Leidensorientierung in Orientierung hin auf das Ziel

Deiner Heilung umzuwandeln; ich zapfte meine Ressourcen für Selbstsicherheit an durch meine Erinnerung an den kleinen,selbstbewußten und fröhlichen Gottfried, der auch als Träumer galt, und freute mich über Deine Erlaubnis und Dein Vertrauen, dich von mir führen zu lassen.

In diesem Prozess, den Du mit Deinen Tagebuchaufzeichnungen ausführlich beschrieben und reflektiert hast, beschäftigte uns beide immer wieder die schwierige Frage nach der Wahrheit oder der Wirklichkeit Deiner Erinnerungen oder ob Du dir das etwa alles nur eingebildet hast. Diese Frage war nicht wirklich schwierig, sondern hier machte sich Deine tiefe Verletzung und lange Einsamkeit mit Deinen Erlebnissen bemerkbar, Deine eigene Überlebensstrategie, bis auf wenige Momente des Erinnerns, für lange Zeit Deine traumatischen Erlebnisse zu vergessen. Aber ein Gehirn, daß etwas erlebt hat, hat nur vergessen und nicht gelöscht. Du mußtest nichts erfinden, sondern nur Vertrauen entwickeln, daß Dein langes körperliches und psychisches Leiden nicht unbegründet und umsonst gewesen ist. Während ich das schreibe, mache ich gerade auf der Ebene der Technik eine dazu passende Erfahrung: nachdem ich während des Schreibens eine Pause gemacht hatte und den Computer angelassen hatte, stellte ich bei meiner Rückkehr mit Erschrecken fest, daß wegen einer herausgesprungenen Sicherung der Computer abgestürzt war; durch die Betätigung eines Hilfsprogrammes konnte die «vergessene Datei» wiedererinnert werden!

Gegen das Erinnern steht aber nicht nur das eigene Vergessen, sondern der Unglaube der Anderen an das Un-Glaubliche und die empörte Ablehnung des Un-Wahrscheinlichen weil Unbequemem. Wieviel Scham und wieviel Unverschämtheit!

Wie gut es doch ist, in einem solchen Prozeß Verbündete zu haben. Hier denke ich zuerst an Deinen Mann Horst. Als wir beschlossen hatten, ihn zu bitten, am Therapiegeschehen teilzunehmen, war ich sehr gespannt, wie er wohl sein möge und ob wir uns verständigen könnten. Als er dann das erste Mal kam und ich ihn an der Tür empfing, war ich sehr erleichtert, daß ich ihn sofort sympathisch fand und ich hatte den Eindruck, er mich auch. Dies bestätigte sich im weiteren Geschehen durch intensive Gespräche und Austausch von Ideen und Gefühlen. Im Zusammenhang mit der bis dahin von mir oft noch empfundenen Kollektivschuld als Mann war es mir von diesem Moment an noch mehr, als schon durch unseren bis dahin stattgefundenen Therapieprozess, möglich, meine "Schuldgefühle" als

Angst vor eindeutiger Parteinahme und möglicher Ablehnung, auch von männlicher Seite, zu sehen. Jetzt war es mir nicht nur möglich, mich mit Dir als Opfer zu solidarisieren, sondern auch von männlicher Seite Entlastung und Solidarität zu spüren und dadurch positive männliche Identität zu entwickeln. Im weiteren konnte ich meine Unsicherheiten und ängstlichen Befürchtungen in Wut, Empörung und aktive Unterstützung verwandeln. Was lange gärt, wird endlich Wut! Ich hoffe, daß Horst meine Solidarität empfunden hat, denn die habe ich für ihn empfunden und empfinde sie immer noch, da er als Dein Ehemannn, wenngleich auch indirekt, von männlicher sexueller Gewalt betroffen ist.

Als weitere Verbündete denke ich an meine Frau Maria, sowohl für mich als Begleiterin während der ersten Zeit unseres Therapieprozesses als jemand, der mir zuhörte, mir Rat gab, mich ermutigte und konstruktive Kritik übte, als auch in dem Maße, wie sich zusätzlich zu unserer therapeutischen Beziehung mehr und mehr eine private, freundschaftliche Ebene entwickelte auch eine Verbündete für dich, Marlen. Die Tatsache, daß sich unsere beiden Verbündeten ebenfalls sofort gut verstanden, ist ein glücklicher Umstand, dem wir so manche sehr dichte Gesprächs- und Erlebnissituation verdanken. Ja, ich will an dieser Stelle das Besondere an unserer threpeutischen Beziehung herausarbeiten, nämlich die Tatsache, daß Du Marlen ein ungewöhnlicher Mensch bist und so intensiv an die Aufarbeitung Deines Leidens gegangen bist, daß ich mich nach einiger Zeit entschlossen habe, das Wagnis einzugehen, den therapeutischen Rahmen im durchschnittlichen Sinne zu verlassen und in ein intensives Zwie-, Dreier- und Vierergespräch einzutreten. Eine ungewöhnliche Frau schafft sich ungewöhnliche Beziehungen! Vielleicht eine Familie?

Auf jeden Fall eine intensive, andauernde Freundschaft und ein wachsendes Wir-Gefühl, über das Du ja schreibst, daß es dir durch den frühen Mißbrauch vor Deiner entschlossenen Aufarbeitung Deiner Verletzungen und der daraus resultierenden Defizite und Ängste in Kindheit und Jugend nie zugänglich war. Du hast sehr erfolgreich daran gearbeitet, Deine Fähigkeiten um den Aspekt der Gruppenfähigkeit zu erweitern durch die in positiver Wechselwirkung stehenden Erfahrungen in Deinen Gruppentherapieprozessen und der Gruppendynamik zwischen uns Vieren.

In unseren Zwiegesprächen haben wir darum gerungen, daß Du über unsere Beziehung und deren geschützten Rahmen hinaus eine Herausforderung brauchst, die dir nur eine Fülle von unterschiedlichen Beziehungen, Begegnungen, Auseinandersetzungen und auch Grenzziehungen bieten konnte und kann. Meine Rolle als beschützender, mitfühlender, väterlicher Freund setzte mir hier einfach Grenzen, die Du zu Deiner Weiterentwicklung unbedingt überschreiten mußtest. Zuhören, verstehen, mitfühlen, Reserven aufspüren und Perspektiven erarbeiten ist vielleicht die Tür, die wir öffnen mußten, um zu Heilung zu gelangen; soziale Fähigkeiten und die ganze Palette der Gefühle und Gedanken sowie sich daraus ergebende Fähigkeiten und wachsende Lebensqualität konnten sich nur in der Vielfalt der Beziehungssituationen für dich ergeben.

Meine Rolle konnte sich dadurch auch mehr hin zum brüderlichen Freund entwickeln, der mit dir im noch andauernden Zwiegespräch steht und wo Geben und Nehmen in beide Richtungen stattfindet.

Ja, unser Zwiegespräch dauert an und wird wohl auch niemals enden, hoffe ich; meine Aufgabe als Dein therapeutischer Begleiter jedoch möchte ich irgendwann beschließen, und damit irgendwann wirklich greifbar ist und auch stattfinden kann, fragst Du mich, wo stehen wir denn im therapeutischen Prozess?

Meine provozierende Antwort lautet: Am Ende! Also vor der ebenso schwierigen Aufgabe, etwas zu lösen, was wir mit soviel Gedanken, Bedenken und Kurven begonnen haben, und es auf die ausschließlich freundschaftliche Ebene zu heben!

Ob Du geheilt bist willst Du wissen? Das kannst letztlich nur Du beantworten. Ich finde, daß Du eine bewundernswerte Strecke zurückgelegt hast. Und Du bist auf dem Weg. Du bist nicht allein. Du hast Begleiter. Ich bin einer.

Dein Gottfried

Abschließende Gedanken

Wie ging es in der Zwischenzeit weiter?
Seit der Fertigstellung des Manuskriptes ist über ein Jahr vergangen. Über zwei gravierende Ereignisse möchte ich noch berichten.
Im Oktober 1994 hat mein Schwager, der in München lebt, uns einen Brief geschrieben und mitgeteilt, daß er zu den Eltern seit ca. zwei Jahren Kontakt habe und ihren Darstellungen glauben würde und nicht den meinen. Er müsse es uns nun endlich mitteilen, da er ab jetzt den aufrechten Gang gehe. Sein Brief endet mit den Worten:" Ich segne euch im Namen des Herrn..." Meine Enttäuschung, Bitterkeit und Wut hielten sich in Grenzen und auf seinen Segen kann ich nun wirklich verzichten. Dennoch, es hat geschmerzt und ganz besonders hat Horst gelitten. Offensichtlich ist es wirklich so, daß beim Aufdecken vom Inzest der Riß nicht quer durch die Familie geht, sondern sich das Opfer am Rande oder außerhalb der Familie wiederfindet. Selbst Horst´s Bruder, der nicht zu meiner (ehemaligen) Familie gehört, hat so eindeutig Stellung bezogen, daß wir beide nicht bereit sind, den Kontakt wiederherzustellen oder um sein Verständnis zu werben. Ich denke nicht daran! Mein Kommentar: "Na endlich haben die Alten wieder ein Kind". Horst hat als Reaktion darauf eine Karte geschickt mit einem Säulenkaktus und der Bemerkung "Paß nur auf, daß Du nicht eines Tages durch Deinen aufrechten Gang völlig steif wirst".

Im Mai/Juni 1995 werde ich die Prüfung zur Assistentin für Soziotherapie in Psychodrama und Gestalt ablegen. Die stetigen Herausforderungen in der Ausbildungsgruppe, daß damit verbundene permanente Auseinandersetzen mit Gruppenmitgliedern und mit meinen eigenen Themen, insbesondere immer noch und immer wieder mit der Macht/Ohnmachtproblematik, veranlaßt mich, noch einmal - und das aus ganz konkretem Anlaß - hierzu noch etwas zu schreiben. Große Spannungen gab es immer wieder zu Rosemarie, die aufgrund ihres Verhaltens von mir als Täterin erlebt wurde. Geradezu ideale Vorausetzungen für mich, in meine heißgeliebte und zugleich gehaßte Opferrolle zu schlüpfen. Ach wie schön und wie vertraut! Welche Inzestüberlebende ist schon selbst gerne Täterin??? Ich konnte immer wieder einmal Opfer sein und mich als Opfer fühlen. Wobei das erste impliziert, daß andere Macht über mich haben bzw. ich anderen Macht gebe. Täteranteile zu akzeptieren fiel mir schwer und meine Feststellung, daß alle Menschen Opfer und Täter sind, klingt sehr weise. Aber, das war`s dann auch schon für mich. Ein schöner Satz - und ein abgehaktes Problem? Hier schlich sich ein Tipteufelchen ein: ich schrieb "abgehacktes Problem"; was auch nicht so falsch ist!

Im Dezember 1994 wurde ich durch eine Erinnerung auf eine sehr direkte und drastische Art mit meinen Mittäteranteilen konfrontiert:

Langjährige Bekannte, mit denen wir aber seit ca 5 Jahren keinen Kontakt mehr haben, haben eine Tochter, die heute 18 Jahre alt ist. Anette zeigte als Kind stark sexualisiertes Verhalten wie z. B. Zungenküsse und spielen mit ihren Geschlechtsteilen in Gegenwart von Erwachsenen. Sie spielte an ihrem Geschlechtsteil, als sie im Bett lag und ich ihr Geschichten vorlas. Sie war zu diesem Zeitpunkt 7 - 8 Jahre alt. Ich reagierte nicht darauf und kam mir "modern" vor, denn schließlich haben auch Kinder ein Recht darauf , sich Lustgefühle zu machen. Der gravierendste Hinweis auf erfolgten sexuellen Mißbrauch waren aber ihre anhaltenden und wiederkehrenden Infektionen im Genitalbereich, die über viele Jahre ärztlich behandelt wurden. Ihre Mutter erzählte mir, daß ihr die Ärzte gesagt hätten, daß, wenn es so weiter gehen würde mit den andauernden Infektionen, Anette wohl später keinen Mann an sich heranlassen würde. Mein spontaner - aber unausgesprochener - Gedanke: "da war bestimmt schon einer dran".

Als Anette mir einmal einen Zungenkuß geben wollte, fragte ich sie, woher sie das kennen würde und wer sie so küssen würde. Ich bekam - natürlich - keine Antwort, und ich bin zur "Tagesordnung " übergegangen. Die andauernden Infektionen (wer steckt sich schon dauernd auf der WC-Brille an?) sowie ihre physische und psychische Entwicklung machen einen sexuellen Mißbrauch wohl sehr wahrscheinlich. Vermutlich war es der Bruder der Mutter, den sie immer versuchte zu meiden. Das Erkennen, daß ich nichts unternommen hatte, obwohl ich doch im Grunde eine "wissende Zeugin" war und den konkreten Verdacht damals hatte, kein Gepräch mit den Eltern geführt, nicht mit Anette gespochen und sie nicht in ihrer Not verstanden zu haben, führte mich hin zu der Erkenntnis, daß ich zur Mittäterin geworden war. Ich hatte nichts gesehen, obwohl ich es gesehen hatte. Ich war genauso unsensibel, unfähig zu lieben und zu verstehen, wie all die Menschen, die auch bei mir nichts gesehen hatten. Hauptsache, die Welt ist heil! Auch ich übte Macht auf Anette aus: meine Macht lag in meiner Unzulänglichkeit!

Hatte ich wirklich keine Möglichkeit, damals damit umzugehen? Ich denke, zum damaligen Zeitpunkt hatte ich keine. Dies ist keine Entschuldigung - nur eine Erklärung. Was mir bleibt, ist, die Verantwortung dafür zu übernehmen. Leider zu spät für Anette. Verantwortung zu übenehmen impliziert die Fähigkeit, antworten zu können. Was hätte ich damals in einer Auseinandersetzung, die sicher gekommen wäre, wenn ich meinen Verdacht geäußert hätte, antworten können? Im Grunde nichts, denn mein eigener sexueller Mißbrauch war ja von mir nicht einmal als Mißbrauch angesprochen.

Du wagst dein Ja -
und erlebst einen Sinn.
Du wiederholst dein Ja -
und alles bekommt Sinn.
Wenn alles Sinn hat,
wie kannst du anderes leben
als ein Ja.
(HAMMARSKJÖLD/ ZIMMERMANN 1992)

Ich werde versuchen, in Kürze Kontakt zu Anette herzustellen. Sollte *sie* mir jemals etwas über ihren sexuellen Mißbrauch erzählen, werde ich mich bei ihr entschuldigen.
Hatte ich überhaupt noch eine Berechtigung der Mutter, den Verwandten und Bekannten der Eltern vorzuwerfen, daß sie nichts gesehen hatten? Waren viele von denen nicht vielleicht auch Opfer sexueller Gewalterfahrungen? Genauso wie ich. Nun darf auch ich mich in die Reihe derer einordnen, die nichts gesehen, nichts gemerkt, nichts gefühlt haben!
Die Versuchung, es niemanden, nicht einmal Gottfried mitzuteilen, war groß. Aber nur für einen kurzen Moment. Mein Versagen bedurfte der Auseinandersetzung mit mir, mit meinen Mittäteranteilen. Ich habe auch anderen gegenüber sehr schnell mein Schweigen aufgegeben. In der Ausbildungsgruppe habe ich diese Erinnerung psychodramatisch bearbeitet. Ich mußte mich überwinden, es war mit wahnsinnig viel Angst verbunden, meine Mittäteranteile so öffentlich zu machen. Ich habe aber in diesem Moment vertraut auf gewachsene Strukturen, auf Verständnis und hoffte darauf, nicht verurteilt zu werden. Es war eine positive Erfahrung.
Mein selbstreflexives Auseinandersetzen über meine Betroffenheit - nicht als Opfer und auch nicht über die Erfahrungen anderer - sondern Betroffensein von und über meine eigene Mittäterschaft war anfänglich gekenn-

zeichnet von Abwehr, Verleugnung und Verdrängung und gekoppelt an die Frage, wie werde ich es bewältigen und begleitet von der Angst, verlassen, verurteilt und abgelehnt zu werden. Das öffentlich preiszugeben, habe ich als Bedrohung erlebt.
Sollte ich einfach alle, die ich der Mittäterschaft an meinem Inzest bezichtige, freisprechen? Das wäre ein einfacher, gangbarer Weg gewesen. Im gleichem Atemzug hätte ich mich selbst freisprechen können. Verlockend! Sollte ich mir "mildernde Umstände" geben und den anderen nicht? Noch verlockender! Sollte ich die Mittäterschaft der anderen jetzt milder sehen und meine Verurteilungen relativieren? Überhaupt nicht verlockend! Sollte ich nicht besser schweigen, um nicht isoliert zu werden? Nein, ich hätte mich selbst isoliert, ich hätte wieder ein Geheimnis gehabt...

"Wir sind verantwortlich für das, was wir tun, aber auch für das, was wir nicht tun"
VOLTAIRE.

Aber - auch hier: kann ich meinen Wahrnehmungen trauen? Heute weiß ich - meistens -, ich kann. Wahrnehmung und Wahrnehmungsvermögen ist abhängig von gemachten Erfahrungen. Meine Erfahrung war sexuelle Ausbeutung und meine Wahrnehmungen wurden manipuliert, mein Wahrnehmungsvermögen somit reduziert, verfälscht, untergraben.
Die Versuchung, durch intellektualisieren abzuspalten, um Scham und erlebte Schuld nicht zuspüren, war groß. Aber so wäre ich den Mittätern meines sexuellen Mißbrauchs noch einen Schritt näher gekommen, sozusagen Schulter an Schulter in geistiger, seelischer und gefühlloser Umarmung. Nein, Danke, schlichtweg zum Kotzen! Ich hätte nicht mehr in den Spiegel sehen können. Dies hätte mich zu psychischer Taubheit zurückgeführt und das kann ja wohl nicht das Ziel meiner vierjährigen Therapie sein.
Meine Emotionen überfluteten mich: verstört, verzweifelt, hilflos, ängstlich, voller Scham- und Schuld, mein Wertesystem wieder zusammengebrochen, wütend über die schmerzhafte Enttäuschung als Mit - Wissende doch nichts gewußt zu haben, all dies führte mich zu einer massiven Konfrontation mit meinen eigenen Abwehr-, Verleugnungs- und Verdrängungsmechanismen. Diese waren für mich als Kind adäquate Reaktionen, die mir das Überleben sicherten. Jetzt war es aber nicht mehr vertretbar, ich würde mich selbst schädigen. Kaum auszuhalten waren für mich meine erlebte Schuld und Scham, daß durch mein Schweigen über mein Wissen

ich zu einer Beteiligten am sexuellen Mißbrauch geworden war. Woher sollte ich die Kraft nehmen, um die Balance zu finden zwischen Abwehr und Bewältigung? Meine tiefe Betroffenheit und meine Scham und erlebte Schuld überfluteten mich.

Meine Mittelmäßigkeit erkennen,
nicht in geißelnder Selbstverachtung,
nicht in Bekennerhochmut -
aber als eine Gefahr
für die Redlichkeit des Handelns,
wenn ich sie aus den Augen lasse.
(HAMMARSKJÖLD/ZIMMERMANN 1992)

Ich habe getrauert um Anette, auch um die kleine Marlen, die ich in ihr wiedererkannte, beide hilflos, schutzlos und verlassen, um die eigene Unzulänglichkeit und ich habe mich dem unerträglich Erscheinenden gestellt. Ich schäme mich immer noch und immer wieder; dies zu integrieren fällt mir schwer.

Was mir bleibt, ist der Weg nach vorne, ohne Abschwächung ohne Beschwichtigung ohne Verharmlosung ohne Flucht vor der eigenen Begrenztheit ohne schützende Abwehr von Scham und Schuld...

Bei der Aufarbeitung meines sexuellen Mißbrauchs habe ich die Erfahrung gemacht, daß die dualistische Betrachtung, entweder es hat schöne Gefühle gemacht oder es war scheußlich, mich tief in Scham- und Schuldgefühle verstrickte, während die Einstellung des "sowohl - als auch" zur Integration und Versöhnung führte. So werde ich in dem Zusammenhang meiner Mittäterschaft die dualistischen Denkweise entweder Opfer oder Täter zu sein, ersetzen müssen durch das dialektische Denken: Ich bin immer im Leben sowohl Opfer als auch zugleich Täter oder Mittäter. Ich hoffe, daß ich mein völliges Versagen mit dieser Haltung integrieren kann, um mich zu versöhnen - mit mir selbst.

"Wer es nicht gefühlt,
wird es nicht begreifen"
GOETHE, "Faust I" □

Literaturverzeichnis

BACH, R.: Die Möwe Jonathan. Frankfurt/ Main - Berlin (Ullstein Buch 20897) März 1991

BARBACH, L.: Mehr Lust. Gemeinsame Freude an der Liebe. Reinbek bei Hamburg (rororo 8378) März 1988

BASS, E./ DAVIS, L.: Trotz allem. Wege zur Selbstheilung für sexuell mißbrauchte Frauen. Berlin 1991.
Ein gut gegliedertes und nach Themenschwerpunkten aufgebautes Selbsthilfebuch. Überlebende, die nicht in einem sicheren sozialen Netz leben, werden sich in diesem Buch nicht oder nur schlecht vertreten fühlen. Die Autorinnen gehen von idealen Lebensbedingungen aus, die häufig eben nicht vorhanden sind.

BAUERNFEIND, Y./ SCHÄFER, M.: Die gestohlene Kindheit. Sexueller Mißbrauch an Kindern. Die Tatsachen und Wege zur Bewältigung. München 1992

BESEMS, T./ VUGT v. G.: Wo Worte nicht reichen. Therapie mit Inzestbetroffenen. München 1990.
Das Ehepaar BESEMS /v. VUGT haben dieses Buch mit sehr viel Einfühlungsvermögen geschrieben. Herausragend ist die äußerst engagierte Stellungnahme zu schönen Gefühlen während des sexuellen Mißbrauchs und ist - nicht nur für Überlebende - lesenswert. Mit dem Modell der Transaktionsanalyse (jeder Erwachsene hat drei Ich-Anteile, das Kind aber nur sein Kind-Ich) erklären sie sehr überzeugend, warum der Täter die alleinige Schuld hat. Opfer, Verbündete, Freunde und - auch so mancher Therapeut, behaupte ich frech - können hier sicher profitieren.

BESTEN, B.: Sexueller Mißbrauch und wie man Kinder davor schützt. München (Beck`sche Reihe Bd. 445) 1991

BICKEL, M./ MEILINGER, H.-J.: Die Wüste befreit. Freiburg im Breisgau 1984

BOHDAL, S.: Selina, Pumpernickel und die Katze Flora. Mönchaltorf und Hamburg 1981

DAVIES, L.: Verbündete. Berlin 1992

DETHLEFSEN, T. / DAHLKE, R.: Krankheit als Weg - Deutung und Bedeutung der Krankheitsbilder. München 1990

FREY, P.: Die "Liebe" meines Vaters. Annäherung an einen sexuellen Mißbrauch. Frankfurt am Main (Lebenskrisen Lebenschancen 11121) Januar 1993.
Die Autorin ist Psychotherapeutin und erinnert in ihrer eigenen Therapie ihren Inzest, und sie berichtet über ihre Aufarbeitung in einer Körpertheraie.

GRUEN, A.: Der Wahnsinn der Normalität. München (dtv dialog und praxis 15057) 1989.
Nach meiner Einschätzung ein sehr wichtiges Buch. Der Autor ist Psychoanalytiker und zeigt Ursachen und Ursprung menschlicher Destruktivität auf. Selbsthaß, Außengelenktheit und Anpassung führen zu Machtmißbrauch und Gewalt.
Dieses Buch wollte ich vor einigen Jahren lesen, und ich habe nach zwei vergeblichen Versuchen nicht mehr hineingesehen. Ich verstand den Inhalt nicht. Erst mit der Aufarbeitung des sexuellen Mißbrauchs, konnte ich mich dem Text öffnen, da klar wurde, daß ich über viele Jahre Machtmißbrauch in seiner perfidesten Form erlebt habe und überleben mußte. Ich mußte vorher verdrängen, weil ich sonst sicher meiner Hilflosigkeit und Schwäche, meinen Schmerzen und Ohnmachten hilflos ausgeliefert gewesen wäre. So blieb mir nur das Abspalten der frühesten Mißbrauchserfahrungen, und dies wiederum führte zu Blockierungen und Panzerung und fand eben seinen Ausdruck in der Unlesbarkeit des Textes. Zur Auseinandersetzung mit Machtmißbrauch (daran kommt kein Inzestopfer, wenn das Trauma aufgearbeitet werden soll, vorbei) und Gewalt ein wirklich zu empfehlendes Buch.

HAMMARSKJÖLD, D. / ZIMMERMANN, M.: Suche dein Selbst. Freiburg im Breisgau 1992

HESSE, H.: Iris in: Hermann Hesse Die Märchen 186-203, Frankfurt am Main (suhrkamp taschenbuch 291) 1975

HESSE, H.: Kinderseele in: Hermann Hesse Lesebuch 154-182, Frankfurt am Main (suhrkamp taschenbuch 1975) 1992

JÄCKEL, K. (Hrsg.): Du bist doch mein Vater... München (Heyne Sachbuch 19/88) 1989

KÖRNER, H.: Ein Märchen in: Die Farben der Wirklichkeit 19-23, Fellbach Juni 1991

KÖRNER, H.: Johannes - Eine Erzählung -. Fellbach Juni 1991

KÜBLER, R.: Die Blüte des Lebens in: Die Mondstein Märchen 57-87, Waiblingen Juli 1991

KÜBLER-ROSS, E.: Jedes Ende ist ein strahlender Beginn. Neuwied 1992

LERNER, H.G.: Wohin mit meiner Wut? Neue Beziehungsmuster für Frauen. Frankfurt am Main (Fischer Taschenbuch) Januar 1992.
Wut und Aggressionen wollen, sollen, müssen (?!) gelebt werden. Ein schwieriger Lernprozeß, oft nicht nur für Inzestopfer. Die Autorin zeigt allen, die mit diesen Gefühlen in Zwietracht leben, Wege, die zu Veränderungen führen können.

LIEDLOFF, J.: Auf der Suche nach dem verlorenen Glück. München (Beck`sche Reihe Bd.224) 1992.
Die Autorin lebte zweieinhlab Jahre bei den Yequana-Indianern und studierte den Umgang dieses Stammes mit seinen Kindern. Mit unerschütterlichem Zutrauen und Vertrauen zu sich selbst, lassen sie ihre Kinder im Kontinuum aufwachsen. Sie vertrauen darauf, daß Kleinkinder noch das Wissen über ihre eigenen kindlichen Bedürfnisse in sich tragen, und sie respektieren diese.

LISON, K., POSTON, C.: Weiterleben nach dem Inzest. Frankfurt am Main (Fischer: Die Frau in der Gesellschaft 10422). Oktober 1991.

LISON (Psychotherapeutin) und POSTON (Opfer) stellen in ihrem Buch die Auswirkungen des erlittenen sexuellen Mißbrauches auf das Erwachsenenleben dar. Sehr gut gefallen haben mir die ausführlichen Darstellungen zur erlernten sexuellen Körpersprache. In dem Kapitel "Vergebung" gefällt mir der religiöse Beiklang nicht, und die empfohlenen Schritte zur Selbstheilung erscheinen mir stark vereinfacht und vermittelten mir das Gefühl, daß der Heilungsprozeß in relativ kurzer Therapiezeit abgeschlossen werden kann.

MALTZ, W.: Sexual Healing. Ein sexuelles Trauma überwinden. Reinbek bei Hamburg (rororo zu zweit 9326) Januar 1993.
Als Opfer sexueller Gewalt und Therapeutin schreibt sie sehr offen und mit viel Einfühlungvermögen über die Folgen sexueller Ausbeutung und zeigt Schritte zum Heilungsprozeß auf.

MILLER, A.: Am Anfang war Erziehung. Frankfurt am Main (suhrkamp taschenbuch 951) 1983

MILLER, A.: Das Drama des begabten Kindes. Frankfurt am Main (suhrkamp taschenbuch 950) 1983a

MILLER, A.: Du sollst nicht merken. Frankfurt am Main 1981.

MILLER schreibt in ihren Werken über traumatische Erlebnisse, wie Kindesmißhandlungen und sexueller Mißbrauch, und sie zeigt deren Folgen auf. Als Psychoanalytikerin kritisiert sie die Trieb- und Verführungstheorie FREUDS. Als Anwältin ausgebeuteter Kinder prangert sie die Verschleierung und Verdrängung von Gewalt und Machtmißbrauch in der Gesellschaft an.

MOGGACH, D.: Rot vor Scham. Geschichte einer zerstörten Unschuld. Reinbek bei Hamburg 1990

PERLS, F.: Gestalt - Wahrnehmung. Verworfenes und wiedergefundenes aus meiner Mülltonne. Frankfurt am Main 1981

PETERSEN, B.: Meines Vaters Tochter. Reinbeck bei Hamburg September 1991

POEPLAU, W.: In die Mitte der Welt führt deine Spur. Texte indianischer Weisheit. Freiburg im Breisgau - Lahr 1985

SCHELLENBAUM, P.: Abschied von der Selbstzerstörung. München (dtv dialog und praxis 15078) September 1991.
Blockierte Gefühle, und daraus resultierend selbstzerstörerisches Verhalten, führt Schellenbaum auf die Todesfurcht zurück. Diese Todesangst führt zu Machtmißbrauch, nicht nur in Familien, sondern auch in der Gesellschaft. Er zeigt, daß es sich lohnt, Abschied zu nehmen, - Sterben, um Leben zu können. Ein "heißes" Thema, gerade für Inzestopfer.

SCHELLENBAUM, P.: Die Wunde der Ungeliebten. München (dtv dialog und praxis 15092) Dezember 1991a.
Als Inzestüberlebende waren wir - natürlich - auch ungeliebt. Ungeliebte können sich selbst nicht lieben, da sie sich schon als Kinder durch die Spaltung von Körper, Geist und Seele selbst verlassen haben. Schellenbaum zeigt Wege auf, wie die Blockierungen in der Liebesfähigkeit aufgehoben werden können.

SCHWARZ, A.: Bunter Faden Zärtlichkeit. Freiburg im Breisgau 1991

SCHWARZ, A.: Ich mag Gänseblümchen. Freiburg im Breisgau 1992

SCHWARZER HIRSCH: Die heilige Pfeife. Das indianische Weisheitsbuch der sieben geheimen Riten. Olten und Freiburg im Breisgau 1980

SIMON, F.: Angst, Wut & Schmerz. Fellbach Juni 1991.
Jeder kennt diese Gefühle: Angst, na ja, gut, die wird akzeptiert - aber natürlich nur solche, die man selbst kennt. Oder? Schmerzen, da wird es kritischer, die schluckt man schon mal weg; es geht ja niemanden etwas an, wie es einem wirklich geht. Und erst die Wut, dieses verflixte Gefühl gibt es doch gar nicht! Oder etwa doch??? FRANK SIMON klärt auf. Mitfühlend, humorvoll, sehr deutlich, direkt und ohne Umschweife führt er uns zu den verflixten Gründen. Ich habe jedenfalls viel geschmunzelt und es mehrmals gelesen.

SLOTERDIJK, P.: Der Zauberbaum. Frankfurt am Main (suhrkamp taschenbuch 1445) 1987

STEINHAGE, R.: Sexueller Mißbrauch an Mädchen. Reinbek bei Hamburg (rororo 8582) Januar 1991

WATZLAWICK, P./ KREUZER, F.: Die Unsicherheit unserer Wirklichkeit. München (Serie Piper Bd. 742) Februar 1991

WATZLAWICK, P.: Anleitung zum Unglücklichsein. München (Serie Piper Bd.470) Juni 1991

WIRTZ, U.: Seelenmord. Inzest und Therapie. Zürich 1991.
Dieses Buch ist aus meiner Sicht für Überlebenden ebenso geeignet wie für Professionelle. Die psychischen Folgeschäden werden mit denen von

KZ-Opfern verglichen. WIRTZ zeigt Therapiemöglichkeiten auf und integriert in den Heilungsprozeß auch die spirituelle Dimension. Ein Kapitel befaßt sich mit sexuellem Mißbrauch in Therapien. Ein mit sehr viel Verständnis und Einfühlungsvermögen geschriebenens Buch.

Empfehlenswerte, aber im Buchtext nicht zitierte Literatur:

BRONSON, C.: Leben nach dem Inzest. Frauen überwinden traumatische Erfahrungen. München (Heyne Lebenshilfe Bd. 17/101).
Im Unterschied zu allen anderen Zitaten über sexuellen Mißbrauch melden sich hier sechs Frauen selbst zu Wort und berichten - jede einzeln für sich und über sich selbst - über ihre sexuelle Ausbeutung und ihre Therapieerfahrungen. Die Autorin ist ebenfalls eine Betroffene. Deshalb ein sehr empfehlenswertes Buch, weil die individuellen Unterschiede nicht nur im Heilungsprozeß, sondern auch in der Bewältigung und den Folgeerscheinungen deutlich werden. So kann dieses Buch hilfreich den Therapieprozeß unterstützen, wenn durch Resignation und Verzweiflung die Gefahr besteht, den Therapieproßes abzubrechen oder zu unterbrechen und Zweifel an der Heilung auftauchen.

CHOPICH, E.J.; PAUL, M.: Aussöhnung mit dem inneren Kind. Freiburg im Breisgau 1993.
Ein Selbsthilfebuch um das Verständnis für das innere Kind zu wecken; durch praktische Übungsanleitungen soll der Kontakt zum inneren Kind hergestellt werden.

ENDERS, U.; STUMPF, J.: Mütter melden sich zu Wort. Sexueller Mißbrauch an Mädchen und Jungen. Köln 1991.
Fünf Mütter und ein Vater schreiben über ihre Gefühle und Gedanken, ihre Einsichten und Verwirrungen, nach dem der Mißbrauch offengelegt wurde.

FISCHE-CARL, H.: Ich und das Kind, das ich war. Freiburg im Breisgau 1991.

KAVEMANN,B.; LOHSTÖTER, I.: Väter als Täter. Reinbeck bei Hamburg (rororo Frauen aktuell 5250) 1991.

LAING, R.D.: Die Stimme der Erfahrung. München (dtv dialog und praxis 15060) 1989.

Ein spannend zu lesendes Buch, in dem LAING die orthodoxe Psychiatrie kritisiert. Er analysiert Todeserfahrungen, Erinnerungen an ein Leben vor der Geburt und Reinkarnationen.

LERNER, H.G.: Zärtliches Tempo. Wie Frauen ihre Beziehungen verändern, ohne sie zu zerstören. Frankfurt am Main (Die Frau in der Gesellschaft 10115) 1993.

MILLER, A.: Das verbannte Wissen. Frankfurt am Main (suhrkamp taschenbuch 1790) 1990.

MILLER, A.: Der gemiedene Schlüssel. Frankfurt am Main (suhrkamp taschenbuch 1812) 1991.

MOSER, T.: Kompaß der Seele. Ein Leitfaden für Psychotherapie-Patienten. Frankfurt am Main (suhrkamp taschenbuch 1340) 1986.
Der Autor ist Psychoanalytiker und berichtet über seine eigenen Therapieerfahrungen, sowohl als Patient, als auch aus der Sicht des Therapeuten. Mit Einfühlungsvermögen, großer Offenheit und sehr viel Humor weist MOSER auf Gefahren und Risiken hin, beschreibt die Folgen und Auswirkungen von gelungenen und nicht gelungenen Therapien. Nach meiner Einschätzung ein sehr zu empfehlendes Buch für jeden, der eine Therapie plant, auch wenn es keine Psychonanlyse ist.

RIJNAARTS, J.: Lots Töchter. Über den Vater-Tochter Inzest. München (dtv dialog und praxis 15087) März 1991.
JOSEPHINE RIJNAARTS schreibt als Betroffene über den Vater-Tochter Inzest. Sie nähert sich dem Thema über das Alte Testament, aus kulturanthropologischer Sicht, kommt dann zur psychoanalytischen Theorie, die den Vater schützt und stellt schließlich den Inzest in einen gesellschaftlichen Kontext. Sehr umfangreiche Bibliogaphie.

RUSH, F.: Das bestgehütete Geheimnis. Sexueller Kindesmißbrauch. Berlin 1991.
Die Autorin stellt in ihrem Werk sexuellen Kindesmißbrauch in einen historischen und kulturellen Zusammenhang, und gerade aus diesem Kontext heraus wird deutlich, daß eine Individualisierung der sexuellen Ausbeutung verhindert werden muß. Jede/jeder, der sich über sein eigenes Schicksal hinaus (auch als Nicht- Überlebende/r) mit der Rolle der Religion, der widerlichen Kinderprostitution und Kinderpornographie auseinan-

dersetzen oder sich diesem Problem von der Seite der Märchen und Mythen nähern möchte, wird hier fündig werden.

SANFORD, L.T.: Das mißbrauchte Kind. Die Überwindung traumatischer Verletzungen. München (Heyne Lebenshilfe Bd. 17/91) 1992.
Die Autorin ist Psychoanalytikerin und zeigt an Hand von Fallbeispielen Wege zur Heilung auf.

SCHELLENBAUM, P.: Das Nein in der Liebe. München (dtv dialog und praxis 15023) 1991. □

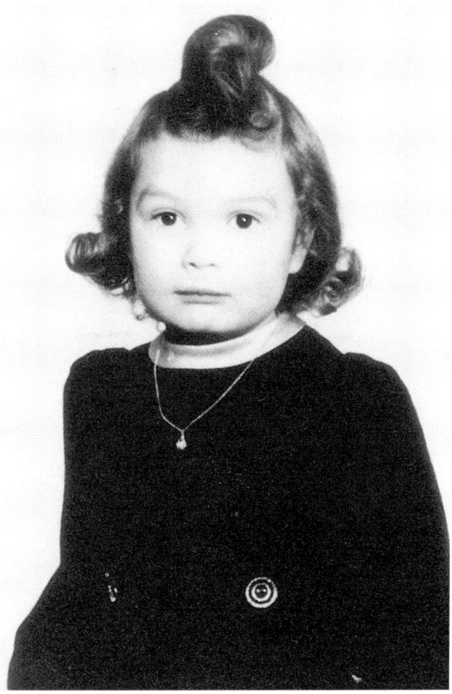

WIR SIND STOLZ AUF DICH!

Abb. 1: **Vater**, Du kannst vom Glück sprechen, daß **Dein sexueller Mißbrauch an mir** leider schon verjährt ist.

FRAUEN WOLLEN IMMER NUR DAS EINE!

Abb. 2: **Vater**, das haben Kinderschänder scharfsinnig erkannt.

Wir sind die Typen,
vor denen uns unsere Eltern
immer gewarnt haben

Abb. 3: ..... leider habt Ihr mich nicht vor diesen Typen gewarnt.

HIER IST ALLES IN ORDNUNG!

Abb. 4: Mein Dank für Eure Hilfe und engagierte Unterstützung der Eltern ist längst überfällig [Karte an Vaters Bruder].